U0085490

修訂四版

破產法論

Bankruptcy Law

陳計男——著

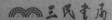

三民書局

修訂四版說明

　　本書文從字順、邏輯清晰、內容嚴謹，自初版發行以來，受到讀者青睞，歷久不衰，影響我國學界及實務界廣大深遠，乃名副其實的經典大作。

　　法學係承先啟後、繼往開來之事業。本書雖曾於九十三年修訂，但距今已有十餘年，惜因陳計男教授已駕返道山，無從親自修訂。為保本書常新，俾益實用，編輯部乃於本書增補修正法規，並予以重新編輯排版。

　　此次修訂，均儘量保存原著面貌，並力求格式統一，所引法規有修正者均加以改訂；判例不再援用者，或依一〇八年七月四日施行之法院組織法第五十七條之一第一項規定查無裁判全文，應停止適用者，均加以註明；原著偶有誤植者亦訂補之，以期更加完善本書內容，敬請各位讀者繼續給予支持與指教。

三民書局編輯部謹誌
中華民國一〇九年十二月

修訂三版序

　　本書於民國六十九年司法節出版，七十七年元月間再版，迄今已逾二十年。其間由於世界經濟不景氣，影響國內經濟發展，破產事件倍增，引起學者對於破產問題之研究，坊間破產法書籍、相關論文相繼出版，成果可觀。公餘之暇對之稍有涉獵。司法院亦組成破產法研究修正委員會，從事法律修正。著者忝列末席，獲益良多，遂將全書再加修補，期能使本書更為圓熟，讀者亦能得知修法趨勢。惟著者深知自己才疏學淺，謬誤之處必多，敬希不吝指教。

陳　計　男 謹識
九十三年三月

初版序

　　我國破產法公佈於民國二十四年，但其規定較之德日法例，則甚簡略。在工商業未發達之過去，尚無窒礙。時至今日，由於工商業突飛猛進，我國已由開發中國家步向開發國家，社會經濟結構大變，加以近年國際經濟衰退，破產事件日增，實務上時感破產法之規定不符運用，乃於公餘之暇，比較研究德日法例及判例學說，並於偶有心得之時，為文發表於各法學雜誌，但未成體系。近年濫竽東吳大學，兼講破產法，遂將破產法之理論與實際，並穿插德日學說判例，綜合比較論述，而成一書。冀能稍有助於理論之探討及實務之需要。惟著者深知自己才疏學淺，謬誤之處必多，並請不吝指教。

　　本書之成，蒙大法官陳世榮師，臺大教授柯芳枝內姊鼓勵，曾評事華松兄提供寶貴意見，內人柯靜枝女士協助甚多，三民書局允為出版，並此申謝。本書出版之時，適值先嚴逝世二十週年，慈母任公職奉令退休，謹以此書獻給他們。

陳　計　男　謹識於最高法院
六十九年司法節

目次 破產法論

第一篇

緒　論

1

第一章　破產制度之社會機能

　　破產制度者，乃債務人陷於一般的不能清償其債務時，為使多數債權人獲得公平之滿足，及予債務人以復甦之機會，俾免債務之繼續增加，並防止一般社會經濟恐慌之一種社會制度也。基此，破產制度於社會機能上，可得說明者三：

壹、債權人公平之滿足 (gemeinschaftliche Befriedigung)

　　債務人之財產為全體債權人債權之總擔保。因之，債務人不履行其債務時，債權人於取得執行名義（強制執行法第四條）後，自得對債務人之財產強制執行，以使其債權獲得滿足。債務人之財產足以清償其所負債務之全部時，固無問題，惟如債務人之財產一旦不能清償全體債權人之債權時，我強制執行法雖採分配主義 (Verteilungsprinzip)，使參與分配之債權人，得就強制執行所得之金額，除有優先權者外，按其債權額平均分配（強制執行法第三十八條）。然強制執行為個別的執行 (Einzelneexkution)，並無公告之制度，且參與分配有一定時限（強制執行法第三十二條）。因之，除執行債權人或參與分配債權人外，其他債權人仍無法獲得平等受償之機會，特別是未到清償期或附停止條件債權之債權人，根本無法參與分配。就此而言，我強制執行法上之分配主義仍類似於外國之優先主義 (Präventions-od. Prioritätsprinzip)，從債權人平等之原則觀之，自有可議之處。而破產制度，則在圖使債權人相互間獲得平等滿足債權之制度 ❶。

---

❶　有謂破產制度之目的，在使債權人分擔損失 (Verlustgemeinschaft)（菊井著第九七頁、陳國樑著新論第二頁），就其結果言，固非無見。惟破產係對債務人全部財產關係之一種清算，其目的在使全體債權人之債權獲得公平的滿足。損失之分擔，實係事實上對

貳、債務人經濟之復甦

債務人宣告破產之結果，一方面固受到種種不利益，但他方面，亦受有某種之利益。破產宣告前，債權人為取得執行名義，常須提起訴訟，債務人對債權人提起之訴訟，須一一應訴，疲於訴訟而無暇照顧並改善其財產狀況，又須負擔訴訟費用，更須應付債權人之個別強制執行。然一旦宣告破產，此類負擔即可相當地減輕。債權人行使其債權，非依破產程序不得為之（第九十九條），亦不得對債務人之財產個別的強制執行❷。且破產宣告後，債務人可於破產程序終結前，提出調協計劃，經債權人會議可決及法院認可後，免除一部分債務或分期清償其債務，並可續行其舊有之事業（第一二九條至第一三七條）。非但如此，因破產法第一百四十九條係採免責主義 (Discharge) 之結果，除債務人因犯詐欺破產罪而受刑之宣告者外，破產債權人依調協或破產程序已受清償者，其債權未受償之部分，請求權視為消滅。是故債務人破產終結後所取得財產，不再受破產宣告以前所欠債務之牽累，債務人之經濟即可藉此復甦。

參、防止一般社會經濟之恐慌

現代之經濟結構，為總體經濟。個人或企業間並非孤立生存，而係緊密相關連。設若個人，特別是企業已瀕臨倒閉邊緣，吾人竟對其置之不顧，則其負債自必日益增多，結果該個人或企業之債權人所受損害，亦必日增。如任其互為因果連鎖反應，其結果將導至一般社會經濟之恐慌。因之倘有某一個人或企業一有破產原因，即早速開始破產程序，則不但債權人可獲

於獲得滿足債權部分之反射結果。尚不得謂其為破產之目的（參照山木戶著第五頁、中田著第四頁）。

❷ 日本破產法第七十條以明文加以規定。我破產法對此雖未明文加以規定，解釋上亦應如此。同說：汪禕成著強制執行法實用（六十四年修訂版）第一三頁、陳世榮著強制執行法詮解（六十五年）第七六頁、楊與齡著強制執行法論（六十五年）第一二六頁、李肇偉著第一一六頁、陳國樑著研究第二四一頁以下。

得較多之滿足，連鎖倒閉之情形可以緩和，而一般社會經濟之恐慌，亦可獲得適度之防止。可知制定合理的破產制度及適切運用此一制度，即有防止一般社會經濟恐慌之效用。

第二章　我國破產法上之兩種制度

　　各國習慣上，對於債務人不能清償債務之清理方法，一般都採破產制度。故其法律，大體亦僅有破產之規定。但自一八八三年六月二十日比利時以法律定破產預防之和解制度 (concordat préventif de la faillite)，並於一八八七年六月廿九日制定破產預防和解法 (Loi relative au concordat préventif de la faillite) 後，其他各國相繼仿效。例如法國一八八九年三月四日之法律 (Loi portant modification a la legislation des faillites) 設有司法清算 (Liquidation judiciaire) 制度；奧國一九一四年十二月十日制定之和解法 (Ausgleichsordnung)；德國一九二七年七月五日公布之和解法 (RGB 1. I. S. 139) 及一九三五年二月廿六日公布施行之和議法 (Vergleichsordnung)；日本大正十一年之和議法、平成十二年四月一日施行之民事再生法等是。惟大都於破產法外，另以法律加以規定。按和解制度程序較簡，費用較少，債務人既有繼續其業務之可能，而債權人債務人間，關於和解條件，也有較多自由商洽之餘地，故此種制度，對於破產程序中各種嚴格之規定，實有補偏救弊之長，且與我國和平讓步，息事寧人之習尚相吻合。故我國破產法除規定破產程序外，並於其前規定和解程序❶。

---

❶　詳附錄一中華民國破產法草案初稿說明書。關於各國法典之編纂方式，有係以獨立法典制定者，例如德、日、奧、匈等國；有規定於民事訴訟法中者，例如一九二七年十一月二十八日蘇俄新民事訴訟法第三一七至三六七條；有規定於他法律中者，例如瑞士規定於 Bundesgesetz über Schuldbetreibung und Konkurs 中。英國規定於破產法，但規定為破產之前置手續。我國與巴西制同，列於破產法典中，但屬獨立之規定。

第一節　和解制度

壹、和解之意義

和解 (Vergleich) 者，債務人於不能清償債務時，以預防破產為目的，與債權人團體間訂立之清償債務之強制契約，經法院許可或商業會處理後，發生效力者也。析言之：

一、和解因債務人不能清償債務而開始

和解之原因與破產相同，均係因債務人不能清償其債務而開始。所謂不能清償其債務者，即債務人之財產狀態（包括信用及能力），對於一般金錢債務或得易為金錢請求之債務，長久的不能支付之謂。舉凡債務人不能清償 (Zahlungsunfähigkeit)，即構成和解之一般原因。債務超過 (Überschuldung)，有時亦為構成和解之特別原因。所謂債務超過，即債務總額超過其現實財產之總額之謂。（其詳請參照第二篇第一章第一節貳）

二、和解以預防債務人之破產為目的

破產制度於債務人、債權人及社會經濟三方面均有相當之損害，能予避免，自屬上策。法律所以設和解制度者，就債務人方面言，除可避免因破產而受身分上之約束❷外，且可繼續營業，保持其社會上之信用。就債

---

❷　我破產法雖不採懲罰主義（詳第一篇第三章參），但在其他法律基於特別理由，設有某種限制者，例如律師法第五條第一項第六款、會計師法第六條第一項第三款、公司法第三十條第四款、私立學校法第二十條第三款、農會法第十六條第二款、建築師法第四條第一項第三款、技師法第十一條第一項第三款、漁會法第十七條第二款、工業團體法第十七條第一項第四款、商業團體法第十七條第一項第四款、證券交易法第五十三條第一款、第五十四條第一項第一款、合作社法第十三條第二款規定（編按：現行法已刪除），受破產宣告而未復權者，不得充任律師、會計師、經理人、校董、農會會

權人方面言，亦可獲得較有利於破產之滿足。因債務人為履行其和解條件，常常提供人的擔保及物的（包括由第三人提供）擔保。加以破產程序相當繁雜，費用甚多，且為分配之實行，須變賣財產，於變賣時，時常導致貶低原有財產之價值。其結果，債權人因破產分配之所得反而減少。再就社會經濟方面言，遇有大企業家、大公司、銀行或信用合作社破產時，往往使社會經濟發生重大變化，工廠生財因變賣分析而減損效用，工人因而失業；倘能和解，工廠可繼續生產，工人不致失業，於社會經濟裨益甚大。臺灣大藥廠之一信東製藥公司及正泰水泥廠股份有限公司等，即因和解而回復生產，是以和解制度，即為預防破產之宣告而設者也。

三、和解為債務人與債權人團體間訂立之清理債務之強制契約 (Zwangsvertrag)

和解係由債務人提出其所擬具之和解方案為要約，債權人團體，以債權人會議可決和解之決議為承諾，因雙方意思表示之合致而構成和解契約。此項契約之目的，在於清理債務之方法。故和解為債務人與債權人團體間所訂立關於清理債務之契約。惟債權人會議為可決和解，能獲債權人一致通過，固最為理想，但若有少數人反對，依本法第二十七條規定，可決時如有出席債權人過半數之同意，而其所代表之債權額，並占無擔保總債權額三分之二以上時，即算已可決通過，反對之少數債權人，仍應受此項和解之拘束（第三十六條），故此種和解具有強制性。

四、和解經法院認可或商業會處理後，而發生效力

和解程序與一般私人之債務清理不同，在法院和解，自始至終，均由法院參與其事，以期和解結果之達成及其條件之公平。此乃因和解程序係由法院許可和解之聲請而開始，最後自亦須法院之認可和解之決議，而使和解發生效力。和解一經法院認可，則對於一般債權人均生效力（第三十

員、建築師、技師、漁會會員、工業團體會員代表、商業同業公會會員代表、證券交易商之董監事及經理人、合作社會員（編按：現行法已刪除）。

六條）。縱屬未經申報債權，或未出席債權人會議或雖出席而不贊成和解方案之債權人，對之亦生效力。再者，我國因習慣上，商人恆有自動請求當地商業會進行和解者，故我破產法亦賦予商業會❸以處理商人和解之權❹。從而商人不能清償債務時，在有破產聲請或向法院為破產和解之聲請前，即得向當地之商業會請求和解。此類經商業會處理成立之和解，經商業會署名鈐記之程序，即與法院認可和解相同，使和解發生效力❺。

貳、和解之性質

和解在程序上，須由債務人擬具和解方案，再經債權人會議出席債權人過半數之同意，而其所代表之債權額，並占無擔保總債權額三分之二以上之決議，然後經法院裁定予以認可（或商業會之處理），即可生效。和解一經法院認可（或商業會之處理），則不僅對於同意之債權人生效，對一般債權人均生效力，即對未申報債權、未出席債權人會議或雖出席而不贊成和解方案之債權人，亦生效力已如前述，此種和解之有上述拘束力，其法律上之性質如何，從來學說上，約可分成三說：

一、契約說 (Vertragstheorie)

此說以和解乃債務人提出和解方案為要約，債權人會議之可決為承諾，故其為債務人與債權人團體間所定之契約。

---

❸ 依六十一年七月二十六日公布施行之商業團體法第三條第一項規定，已將原商會改為商業會。同法七十一年十二月修正之第三條，將商業團體分為⑴商業同業公會，⑵商業同業公會聯合會，⑶輸出業同業公會及聯合會，⑷商業會四種，破產法對此雖未修正……（第三行）改為商業會。司法院71.4.24（七一）廳民二字第○三○三號函：破產法中所謂商會，係指該法訂頒當時有效之商會法第六條所設立之商會而言，惟自民國六十一年七月，商業團體法公布實施後，破產法商會和解，則應由該法之「商業會」為之。可供參效。

❹ 詳同註❶。

❺ 參照四十年臺上字第一五八二號判例。

二、判決說 (Ulrteilstheorie)

　　此說以和解須由法院裁定認可始能成立，故乃法院之判決行為。債務人提出和解方案，及債權人會議之可決承諾和解方案，僅供法院認可裁定時之資料而已。倘法院認其和解理由不足時，縱令債權人對和解方案完全贊同，亦得不為認可之裁定，故和解之本質，乃法院之判決也。

三、混合或結合行為說 (Theorie der gemischter od. kombinierten Handlungen)

　　此說以和解之能成立，既非因契約或判決而來。和解乃由債務人提出和解方案，債權人會議之可決，及法院之認可三種行為相混合或結合而成立，故此三種行為均為和解成立不可缺少之因素，和解之本質係基此三種行為之混合或結合者也。

　　按商業會之和解，其性質為契約，學者對此殆無爭執❻。至於法院之和解，學者有採第三說者❼，亦有採第一說者❽。吾人認為法律行為之成立要件與生效要件應予區別。和解乃由債務人提出和解方案，亦即清理債務之方案作為要約，經由債權人會議可決，可決者即對和解方案之承諾。要約與承諾之意思表示互為一致，契約即已成立（民法第一百五十三條第一項），法院為認可之裁定時，固應斟酌和解之條件是否公允，提供之擔保是否相當而為決定（第三十二條），然僅能為認可或不認可之裁定，法院並不得對可決方案之內容任意加以變更。足見和解之當事人僅為債權人團體與債務人而已。法律所以賦予法院認可之權者，因和解於債權人會議可決時，基於立法政策及多數決原理，規定只須一定人數以上之同意，其所代表債權占無擔保總債權額一定比例以上時，即有拘束全體債權人之效力。為保護少數人之利益　（例如不贊成和解方案，未出席債權人會議者之利

❻　參照劉清波著第一〇頁、錢國成著第五頁、李傳唐著第四頁、陳國樑著新論第一〇頁。

❼　參照劉清波著第一一頁、李肇偉著第三二～三三頁。

❽　參照錢國成著第六～七頁、李傳唐著第四頁、恆田著第一六八頁、中田著第一六八頁。

益），及和解之監督，故使之有認可權 (Genehmigung) ❾。此項認可權之行使，僅涉及和解是否發生效力，為和解效力發生之法定要件 (juris condicio) 而已，與和解之成立無關。此與限制行為能力人所為法律行為，須得法定代理人之同意，而其同意權之行使，與契約之成立無涉相似。故就和解之本質言，吾人仍信其為契約行為也。

參、和解程序之性質

本法關於和解程序分為商業會之和解與法院和解兩種。商業會係人民團體而非司法機關，故在商業會成立之和解，其程序既非訴訟事件程序，亦非非訟事件程序，應屬破產法所定特種程序。至於法院和解，依本法第五條規定，雖可準用民事訴訟法之規定，究非因當事人間之私權有所爭執，國家司法機關為確定其私權之法律上程序，自非訴訟程序。惟和解程序之開始及進行以至和解之生效，皆由法院參與其事，並加以監督；認可和解之裁定，有使其和解生效之效力，當事人間因和解生效而創設新法律關係，故其性質，應屬非訟事件之性質 ❿。

第二節　破產制度

壹、破產之意義

破產 (Konkurs) 者，乃於債務人不能清償其債務時，為使總債權人獲得平等滿足，並兼顧債務人之利益，而就債務人之總財產，由法院參與其事之一般強制執行之程序也。析言之：

一、破產因債務人不能清償其債務而開始

破產之原因，一如破產和解，以債務人不能清償其債務為破產開始之原

---

❾　參照齋藤編獨和議法第二五頁。

❿　同說：中田著第二七六頁以下，異說：李肇偉著第三六頁。

因（至何謂債務人不能清償其債務，請參照第二篇第一章第一節貳之說明）。

二、破產在使債權人之債權獲得平等之滿足

債務人之財產為債權人全體債權之總擔保，故債權人有數人時，其權利地位平等者，應使就債務人之財產受平等之清償，是為債權平等之原則。破產制度之機能即在使債權人之債權獲得平等之滿足（請參照第一篇第一章壹所述）。

三、破產並為兼顧債務人之利益

現代破產制度之目的，並不在懲罰債務人，但亦非專為債權人債權之平等滿足，其同時在兼顧債務人利益，俾其經濟生活可得復甦，以迅速回復其社會地位，其詳已如第一篇第一章貳所述，請參照。

四、破產為就債務人之總財產，由法院參與其事之一般強制執行程序

破產係在法院監督之下，予債權人全體以平等之滿足。其程序自開始至終結均由法院參與其事，此與一般習慣上之私人債務清理迴異。又普通強制執行，係就各個債權人之債權個別的執行，而其執行之範圍，亦非必及於債務人之總財產，普通強制執行程序雖有併案執行及參與分配之規定❶，但亦限於已聲請強制執行或聲明參與分配之債權人，始有其適用。破產係就債務人之總財產強制執行，對全體債權人為平等之清償❷，故為一般的強制執行 (General-od. Universalexkution)，而與普通的強制執行程序有別。

---

❶　參照強制執行法第三十二條及第三十四條之規定。

❷　此係指一般普通債權人而言，但不以有執行名義之債權人為限，此點與強制執行之參與分配不同。有別除權之債權既可不依破產程序行使其權利，則屬例外。

貳、破產程序之性質

法院受理之事件，依其性質，可分為訴訟事件 (streitige Gerichtbarkeit) 與非訟事件 (freiwillige Gerichtbarkeit) 二種。故在討論破產事件之性質時，有認其為訴訟事件而採訴訟事件說者，有認其為非訟事件，而採非訟事件說者。

一、訴訟事件說

主張破產事件為訴訟事件者，其理由不外為：

1.所謂訴訟，依今日之通說，無非為確定私權之存否，並謀其實現，而破產事件實具備此等要素。破產程序與普通訴訟程序雖有不同，然其終極之目的，則無二致。

2.債權之申報類似於通常訴訟之提起，申報債權如無異議，其債權即告確定，記入債權人清冊與確定判決有同等之效力。

3.在通常之民事訴訟，債權確定後，債務人不為清償時，即可依強制執行程序強制執行。破產程序，申報之債權如無異議而告確定後，即可依破產程序（一般的執行）而受償。

4.普通之執行，係各個債權人扣押債務人之財產，而為個別的執行，破產程序則係扣押債務人之總財產，將其變價分配於總債權人，為一般的執行，然其為強制執行之性質，則兩者並無差異。

5.破產法第五條規定，破產法無規定者，準用民事訴訟法之規定，益見其有訴訟事件之性質。

二、非訟事件說

主張破產事件為非訟事件者，其所持理由為：

1.通常訴訟程序中，尚無債務人就自己之財產聲請扣押執行者，但在破產程序中，債務人得為破產宣告之聲請。

2.破產程序中，債權之申報與訴訟程序中起訴請求法院予以裁判者，

其性質不同，且在破產程序中，亦無類似之由法院確定私權之行為。

　　3.破產程序係在法院指揮監督之下，由債務人與債權人團體所成立之清算程序，而非單純之通常強制執行程序。

　　4.破產之目的在求多數債權人間平等之滿足。實為本於行政權作用之處理，而屬非訟事件之性質。

　　按國家保護私權之程序，可分為二：一為確定私權之程序，即受侵害之權利主體，主張其私權以求保護時，司法機關予以審判，而確定私法上法律關係之存否者，亦即為民事訴訟程序。一為確定私權以外之程序，例如私權經確定後，依國家之強制力，以實現其確定私權內容之強制執行程序是也。此項非以確定私權關係之強制執行程序，依我國一般學者之通說，咸認其為非訟事件之性質❸。本法亦無如日本破產法第二百四十條、德國破產法第一百四十四條、第一百四十五條關於債權及優先權確定之規定，解釋上自不能如德日學說認其為訴訟事件❹。且破產法係於民國二十四年制定公布，當時非訟事件法尚未公布（按非訟事件法係於民國五十三年制定公布），自亦不能以破產法第五條規定準用民事訴訟法，即認破產事件為訴訟事件。本法所定既無關於確定私權關係之程序；自宜認其為非訟事件，而非訴訟事件❺。

---

❸　參照石志泉著民事訴訟法釋義（四十五年，大東書局）第二頁。汪褘成著第一頁。陳世榮著第七頁。楊與齡著第四頁。

❹　關於日本破產法之性質，該國學說及判例尚不一致，有採訴訟事件說者，亦有採非訟事件說者。參照大野著第三二頁以下，兼子著第一三頁以下，山木戶著第二三頁，雨宮著第三一頁，中田著第一九頁以下。

❺　同說：錢國成著第四頁、汪褘成著第一頁、陳國樑著研究第二三五頁。異說：劉清波著第五頁、李傳唐著第三四頁、李肇偉著第二四頁、陳國樑著新論第四頁。

第三章　破產制度之立法主義

　　各國破產法關於破產之適用範圍、構造、效果等，設有諸種對立之立法主義，茲將本法所採立法主義中之要者，分別敘述如次：

壹、一般破產主義、商人破產主義、折衷主義

　　各國破產制度，關於破產法適用之範圍，有採商人破產主義，有採一般破產主義，或採折衷主義者。所謂商人破產主義，即破產法僅適用於商人之主義也。法國法系採之。例如法國舊法❶，意大利、比利時法。採此主義者，多不以破產法為獨立法典，而將破產制度規定於商法典之中。所謂一般破產主義，乃破產法對於商人及一般人均得適用之主義，德國法系及英國法系採之。採此主義者，多以破產法為獨立法典。所謂折衷主義 (Genischer Konkurs) 即商人與非商人均適用破產法，惟商人適用之破產程序與非商人所適用之破產程序不同，故亦稱複制主義 (Zweispältiger Konkur)，西班牙、丹麥諸國採之。我國民法採民商合一制，並無商人與非商人之分。破產法之適用範圍，亦本此精神，採一般破產主義。

貳、和解前置主義與和解分離主義

　　和解前置主義 (Vorkonkur) 謂在聲請宣告破產前，應先試行和解，俟和解不成立時，始得宣告破產之主義，英國法採之。和解分離主義係指破產程序與和解程序為兩相分離之程序，故破產法與和解法亦各自分別制定。

---

❶　法國自一八〇七年之商法典 (code de commerce) 第三卷破產篇以來，係採商人破產主義，但一九六七年七月十三日法律第五六三號法，全面改革，列有個人之破產（參照山木戶著第一一頁）。

德國、日本採此制度。本法就其將和解程序與破產程序一併規定於同一法典而言，類似於英國法制，但就其將和解程序與破產程序分章規定，兩者間並無前置後置之關係而言，又與德、日法制相似，且依本法第五十八條第二項規定，破產之聲請，在和解程序中亦得為之，益見我國係採和解分離主義。惟已進行和解程序而達於可能成立和解之程度時，為使和解程序免歸於枉費，同條但書規定，此時法院得斟酌情形，駁回破產之聲請耳。

參、懲罰主義與非懲罰主義

懲罰主義，謂對於債務人清償不能而受破產宣告之破產人予以身分上之限制，以懲罰之，藉以間接強制債務清償之主義也。換言之，即認破產為罪惡，破產制度為其懲罰之辦法。昔羅馬法，及法國法系採之。非懲罰主義者，謂破產程序為債權人全體對債務人財產之一般強制執行，俾獲公平受償之程序，並非對債務人加以懲罰，故破產人並不因破產而在身分上受有限制之主義。德國、日本法例採之。本法對於債務人受破產宣告後，並未對其身分設有任何效果之限制，可謂採非懲罰主義。惟在其他法律，基於特別理由，有對破產人之身分，設有某種限制之規定者。其規定已詳見前章註❷，茲不再一一贅述。

肆、屬地主義、普及主義及折衷主義

屬地主義者 (Territorialprinzip) 謂破產宣告之效力僅能及於國內，亦即以債務人在國內之財產始屬於破產財團之主義。所謂普及主義 (Universalprinzip) 即凡債務人所有之財產，不問其在國內或國外，皆應歸屬於破產財團之主義。而折衷主義則視其財產之性質，其屬於債務人之動產者，無論其在國內或國外，皆屬破產財團，其屬於債務人之不動產者，則以在國內者為限，始屬於破產財團之主義。以上三說，各有利弊，在立法例上，希臘、挪威、荷蘭、意大利、法國等國，傾向於普及主義，美國、德國、日本傾向於採屬地主義，英國、奧國等國傾向於採折衷主義。本法對於我國法院宣告破產裁定之效力如何，未設明文規定，惟本法第四條既

規定「和解在外國成立，或破產在外國宣告者，對於債務人或破產人在中國之財產不生效力」，則由其反面解釋，學者通說皆謂本法係採屬地主義❷。基於國際間平等互惠原則言，本法第四條既否認在外國成立和解或破產對債務人或破產人在中華民國之財產之效力，債務人或破產人財產所在地之外國，自亦可否認在我國成立和解或宣告破產對債務人或破產人在其國內之財產之效力。惟如債務人或破產人財產所在地之外國，不否認在我國成立和解或破產宣告之效力，為保護一般債權人，實不必拘泥於第四條反面解釋，而認本法對我國成立和解及破產宣告之效力，亦採屬地主義❸。

伍、免責主義與不免責主義

免責主義者 (Discharge) 謂債務人受破產宣告後，破產債權人依破產程序，已從破產財團中受清償，如合於一定要件時，即免除其未清償之殘餘債務之主義也。英國法採之。依該國法規定，債務人能為五成以上之償還，且營業情形屬於實在時，可免除殘餘之債務。所謂不免責主義，謂在破產程序中，依分配償還後所殘餘之債權額依然存在，不因破產之終結而消滅。其未因破產而清償之債務，於破產人在他日恢復資力時，仍應負清償之責。歐陸國家多採之。按破產制度機能之一，在於使債務人之經濟能夠迅速復甦，免責主義之採擇，即在促進此項機能之實現，故在第二次大戰後日本修訂之破產法第三篇第一章，亦改採免責主義。本法第一百四十九條規定：破產債權人依調協或破產程序已受清償者，其債權未能受償之部分，請求權視為消滅。蓋採免責主義也。但破產人因犯詐欺破產罪而受刑之宣告者，因破產人有不誠實之情事，故不予免責。

❷　參照劉清波著第五四頁、錢國成著第二〇頁、李傳唐著第三三頁、李肇偉著第一八頁、陳國樑著新論第三三頁。

❸　德國破產法第一條第一項規定：「破產程序 (Konkursverfahren) 包括破產開始時，屬破產人所有且得受強制執行之一切財產」（破產財團，Konkursmasse）。該國學者對所定「一切財產」認包括國內外之財產在內，並謂其為全部破產 (Gesamt-od. Universalkonkurs)，但破產人在外國之財產，於如何之範圍內得由破產管理人組入破產財團，應依該外國法之規定定之 (Mentzel Konkurnsordnung 1937 5 Aufl. Komm. §1 Anm. 5)。

陸、固定主義與膨脹主義

固定主義者，謂破產財團之構成，以破產宣告當時債務人之財產為限之主義。德國、日本（德‧破產法第一條第一項、日‧破產法第五條第一項）法例採之。膨脹主義謂破產財團之構成，不以破產宣告當時破產人之財產為限。凡在破產程序終結前，所有隸屬於破產人之財產，均包含於破產財團之內。法國法例採之。本法第八十二條第一項第二款規定：「破產宣告後，破產終結前，破產人所取得之財產」為破產財團。可知我國係採膨脹主義。

柒、職權主義與聲請主義

職權主義，謂破產之宣告，由法院依職權行之。故又稱干涉主義。聲請主義，謂破產之宣告，法院須依當事人之聲請，始為宣告之主義。往昔認破產宣告為犯罪行為，故多採職權主義，由法院依職權而為宣告。晚近認為破產事件僅關係私權，國家殊無干涉之必要，遂逐漸採聲請主義。惟破產事件雖僅屬於債權人與債務人間之私權關係，但因亦間接影響一般社會經濟，故本法以採聲請主義為原則（第五十八條第一項），並輔以職權主義，俾於必要時，得由法院依職權宣告破產（第六十條）。

捌、溯及主義與不溯及主義

溯及主義 (doctrine of relation back) 謂破產之效力，不僅從形式上已有破產宣告時，始生效力，且溯及於有破產原因時，即發生其效力，英國法例採之。至不溯及主義者，乃謂破產之效力，係自破產宣告時始發生。惟關於破產宣告前，債務人之行為，有害於債權人公平之受償者，則設撤銷權或否認權之規定，用以救濟。德國、日本、法國法例採之。本法規定債務人在破產宣告前所為之無償或有償行為有損害債權人之權利，依民法之規定得撤銷者，破產管理人應聲請法院撤銷之（第七十八條），蓋亦採不溯及主義也。

第四章　破產法之沿革

壹、外國破產法之沿革

一、羅馬法

　　羅馬法最初係採對人之執行，其後對於財產執行之制度始逐漸發達。羅馬法關於財產執行是採委付 (missio in bona) 方法為之。即於債務人逃匿而不應傳到立法院時，法務官得依債權人之聲請，發布命令，准許債權人占有及管理債務人之全部財產，並經一定之程序處分其財產。債務人聲請讓與其總財產 (cessio bonorum) 時亦同。法務官於發布命令時，須將命令公告，使其他債權人亦得參加此一程序。公告後經一定之時間，即得宣告債務人破產。此時債權人選任管財人 (magister)，管財人將債務人之財產概括地拍賣，由買受人概括地承受債務人之財產，其出價為對債權人之債權清償比率，依其所出清償比率，對債務人之債務負清償責任。此即所謂概括拍賣 (venditio bonorum)。其後演進而有選任管理人 (curator)，就債務人之財產個別出賣，以賣得價金分配與債權人之個別出賣 (distractio bonorum)方法。

二、意大利法

　　在中世紀之意大利北部地方，關於財產之執行，已由債權人之私力扣押 (langobardische privatpfändung) 進化到裁判上之假扣押程序 (gerichtliche Arrest)。假扣押不僅對個別之財產行之（即個別的假扣押），對於逃匿或不

能支付之債務人總財產亦得為之（即一般的假扣押）。在羅馬法復興時期，一般的假扣押係為全體債權人之利益而生效，出賣亦係為全體債權人平等之受償而為。且為財產之變價與分配，選任管理人 (curator)，而一切程序即以管理人為中心，增加其自治之色彩。上述程序，在北部之自由諸都市特別發達。但在商人間，為求程序之簡易迅速，亦有採行一般簡易方法，例如債權調查程序，因而形成一種特別程序，並進而演變為後來商人破產制度之嚆矢。嗣於一八六五年六月二十五日公布施行意大利破產法。一八八三年一月一日施行新商法法典，其第三卷即為破產法。一九〇三年五月二十四日公布破產預防法及小破產法，增加破產預防之和解制度。其後於一九二一年十二月二十八日，一九二二年一月三日，同年二月二日，同年三月十三日令又分別加以補充規定。一九二四年二月八日法令，復增加金融機關之破產和解，一九三〇年七月十日法令，再將和解制度全部修改。

三、法國法

法國繼受羅馬法與意大利法，於一六七三年公布商事條例 (Ordonnance de commerce)。其一八〇七年頒布之商法典 (code de commance) 第三卷破產篇，為近世破產法典中最為完備者，且影響各國立法甚大。商法法典以支付不能為破產原因，採商人破產主義。一九六七年七月，破產法全面改革，制定「關於裁判上之整理，財產之清算，個人破產及破產罪之一九六七年七月十三日法律第五六三號」。改採一般破產主義。其後由於法國經濟所處之嚴重狀況為背景之企業倒產，急遽增加，依一九七六年法而為企業之重整，幾無成功之例，乃又於一九八五年一月二十五日制定有關企業裁判上重整及清算之法律九八號，共分八編。經此修正，法國之倒產處理程序，原則上被一體化為「裁判上之重整程序」，於不能重整之情形，則轉變為「裁判上之清算程序」❶。

---

❶　參照司法院編印破產法資料彙編㈡（八十四年三月）第十一頁以下。

四、德國法

　　古代德國固有法，僅有假扣押程序 (Arrest-Process)，未見有破產制度。而假扣押程序為債權人因其債權有不能受清償之虞時，為保全其權利，對於債務人加以拘禁，並扣押其財產之程序，復採優先主義（即行假扣押之債權人有優先受償之權）。到十三世紀末葉，在商業都市，對於債務人死亡或逃匿之情形，則行債權人平等受償之程序。十五、六世紀，因繼受羅馬法與意大利法，而產生所謂普通法 (Gemeines Recht)。其後普通法又受西班牙職權主義及吸收主義之影響 。 所謂吸收主義 (visattractiva, Attraktivkraft des Konkurs) 即指有關破產財團之訴訟，即取回權、撤銷權、別除權、財團債權及破產債權有關之訴訟，悉由破產法院裁判之主義。普通法上所定破產程序，分為破產開始程序、債權確定程序、順位確定程序、變價程序及分配程序五個階段。且選有破產管理人（curator，掌理財團之管理及變價）及訴訟管理人（contradictor，擔當債權確定訴訟）二種管理人。普通法最大之缺點在於破產程序過於遲緩 。 故一八五五年普魯士破產法 (Preussische Konkursordnung) 乃排除職權主義、吸收主義，而改仿法國之法制。惟該法與法國舊法不同者在其採一般破產主義而非商人破產主義。德意志聯邦成立以後，踏襲普魯士破產法，於一八七七年制定德意志帝國破產法 (Konkursordnung für das Deutsche Reich)， 一八七九年十月一日施行。其後又經一八九八年之修正，而成為通稱之破產法 (Konkursordnung)。一九二七年並有和議法之公布，至一九三四年七月二十日復將和議法修正，而公布現行之和議法 (Vergleichsordnung) 。 其後歷經第二次世界大戰，德國經重創，現行法功能不張，歷經多年討論，合併原破產法及和議法，於一九九九年一月一日施行新法，將其名稱稱為 Insolvenzordnung，學者稱其為新倒產法❷。

---

❷　參照三上威彥編著ドイツ倒產法改正の軌跡。司法院編印（八十六年八月）德國新倒產法。

五、日本法

日本在德川時代，曾有分散制度。即債務人在全體債權人同意下，將自己之全部財產委付於全體債權人，由全體債權人分配其價額，但屬未必能免責之制度。到明治初年，則公布有華族士族平民身代限規則（明治五太政官布告一八七號等）及家資分散法（明治二三法六九號）。其後仿法國商法破產篇，於明治二三年商法第三編制定破產編（即舊破產法）。旋又於大正十一年仿德國破產法，制定公布現行破產法及和議法。二次世界大戰後，因受英美法之影響，於昭和二十七年修正破產法，改採英美破產法之免責主義。其後於昭和三十三年至平成十一年歷經十六次修正。而和議法則為健全再建型倒產處理程序，於平成十一年公布民事再生法，並同時廢止和議法 ❸。

六、英國法

英國法未受羅馬法與大陸法之影響，自成為一個體系，並依不成文法之型態發展。惟其破產法則自一五四二年亨利八世 (Henry VIII) 時即以成文法制定公布。其後經過一五七一年、一八六一年、一八六九年、一八八三年等多次修正，至一九一四年始修正為現行破產法 (An Act to consolidate the Law relating to Bankruptcy, 1914)。而其主要特色為(1)破產原因採列舉主義，(2)採和解前置主義，(3)採逐及主義，(4)採免責主義。其後一九八五年對於公司與個人之破產、公司解散、有關公司經營上個人資格之剝奪與個人之責任，與某些以低估貶值成立之交易之無效；及為與相之目的而制定之條款等為修訂。一九八六年該法復就「統一有關公司無力清償與解散」（包括未達無力清償之公司之解散，及未經登記設立之公司之解散）、「有關個人無力清償與破產」及其他涉及此二事項（包括破產管理人之權限與資格、破產事件政府之管理，不當行為與違法行為之處罰與救濟、某些以低估價值成立之交易無效）等而為改訂 ❹。

---

❸　參照石川明‧三上威彥編破產法‧民事再生法（2003.6. 青林）第五頁以下。

七、美國法

　　美國於一八〇〇年四月四日法律，公布第一次聯邦破產法，大體模仿當時之英國法。惟僅限於商人有詐欺行為時始有其適用。但一八〇三年該法即行廢止。其間在一八二二年曾有破產法草案之議，惟未通過立法。至一八三七年因受經濟恐慌之影響，乃於一八四一年公布第二次聯邦破產法。然因該法過份保護債務人，於一八四三年二月三日又遭廢止。南北戰爭後，聯邦政府再於一八六七年三月二日公布第三次聯邦破產法，但一八七八年六月七日又被廢止。旋又於一八九八年七月一日公布破產法 (The Act of July 1, 1898)，一九三八年曾大加修正。一九七八年復公布破產法 (Bankruptcy Act 1978)。

貳、我國破產法之沿革❺

　　我國在清末門戶開放以前，因處於農業社會，重士農而輕工商。故工商業未能發達。人民經濟環境並無甚大變化，自無破產制度之需要，且我國社會習慣，崇尚和平，對於債務人不能清償其債務而並非出於惡意者，類能寬恕矜憐，雙方亦多相讓步，加以父債子還視為理所當然，故更無破產制度存在之必要。迨至海禁大開，商業繁盛，乃有破產制度之必要，旋於光緒三十二年（公元一九〇六年），由修律大臣沈家本起草破產律，凡六十九條，專重於商人之破產。惟因其規定簡略，遂於光緒三十四年廢止。民國成立後，曾於民國四年由前北京法律修訂館，以德日之破產法為藍本，擬定破產法草案，計分實體法、程序法、罰則三篇，計三百三十七條。此破產法草案雖已成型，然仍有缺失之處，故未施行。在此期間所發生破產事件，均依習慣法及法理加以處理❻。又於民國二十二年制訂商人債務清

---

❹　參照註❶之資料彙編第四七五頁、第五〇三頁。

❺　我國現行破產法制定經過，請參照附錄一中華民國破產法草案初稿說明。

❻　請參照最高法院下列判例要旨：

　　⑴債權團之協諧契約，其到場承認之債權人確占總債權額之大多數，而在習慣上又可

理暫行條例，採強制和解制度，不分章節，凡六十八條，於同年十月二十二日公布施行。

迨國民政府定都南京,始於二十四年由立法院民法委員會起草破產法,採取一般破產主義,分總則、和解、破產、罰則四章,計一百五十九條,於同年七月十七日公布,並於翌日公布破產法施行法,均訂同年十月一日施行。商人債務清理暫行條例亦因本法之施行而失其效力（本法施行法第五條）。其後,本法曾於二十六年五月一日修正第二十七條,將「債權人會議為和解之決議時,應有出席債權人過半數之同意,而其所代表債權額,並應占無擔保總債權額四分之三以上」修正為「三分之二以上」。六十九年十二月五日總統令修正公布第三條條文。司法院釋字第三○○號解釋（八十一年七月十七日作成）謂「破產法第七十一條第一項規定『破產人有逃亡或隱匿、毀棄其財產之虞時,法院得簽發押票將破產人羈押』為保全破產財團之財產,維護全體債權人之權益,俾破產程序得以順利完成,固有此必要。惟同條第二項『羈押期間不得超過一個月,但破產管理人提出正當理由時,法院得准予展期,每次展期以一個月為限』之規定,其中但書對羈押展期之次數未加適當限制部分,與憲法保障人民身體自由之本旨不合。應儘速加以修正,至遲應於本解釋公布之日起屆滿一年時停止適

認為有拘束少數未經同意之債權人者,則少數人獨表異議,亦非法之所許（十八年上字第二○三三號）（編按:本則判例無裁判全文可資參考,依據一○八年七月四日施行之法院組織法第五十七條之一第一項規定,應停止適用）。

(2)在破產法未頒行以前,遇有破產情形,自應適用習慣或條理以為裁判。若債務人財產已陷於破產狀態者,經大多數債權人為保全公共利益計,議定管理或監督債務人財產之方法（協諧契約）,而到場承認之債權人,又占總債權額之大多數,如在習慣上確認為有拘束之效力,則對於未經同意之少數債權人固准其生效,惟其破產,既未經法院嚴密調查宣告之程序,倘該地方習慣,又不認其有此拘束力,即不得強令該少數人受其拘束,以杜流弊（十九年上字第二二八四號）（編按:本則判例無裁判全文可資參考,依據一○八年七月四日施行之法院組織法第五十七條之一第一項規定,應停止適用）。

用。……」。為此破產法於八十二年七月三十日經總統公布修正破產法第七十一條至第七十三條，並增訂第七十三條之一及修正破產法施行法第二條條文。

近年來由於社會經濟結構之變遷，現行以清理為中心之破產法，已不符實際之需要，司法院乃於八十二年十一月間成立破產法研究修正委員會，聘請學者專家及實務界人士共同研究，參考聯合國國際破產模範法，歐洲倒產條例，美、英、法、德、日、瑞士等外國立法例，國內外學說及實務經驗，就現行法進行全面之檢討修正，採行商業會之和解、法院之和解、清算及破產程序連貫進行之體制，增訂公法人之清理程序，承認外國法院許可之和解及破產，並將破產法施行法併入本法，於修正草案初稿完成後，分函有關機關、學術機構、職業團體，並於網站公告，廣求各方意見，再集會研議，先後開會三百餘次，於九十二年八月底完成破產法修正草案，將提出於立法院審議❼❽。

---

❼　參照司法院九十二年十二月編印，司法院破產法研究修正資料彙編㈨下冊第二〇八九頁破產法修正草案總說明。草案針對現行法修正一百三十二條，增訂一百零六條、刪除十條。

❽　編按：破產法於八十二年修正後，嗣經一〇七年六月十三日總統公布修正第十三條條文。

第二篇

本　論

第一章　總　則

　　和解與破產，雖均為處理債務人不能清償債務時所用非常措施之一❶。但其立法旨趣及程序均不盡相同。故近代德日諸國法例，於制定破產法之外，又另有和解（或和議、民事再生）法之制定。惟英美等國之法例，則將和解程序規定於破產法中，本法亦仿其例，並就和解與破產共同適用之法則，列於第一章，稱為總則。

第一節　和解及破產之共同要件

　　聲請和解或宣告債務人破產，須具備一定之要件，此等要件，可分為形式上之要件、實質上要件、能力上要件等，茲分述如下：

壹、形式要件 (formelle Voraussetzung)

　　債務人雖具有和解或破產原因，但尚不能謂已有和解或破產程序之開始。必須經管轄法院裁定或宣告後，程序始能開始進行。而裁定及宣告，原則上依債權人或債務人之聲請為之。但在破產程序，亦有依職權為之者，是為例外。又本法採破產與和解分離主義，故破產之聲請，雖在和解程序進行中亦得為之。但法院認為有和解之可能時，得駁回破產之聲請（第五十八條第二項但書）。其在法院之和解，債權人會議可決後，須經法院之認可始生效力（第二十九條）。而在商業會❷之和解，則須經債權人會議之可

---

❶　此外尚有公司重整（公司法第五章第十節）、特別清算程序（同法第五章第十二節第二目）等制度。

❷　依六十一年七月二十六日公布、一○四年二月四日修正之商業團體法第三條第一項第

決，訂立書面契約，由商業會主席署名，加蓋商業會鈐記，其和解始告成立（第四十七條），但不必經法院裁定認可。

貳、實質要件 (Materielle Voraussetzung)

對於債務人進行和解或宣告破產之原因，即為破產或和解之實質要件。而債務人須具備何種原因，始得聲請和解或宣告破產，此即破產或和解之原因。關於破產原因之規定，從來立法上有採列舉主義者，有採概括主義者。前者為英美法例所採，將可構成債務人破產之破產行為 (Acts of bankruptcy) 分別例舉規定。後者為大陸法系所採，僅將破產原因作概括之規定，再由法院予以具體之認定。本法第一條規定：「債務人不能清償債務者，依本法所規定和解或破產程序清理其債務。債務人停止支付者，推定其為不能清償」。蓋採概括主義也。茲分述如下：

一、支付不能 (Zahlungsunfähigkeit)

所謂支付不能，係指債務人欠缺清償資力，對於已屆清償期，且已受請求之債務 (verbindlichkeiten) 之全部或主要部分，可預見其為一般且繼續的不能清償之財產狀態之謂❸。析言之：

㈠欠缺清償資力

清償資力係由財產、信用、勞力三者構成，雖無財產，如有良好之信用或優良之技術，仍有清償債務之可能。且債務人縱然擁有財產，如屬山林土地，有時因禁止移轉、禁建等關係，債務人脫售困難或不能時，亦可陷於支付不能。故支付不能，不能僅以債務人之財產為標準，必待動員其信用、勞力等之力量，仍屬資力不足清償債務時始可。此點與專以財產為標準之債務超過情形有別。

㈡須為已受請求之債務

所謂已受請求之債務，即為應即清償之債務。決定債務人有無支付不

四款規定，已將商會改為商業會，本法未就名稱一併修正，有待將來之修正。

❸　Mentzel §102 Anm 2.

能原因時，必該債務為應即時清償之債務。換言之，係指法定或約定清償期已屆至，或法律雖未定有清償期，當事人間亦未定有清償期，但依債之性質或其他情形可以決定其清償期，而其期限已屆至，並經債權人請求履行者，或無法定或約定之清償期，亦不能依債之性質或其他情形決定其清償期，惟已經債權人請求履行者而言（參照民法第三百十五條）。從而縱令預見債務人對將來到期之債務，確有不能清償情事，在其清償期屆至前，仍不得謂有不能支付之情形。又對於可得撤銷、消滅時效完成、可抵銷或有同時履行抗辯之債務，即使有不能支付之情形，亦不構成破產或和解之原因❹。

　　不能支付之債務，歷來學者均主張須限於金錢債務 (Geldschulden, Geldverbindlichkeiten)❺。此蓋支付不能，通常以金錢債務之支付不能為多數，且破產程序之結果係採分配主義之故。然吾人認為支付不能不必限於金錢債務，即如得易為金錢請求之債務，倘有支付不能之情形，例如債務人應給付債權人木材之債務已屆清償期，債務人既無現成木材可得交付，亦無資力買得木材以供交付時，此時債權人得不待損害賠償請求權之發生，即得聲請法院宣告債務人破產❻，債務人亦得聲請法院為破產之和解。

㈢須為一般的且繼續的清償不能

　　支付不能必須債務人之財產陷於一般的且繼續的清償不能之情形，換言之：

　　1.清償不能須達於一般清償之不能，但不以達日常生活或業務上所須經費均無法支付之地步為必要，且必非僅對某特定債務不能清償。至於如何程度之清償不能始可謂為支付不能，應考慮破產制度之目的，依社會一般通念定之。

---

❹　參照日本大審院明治三九年六月二十一日判例，民錄十二輯一〇〇三頁，新聞三七一號一一頁；明治三二年十二月二十七日判例，民錄五輯一一卷一三〇頁。大野著第六〇頁。

❺　參照中田著第三九頁、兼子著第一四八頁、錢國成著第一三頁、劉清波著第三九頁、李傳唐著第二二頁、陳國樑著研究第一二頁。

❻　參照中田著第三九頁、兼子著第一四八頁。

2.債務不能清償必有持續性，如僅一時之不能清償，即所謂中止支付 (Zahlungsstockung)，或有支付不能之虞，尚不得謂有破產原因 ❼。

3.不能清償係債務人財產之客觀狀態，債務人不能清償其債務，必須有不能清償之客觀事實，即債務人之財產不敷清償其所負債務之狀態。若因債務人之認識錯誤，主觀上誤認以為自己財產不能清償其債務，甚或表明此種意思，仍非此所謂之支付不能。

4.所謂一般的不能清償，係指債務之全部或主要部分不能清償而言。何謂債務之主要部分，應依社會之觀念定之。例如債務人負有十萬元之債務，如其債務全部無法清償，固為不能清償，如其中有百分之九十無法清償，亦屬支付不能。如其僅就某一特定債務不能清償，則屬給付不能問題，尚不構成破產或和解之原因。

二、停止支付 (Zahlungseinstellung)

停止支付者，為債務人對於債權人表示不能支付一般金錢債務意旨之行為也。析言之：

㈠停止支付與支付不能相同，須基於清償能力繼續的欠缺，且係關於即時清償之一般債務停止支付。故如習慣上於月底支付之債務，張貼布告表示於下月五日支付，僅屬一時不如意之表示，尚非停止支付 ❽。

㈡停止支付為債務人主觀行為，而非客觀狀態，此與支付不能異。故不問客觀事實上，債務人之財產狀態如何，如債務人已表示不能支付金錢以為清償之意旨，即為停止支付。又此債務人之主觀行為，不以明示表示者為限，即默示之表示，例如倒閉逃匿、支票拒絕往來、停業，或其他財產清理等活動均屬之。

㈢債務人之財產狀況，自以債務人了解最為清楚，因之支付不能與停止支付之財產狀況，通常當屬一致。從而祇須債務人有停止支付之情形，即推定其支付不能（第一條第二項）。故債權人只須證明債務人有停止支付

---

❼　齋藤編獨和議法第三一頁。

❽　參照中田著第四一頁、兼子著第一四九頁。

之情形，即可聲請法院宣告債務人破產。反之，債務人如欲免被宣告破產，則須提出反證，證明其仍有支付能力。

　　㈣停止支付之狀態，須持續至破產宣告時仍繼續存在，此即所謂「停止支付與破產宣告之因果關係」❾。如法院為裁定時，停止支付之原因業已消滅，即應以聲請人之聲請為無理由而駁回之❿。

三、債務超過 (Überschuldung)

　　所謂債務超過，係專以財產作為還債之基礎，而債務人之財產已不足以清償一般債務之謂。蓋債務人為自然人時，縱有債務超過之情形，有時猶可憑其能力、信用稍假時日即可為清償者，故必待不能清償時，始為和解及破產之原因。公司中之資合公司，例如有限公司、股份有限公司，係以資本為其組成基礎，其清償債務之能力，在於公司全部或大部之財產，一旦有債務超過，而顯有不足抵償其債務之情形，如不即行宣告破產，勢必更增加債務人之損失。故除於公司清算時，發現其財產不足清償其債務者，應由清算人聲請宣告破產外；即在平時，如公司資產顯有不足抵償其債務者，公司之代表人，即應向法院聲請宣告公司破產（民法第三十五條第一項，公司法第八十九條、第一百十三條、第一百十五條、第二百十一條第二項）。學者有謂在人合公司之情形，例如無限公司或兩合公司，因公司之信用，著重於無限責任股東，認不必以債務超過為其破產或和解之原因者❶，此於無限責任股東，有意繼續公司之營運，願意提供個人財產以清償公司之情形，固無問題（但於此情形，公司債權人似不致聲請宣告公司破產），如無限責任股東無意公司之經營，而清算公司債務時，依公司法第八十九條規定，縱無限責任股東有財力，於公司財產不足清償其債務時，清算人仍應即聲請宣告公司破產，自不宜因無限責任股東對公司債務負有無限連帶責任，而謂人合公司於債務超過時，尚不構成破產或和解之原

---

❾　參照中田著第四二頁。

❿　參照齋藤、櫻田編第一三頁。日本大審院大正十五年五月一日判例，民集五卷三五八頁。

❶　參照中田著第四二頁、兼子著第一四九頁。

因 ❷ 。公司於有債務超過之場合，最高法院之意見曾認為「縱多數債權人同意經由和解清算債務而不使公司破產，然既有少數公司債權人不同意和解，法院仍應為破產之宣告」 ❸ 。此種見解於現在觀之，不無商榷之處。蓋破產乃一非常之制度，破產不但於債權人與債務人利害有所影響，於社會（尤其是在破產人為企業團體時之員工）亦有重大影響。現行破產法又不採和解前置主義，且聲請破產和解之時點，又限於有破產聲請之前（第六條第一項），則少數債權人極易濫用破產聲請權之行使，杯葛和解之進行，從中獲取優於其他債權人之利益，依利益衡量之原則及多數債權人所同意和解方案之公平性及可行性，考量少數債權人所為破產之聲請，有無權利之濫用，再分別予以准駁，實值研究。

公司以外之法人（或非法人之團體），於其財產不能清償其債務時，法人之董事（或非法人團體之管理人或代表人）亦應向法院宣告破產（民法第三十五條第一項）。是公司或其他法人（或非法人團體），除支付不能之情形外，有時在其債務總額超過其資產之總額時，即所謂債務超過時，亦構成和解或破產原因。

---

❷　同說：參照陳榮宗著第二十七頁以下。

❸　最高法院五十三年臺抗字第三七五號裁定：「本件再抗告人以相對人祥泰鋼鐵股份有限公司（簡稱祥泰公司）共欠三千餘萬元（新臺幣，下同），拍賣該債務人所得金額不足以供清償，向第一審法院聲請宣告債務人破產，而債務人祥泰公司則謂伊所負債務業經清理，其餘債權人已同情和解，獨所欠再抗告人之本息二百餘萬元，竟聲請宣告破產顯有未合。惟查債務人之財產不能清償債務者，法院得因債權人或債務人之聲請宣告破產。本件債務人祥泰公司，既自認清理一部分債務後，已無資產，則其不能清償全部債務，事極顯然，自應宣告破產。原審未予詳察，竟徇債務人祥泰公司之意旨，將第一審所為宣告該債務人破產之裁定廢棄，自有未合」。日本大審院昭和八年二月二十一日判例，裁判例（七）民二六頁：「債務人公司之不能支付或債務超過之事實既足認定，縱債權人中之多數債權人，特別是債權額多之債權人以依破產程序受償為不利，而不希望破產，且債務人公司亦誠意努力為債務之清償，仍不得謂破產之聲請為不當」。參照齋藤、櫻田編第一〇頁。

又遺產不敷清償被繼承人債務，而無人繼承或繼承人為限定繼承，或繼承人全體拋棄繼承時，或未拋棄繼承之繼承人全體有破產之原因時，其債權人、繼承人、遺產管理人或遺囑執行人，得聲請宣告破產（第五十九條）。是關於遺產，祇得以債務超過為破產原因（不得聲請為破產上之和解），此乃因繼承開始後，祇有該遺產為清償之來源也。

參、能力要件

能力要件者，為許可和解或破產宣告之主觀要件，即能受許可和解及破產宣告之資格也。在民事訴訟上有當事人能力者，原則上有和解及破產能力。詳言之：

一、自然人

本法係採一般破產主義，除商人而外，一般非商人亦得宣告破產。故自然人不論其是否業已成年，已否結婚，其身分地位如何，具何國籍❶❹，均有和解及破產能力❶❺。

---

❶❹　參照司法行政部46.8.2臺四六函民字第三九八○號函：「……按諸我國破產法雖未設有關於外國人及外國法人地位之明文規定，但依該法第五條規定：『關於和解或破產之程序，除本法有規定外，準用民事訴訟法之規定』。而『有權利能力者，有當事人能力』，『能獨立以法律行為負義務者，有訴訟能力』，及『外國人依其本國法律無訴訟能力，而依中華民國法律有訴訟能力者，視為有訴訟能力』。此為民事訴訟法第四十條第一項、第四十五條、第四十六條分別著有明文。又依照民法總則施行法第二條規定：『外國人於法令限制內，有權利能力』，同法第十二條第一項規定：『經認許之外國法人，於法令限制內，與同種類之中國法人有同一之權利能力』，同法第十五條規定：『未經認許其成立之外國法人，以其名義與他人為法律行為者，其行為人就該法律行為應與該外國法人負連帶責任』。綜上觀之，可見我國破產法雖未就外國人及外國法人之地位，設有明文規定，但因關於和解或破產程序準用民事訴訟法之結果，自應解為關於破產案件，外國人及外國法人與中國人及中國法人有相同之地位，實屬了無疑義……。」

二、法　人

㈠私法人

　　私法人無論其為營利法人或公益法人 ❶，中國公司或外國公司 ❶，均有和解及破產能力。私法人因破產而解散，其因解散而生之清算程序由破產程序所代替，故在破產程序終結前，其法人之人格在破產目的範圍內，仍應視為存續。清算中之法人，發現其財產不能清償其債務時，為保護債權人，亦應認得聲請宣告破產（參照公司法第八十九條，日‧破產法第一百二十八條，日‧民法第八十一條）❶。

㈡公法人

　　公法人在民事訴訟法上固有當事人能力，然一般學說咸認公法人如聲

---

❶　自然人之破產能力，因自然人之死亡而消滅。受破產宣告後之破產人，於破產程序終結前死亡時，對於破產程序是否有影響，日‧破產法第一百三十條規定：「於有破產之聲請或破產之宣告後開始繼承者，破產程序對於該繼承之遺產續行之」。因之其破產程序不受影響。本法對此未設明文規定，解釋上，除未拋棄繼承之繼承人全體亦有破產原因，或無人繼承，或繼承人為限定繼承，或繼承人全體拋棄繼承之情形，因依本法第五十九條第一項之規定，仍得對遺產宣告破產，為避免破產程序之重複實施、拖延時間，似可解為破產程序仍可對遺產續行之外，繼承人如為通常之繼承時，因繼受被繼承人之一切權利義務（民法第一千一百四十八條），繼承人個人有無破產原因尚有疑問，自不得作與日本破產法第一百三十條相同之解釋。此時破產程序即因破產人之死亡而終結。至債務人聲請破產宣告後，在法院裁定宣告債務人破產確定前，債務人死亡者，學者有主張可改為聲請對遺產宣告破產者（參照中田著第三二頁、山木戶著第三六頁）。除有合於本法第五十九條所定情形，可改為聲請對遺產宣告破產外，法院應以聲請人欠缺當事人能力，以裁定駁回破產之聲請。又自然人於和解聲請許可後，在法院裁定認可和解前死亡者，和解程序亦應解為當然終了（參照中田著第二七八頁）。

❶　參照中田著第三二頁、加藤著第二六五頁、山木戶著第三七頁。

❶　見註❶。

❶　清算中之法人雖有破產能力，但無和解能力，蓋和解之目的，在使債務人之財產關係及業務關係仍然繼續，此種情形與清算之目的相違故也。

請和解或破產，將破壞公共機能，妨礙其政治上之目的，且縱令有不能清償債務之情形，亦可以國家財政之運用或監督作用，對債權人為公平之清償，殊無聲請和解或宣告破產之必要，故無和解或破產能力❶。但如農田水利會（水利法第十二條第二項）、農會（農會法第二條）、漁會（漁會法第二條）、商業團體（商業團體法第二條）、工業團體（工業團體法第二條），依其組織法之規定，雖或為公法人，或兼具公法人與私法人之性質，仍不妨認其有破產能力及和解能力。

㈢非法人之團體而設有代表人者

非法人之團體而設有代表人或管理人者，依民事訴訟法第四十條第三項規定，有當事人能力。自亦應認有和解或破產能力❷。民法上之合夥，如有一定之名稱及目的，並設有代表人或管理人之情形，實務上認其為有當事人能力之非法人團體，故得認其有和解及破產能力。惟合夥如欲聲請和解或破產時，是否須以各合夥人皆有不能履行債務之情形為必要，實務上曾採肯定之見解，其理由謂「蓋合夥財產不足清償債務，各合夥人猶有家產可以充償者，自屬不能允許」云云❸。然合夥既以非法人團體之型態，從事經濟活動，且其活動又獨立於各合夥人之外，如合夥已達以合夥之財

---

❶　參照中田著第三三頁、兼子著第一四二頁、加藤著第二六五頁、山木戶著第三八頁、劉清波著第四九頁、李肇偉著第四〇頁、李傳唐著第二五頁、錢國成著第三九頁註一，認為「公法人想像上殊無不能清償債務之情形，故不能有和解之原因」，亦值參考。破產法修正草案，增設第四章「公法人債務人之清理」一章，使公法人得依特別法院和解程序，清理債務（草案第二百零一條至第二百零七條）。

❷　同說：錢國成著第二六頁、第七六頁，陳國樑著新論第三七頁、第八二頁。反對說：劉清波著第四三頁。

❸　參照大理院三年上字第五五〇號判例：「合夥如欲請求破產，必須於各合夥員皆不能履行債務時，始能為此請求，蓋合夥財產不足清償債務，各合夥人猶有家產可以充償者，自屬不能允許。」破產法修正草案第一條第三項規定「非自然人」之破產原因，其修正說明三謂：「非自然人之債務人，例如法人或非法人團體」，已明示「非法人之團體」亦有破產能力。

產不足清償合夥債務之狀態時，為期清理合夥債務，先行破產和解或宣告破產，反可確保多數債權人之利益。如果合夥人認有繼續維持合夥團體存在之必要時，盡可提供其個人固有財產使其成為合夥財產之一部（例如增資）主張合夥並無和解或破產原因，且縱因合夥人不提供其個人固有財產，以致和解或破產，此項和解或破產，對於合夥之債權人向合夥人追償之請求權（民法第六百八十一條）並不受有影響（破產法第三十八條、最高法院五十一年臺上字第二二四三號判例），故亦無不利可言。故吾人認合夥於合夥財產不足清償債務時，即有和解或破產原因，不以合夥人亦有不能清償之情形為必要。

㈣遺　產

現行法認遺產如合於一定要件，亦得宣告破產（第五十九條）。自應認有破產能力。關於遺產之破產，其法律上之構造，破產人應為何人？學說上有⑴主張應以被繼承人為破產人者。⑵主張繼承開始前為被繼承人，繼承開始後為繼承人者。⑶主張以繼承人為破產人者。⑷通說咸認破產人即為遺產本身者❷。蓋以被繼承人既已死亡，權利能力業已消滅，自不得為債權債務關係之主體。繼承人或拋棄繼承或為限定繼承，亦非遺產債務之債務人。遺囑執行人或遺產管理人更非遺產債務之債務人，以之為破產人於理均屬不通。本法第五十九條第一項既明文規定：「遺產不敷清償被繼承人債務，而有下列情形之一者，亦得宣告」，並於第三條第五款規定：「本法關於和解之債務人或破產人應負義務及應受處罰規定，於下列各款之人亦適用之……五、遺產受破產宣告時之繼承人、遺產管理人或遺囑執行人」。顯認遺產本身有破產能力。惟遺產究非權利義務之主體，故其法律上之構造，僅可認係法律所特別規定之形式上當事人能力，或形式上之破產能力。至於遺產有無破產法上和解之能力，外國立法例上，有承認其有破產法上和解能力者，例如德國和議法第一百十三條有關於遺產之和議程序規定。有明文規定其無和解能力者，例如日本和議法第十二條第二項規定：

---

❷　參照中田著第三五頁、加藤著第二六七頁、山木戶著第三九頁。破產法修正草案第六十九條第一項明定為「對遺產聲請宣告破產」，可知修正草案係採本說。

「遺產不得為和議開始之聲請」。本法對於遺產是否得為破產法上和解之聲請，未有明文之規定。惟查破產法上和解之主要目的，既在繼續債務人之財產關係及業務關係，而遺產並無繼續此項關係之需要，且本法和解一章亦無如第五十九條之特別規定，宜解為遺產無和解能力。

肆、債權人之競合

　　聲請和解或宣告破產，是否須以有多數債權人存在為前提，學說上頗有爭論。採肯定說者以為：債權人如僅有一人，固可依普通之強制執行程序獲得滿足，原不生公平與否之問題，自無利用破產制度之必要。和解之目的，在於防止破產，債權人只有一人時，既無破產之必要，自亦無和解之必要。再就破產法之規定觀之，亦以多數債權人之競合為前提。故我國多數學者及實務上均採此說[23]。採否定說者則認為：破產法第一條規定，並未有以債權人之競合為要件，解釋上，自無以有多數債權人存在為要件之必要，且我國採免責主義，債權人雖僅一人，破產之結果，債務人得因而免除部分之債務，故應認一人亦可聲請破產者。日本實務上及學者亦多採否定說[24]。

　　吾人認為關於破產，否定說有採擇之價值[25]。其理由除上述者外，(1)債權可以分割移轉，則債權人為達宣告債務人破產之目的，自可分割其債權，以達有多數債權人之要件，其結果徒增破產程序之麻煩。(2)債務人為防止破產，可對小額之債權人清償，而僅留一大額債權人，此時大額債權人如不能聲請宣告破產，對其影響甚大。(3)宣告破產之結果，債權人得行使撤銷權，與債權人之權益關係很大。至於和解，吾人仍贊成應有多數債權人存在，蓋如債權人僅有一人時，債權人可以隨時與債務人協調讓步，

---

[23]　參照錢國成著第二八頁、第七八頁、劉清波著第三頁、陳國樑著新論第八三頁以下、陳榮宗著第一二三頁、司法行政部編印民事訴訟文書格式第三八六頁裁定格式範例。

[24]　參照中田著第四四頁以下、兼子著第一五三頁、山木戶第四三頁、齋藤‧櫻田編第一九頁、菊井著第九八頁、日本大審院昭和三年十月二日判例，民集七卷一一號七六九頁。

[25]　我國採否定說者：李肇偉著第二八頁以下。

如其不能協調讓步，縱經聲請法院和解，亦難有成立和解之望，而徒拖延時日。故應認須有多數債權人存在。

第二節　和解及破產事件之管轄

現代各國，關於和解及破產事件，均規定在法院干涉或監督之下進行。由法制史上觀之，有由法院沒收債務人之財產而分配於債權人，其破產程序均由法院行之者，謂為官治主義 (Amtstätigkeit des Gerichts)。為中世紀西班牙採用之制度。亦有債權人不受國家之干涉，自行分配債務人之財產者，稱為自治主義 (Selbsthilferecht der Gläubiger, Selbstverwaltung)。為羅馬法採用之制度。極端之自治主義，容易導致債權人之濫用破產制度，極端官治主義，亦有不能周密保護債權人之缺點，故現行各國法制，均採折衷主義，使在法院干涉或監督下實行自治主義。我國亦同。本法第二條規定：「和解及破產事件，專屬於債務人或破產人住所地之地方法院管轄。債務人或破產人有營業所者，專屬其主營業所所在地之地方法院管轄。主營業所在外國者，專屬其在中國之主營業所所在地之地方法院管轄」、「不能依前項規定定管轄法院者，由債務人或破產人主要財產所在地之地方法院管轄」。析言之：

壹、事務管轄 (Sachliche Zuständigkeit)

事務管轄者，乃指依訴訟事件之種類或訴訟標的之金額或價額之高低而定之管轄。在設有商事法院之國家，而其又採商人破產主義者，則有規定專屬於商事法院管轄之法例，法國法制屬之。在採一般破產主義之國家，有規定專屬於民事法院管轄者，例如德日法制。有依債務人之性質，分屬於商事法院或民事法院者。奧國法制採之。我國破產法仿德日法制，規定破產案件由民事法院管轄，且專屬於第一審法院管轄。就比較法制而言，英國法例，規定由高等法院管轄 ❷❻。德國法例，則規定由區法院 (Amtsgericht) 管轄（德·破產法第七十一條）。

---

❷❻　參照陳國樑著新論第二八頁。

貳、土地管轄 (Örtliche Zuständigkeit)

　　土地管轄者，將全國同級之各法院，劃定一定之土地界線為其管轄區域，凡與該管區域有一定關係之事件，均分配由該法院處理之謂。破產事件應由何地方法院管轄，關係債權人與債務人之利益甚大，本法所定之土地管轄為：

一、主營業所所在地

　　債務人或破產人有主營業所者，應由其主營業所所在地之地方法院管轄。如其主營業所所在地係在外國，則以其在中華民國之主營業所所在地之地方法院管轄。此之債務人包括本國人、外國人、自然人、法人或設有代表人或管理人之非法人團體在內。所謂營業所 (Gewerbliche Niederlassung) 係指債務人或破產人實際從事工商企業或其他營業之處所，與公司登記之公司「所在地」(公司法第四十一條第一項第七款、第一百零一條第一項第六款、第一百二十九條第四款等) 及商業登記事項所定「所在地」(商業登記法第九條第一項第五款) 之意義未必一致❷❼。所謂主營業所，則指數個營業所中，為其業務執行之中心，或總攬其業務之處所，以別於處理業務之一部分之營業所而言。所謂營業，不以商業為限，包括一切工商企業在內。

二、住所地

　　債務人或破產人未從事營業，無營業所者，其管轄法院，專屬於其住所地法院管轄。按本法係採一般破產主義，破產人不限於從事營業之人，故破產人或債務人有時即無營業所，此時自應由其生活之本據地，即住所地之地方法院管轄。所謂住所，依民法第二十條第一項規定，凡依一定事實，足認以久住之意思，住於一定之區域，即為設定住所於該地。茲所稱住所包括意定住所及法定住所 (例如民法第二十一條、第一千零二條、第

❷❼　參照齋藤編獨和議法第二七頁。

一千零六十條）在內。法人則以其主事務所所在地為其住所（參照民法第二十九條）。

三、主要財產所在地

　　債務人或破產人無營業所，亦無住所者，由其主要財產所在地之地方法院管轄。所謂無住所，即在中華民國現無住所或住所不明之謂。民事訴訟法第一條第二項、第三項視為住所之規定，於此應無準用之餘地❷。所謂財產包括動產、不動產、債權及其他財產權在內，但以得扣押之財產為限。至於何種財產為主要財產，應依一般交易觀念定之。財產如為債權，則應以第三債務人之普通審判籍之所在地，或該債權擔保之標的所在地，或以物之交付為目的之債權之物之所在地，視為財產所在地（參照民事訴訟法第三條第二項）。

　　關於遺產之破產事件，依日本破產法第一百零六條規定，其管轄依繼承開始地定之。本法對此並未特別規定，自應由遺產中主要財產所在地之地方法院管轄❷。

參、專屬管轄 (Ausschliessliche Zuständigkeit)

　　和解及破產事件之管轄，為專屬管轄，故民事訴訟法第二十四條之合意管轄及同法第二十五條所定應訴管轄均無準用之餘地。管轄權之有無，法院應依職權調查之。如管轄權有錯誤時，依本法第五條準用民事訴訟法第二十八條規定，依當事人之聲請或依職權以裁定移送其管轄法院。受移送之法院如認非屬其專屬管轄時，應將該事件更移送於有管轄權之法院❸。

---

❷　同說：錢國成著第一八頁、劉清波著第四五頁。

❷　有學者主張得準用民事訴訟法第十八條規定，由繼承開始時，被繼承人住所地法院管轄者。但通說均認無準用之必要。參照錢國成著第一八頁、劉清波著第四六頁、李肇偉著第四五頁、陳國樑著新論第三〇頁。破產法修正草案第二條第二項明定：「遺產破產事件專屬繼承開始時被繼承人住所地之地方法院管轄。但被繼承人主要財產所在地與住所地不同者，由主要財產所在地之地方法院管轄」。

　　定法院之管轄，以聲請和解或破產時為準（第五條，民事訴訟法第二十七條）。聲請人定管轄權之原因事實雖有變更（例如廢止住所，變更住所或主營業所），但於法院之管轄權不生影響。又聲請之初，受理聲請之法院雖無管轄權，而事件繫屬於第一審或抗告審中，因情事變更而受理之法院已有管轄權者，則應認其有管轄權。至無管轄權之法院，誤認其自己為有管轄權，而裁定許可和解之聲請或為破產之宣告時，如其裁定已經確定❸，則關於管轄權之瑕疵，應認因該裁定之確定而治癒❸。

第三節　破產法之效力

　　關於破產法之效力，可由人、地、時三方面加以討論：

壹、關於人之效力

　　我國破產法採一般破產主義，故不論為商人或非商人，亦不問為自然人或法人，中國人或外國人（在中華民國領域內）均一律適用。非法人之團體設有代表人或管理人者，亦得適用。遺產如合於一定之條件，亦可宣告破產（第五十九條）。

　　本法對於和解之債務人或破產人，設有頗多應負義務及應受處罰之規

❸　學者有謂受移送之法院，如仍非專屬管轄法院時，因移送管轄之裁定確定，受移送之法院應受拘束，此時依司法院院字第一六二三號解釋，當事人可依聲請再審以資救濟者（參照劉清波著第四七頁，李肇偉著第四六頁，陳國樑著新論第二九頁）。惟現行民事訴訟法第三十條第二項已增但書，明文規定專屬於他法院管轄之事件仍得移送，司法院院字第一六二三號解釋，自已無適用之餘地。

❸　關於許可和解之裁定，依本法第九條第二項規定，不得抗告，故一經裁定即告確定。則關於管轄權欠缺之瑕疵，因此視為補正，其後法院不得再以管轄權欠缺為由，廢止已開始之和解程序。同說：參照齋藤編獨和議法第二八頁。

❸　同說：中田著第四九頁、山本戶著第三二頁、大野著第六九頁、加藤著第二三六頁、兼子著第一六六頁、齋藤編獨破產法第一九六頁。

定，其關於應負義務之規定者，例如第八條、第二十條、第二十四條、第三十一條、第六十三條、第六十七條、第六十九條、第七十條、第七十一條、第七十二條、第八十七條、第八十八條、第八十九條、第一百二十二條及第一百三十四條等是。其關於處罰之規定者，例如第一百五十二條、第一百五十三條、第一百五十四條、第一百五十五條、第一百五十六條等是。此等規定意在便利和解及破產程序之進行，並避免不公平之結果。其對於得直接行為之自然人聲請和解或破產時，上開規定適用上固不生問題，然對非得直接行為之公司或其他法人、非法人之團體或遺產聲請和解或宣告破產時，應由何人負責，如何貫徹此等規定之適用，自有另予規定之必要，故本法第三條規定：「本法關於和解之債務人或破產人應負義務，及應受處罰之規定，於下列各款之人亦適用之：

一、無限公司或兩合公司執行業務之股東。

二、股份有限公司之董事。

三、其他法人之董事或與董事地位相等之人。

四、債務人或破產人之法定代理人、經理人或清算人。

五、遺產受破產宣告時之繼承人、遺產管理人或遺囑執行人」。

考其規定之理由，蓋以第一款至第三款所列諸人，均係為法人實際從事活動之人，為法人之代表人，於公司或其他法人聲請和解或宣告破產時，自應適用本法關於應負義務應受處罰之規定。第四款之法定代理人，除無行為能力人及限制行為能力人之法定代理人外，宜包括非法人之團體設有管理人或代表人者之管理人或代表人❸。因其本應代理無行為能力人、限制行為能力人或非法人之團體為和解或破產程序上之一切行為也。經理人係指有為商號管理事務及為其簽名之權利之人（民法第五百五十三條第一項）。清算人謂執行清算事務之人。二者分別為商號或清算法人從事業務或清算工作，自亦有上述應負義務及應受處罰規定之適用。至於繼承人、遺產管理人、遺囑執行人，均為實際管理遺產之人，故於遺產受破產宣告之時，應適用上述應負義務及應受處罰之規定。有限公司執行業務股東或董

---

❸ 參照錢國成著第二二頁。

事，本條雖未加以特別規定，惟仍不失為第三款所定其他法人之董事或與董事地位相等之人。此等應負義務或應受處罰之人，學者謂之準和解債務人或準破產人。

貳、關於地之效力

凡在中華民國領域內成立和解或宣告破產，不問其為本國人或外國人，本國法人外國法人，均一律適用本法之規定。惟和解債務人或破產人之財產，其性質常不限於一種，其所在地有時亦不限於一地，如和解債務人或破產人之財產在二國以上，而在外國成立和解或受破產之宣告時，其和解或破產宣告之效力，是否及於國內之財產。關於此點，在立法例上有所謂普及主義、屬地主義及折衷主義已如前述（見第一篇第三章肆），本法第四條規定：「和解在外國成立或破產在外國宣告者，對於債務人或破產人在中國之財產不生效力」。則由其反面解釋，學者通說皆謂本法係採屬地主義❸❹。基於國際間平等互惠原則言，本法第四條既否認在外國成立和解或宣告破產對債務人或破產人在中華民國財產之效力，債務人或破產人財產所在之外國，自亦可否認在我國成立和解或宣告破產對在其國內之債務人或破產人財產之效力。惟債務人或破產人財產所在之外國，不否認在我國成立之和解或破產宣告之效力，為保護一般債權人起見，實不必拘泥於第四條之反面解釋，而認本法對我國成立之和解及破產宣告之效力，係採屬地主義❸❺。

參、關於時之效力

本法原則上僅就本法公布施行後之事件有其適用 （本法施行法第六

❸❹　參照第一篇第三章❷。破產法修正草案第四條修正為「外國人、法人或非法人團體，於和解或破產程序與中華民國人、法人或非法人團體有同一之地位」，並於第五章增訂「外國法院之和解與破產」，以貫徹平等原則，並承認外國法院許可之和解與破產在我國之效力。

❸❺　參照第一篇第三章❸。

條）。惟關於復權之規定，雖其破產之宣告係在本法公布前所為，亦得依本法之規定聲請復權（參看本法施行法第四條）至本法施行前不能清償債務之事件已由法院或商會開始處理者，視其進行程度依本法所定程序終結其已進行之部分，不失其效力（同施行法第一條）。其已處理完結者，關於本法第一百四十九條之規定，不適用之（同施行法第三條）。

第四節　民事訴訟法之準用

　　破產事件之性質，原屬非訟事件，已詳如前述（見緒論第二章第二節）。惟破產程序仍屬保護私權程序之一部，且民事訴訟法在程序法體系上已有其長久之歷史與地位，故本法第五條規定：「關於和解或破產之程序，除本法有規定外，準用民事訴訟法之規定」。所謂準用，即指在不牴觸本法精神之範圍內，可加利用之謂。和解及破產程序，因本法無規定而須準用民事訴訟法之處極多。舉例言之：

　　1. 關於法院職員迴避之規定（民事訴訟法第三十二條以下）。
　　2. 關於當事人能力及訴訟能力之規定（民事訴訟法第四十條以下）。
　　3. 關於訴訟代理及輔佐之規定（民事訴訟法第六十八條以下）❸❻。

---

❸❻　民事訴訟法第五十八條以下關於訴訟參加之規定，於破產法是否得以準用？有採消極說者，謂破產程序係一般的強制執行程序，而非形成裁判之訴訟程序。因此，關於訴訟參加之規定即無準用之餘地者（參照日本大審院昭和八年八月廿五日・民集一二卷二一一五頁，新聞三六三八號一六頁判例）。有採積極說者，謂破產程序係一種特別訴訟程序，與假扣押聲請程序性質相似，訴訟參加之規定，非不得準用者（道下編第五八頁，齋藤編第四〇頁，山木戶著第二七、五四頁，石原著第二七四頁）。按破產和解僅得由債務人聲請。債務人之共同債務人或保證人依破產法第三十八條之規定，該共同債務人或保證人之責任，並不因和解而受有影響，或可謂該共同債務人或保證人在和解聲請事件無輔助債務人之利益，但在破產程序，則因聲請人可由債權人為之，他未參與破產聲請之債權，為輔助聲請破產之債權人起見，似應認其有輔助之利益，而得為聲請之參加。於此情形並應認可準用民事訴訟法第六十二條之規定。

4.關於調查證據之規定（民事訴訟法第二百七十七條以下）❸❼。

5.關於言詞辯論之規定（民事訴訟法第一百九十二條以下）❸❽。

6.關於裁定及抗告程序之規定（民事訴訟法第四百八十二條以下）❸❾。

7.關於送達之規定（民事訴訟法第一百二十三條以下）。

---

❸❼ 民事訴訟法係以採辯論主義 (Verhandlungsmaxime) 為原則，惟和解與破產程序，因涉及多數債權人之利益，故職權主義 (Offizialprinzip) 色彩相當濃厚。本法第六十三條第二項、第七十條、第七十四條即定有關於依職權調查之規定。

❸❽ 判決除別有規定外，應本於當事人之言詞辯論為之（民事訴訟法第二百二十一條第一項），即所謂必要的言詞辯論主義 (notwendige od. obligatorische Verhandlung)。裁定則採任意的言詞辯論 (fakultative Verhandlung)（民事訴訟法第二百三十四條第一項）。和解聲請之准駁、認可和解准駁和解之撤銷及破產之宣告均係以裁定形式為之（第九條第一項、第三十二條、第五十三條第一項、第六十三條第一項）。民事訴訟法第一百九十二條以下雖就必要的言詞辯論而為之規定，除同法第二百十一條規定外，但於任意言詞辯論之有關和解或破產裁定，仍有其準用。

❸❾ 例如最高法院二十六年滬抗字第一〇號判例（編按：本則判例與現行法規定不符，依最高法院九十二年四月十五日九十二年度第七次民事庭會議決議（二），自九十二年九月一日起，不再援用）：「抗告人因聲請破產事件，對於上海第二特區地方法院裁定提起抗告，經原法院認為抗告無理由，予以駁回，依破產法第五條準用民事訴訟法第四百八十三條第二項之規定，自不得再為抗告」。又如同院二十七年渝抗字第六七八號判例：「對於破產法第六十三條第一項之裁定，提起抗告，依破產法第五條準用民事訴訟法第四百八十四條第一項規定，應於原裁定送達後十日之不變期間內為之」。民事訴訟法（九十二年修正）第四百八十六條第四項規定，對於以抗告無理由駁回抗告之裁定，得再為抗告，但僅得以其適用法規顯有錯誤為理由，並經原法院許可者為限。同條第五項規定，前項許可以原裁定所涉及之法律見解，有原則上之重要性者為限（編按：現行民事訴訟法第四項規定：「除前二項之情形外，對於抗告法院之裁定再為抗告，僅得以其適用法規顯有錯誤為理由」。同條第五項規定：「第四百三十六條之六之規定，於前項之抗告準用之」）。惟破產法修正草案第七十三條第一項規定：「法院於破產之聲請，應以裁定宣告破產或駁回破產之聲請」。同條第四項規定：「第一項裁定得為抗告。但宣告破產之裁定，債權人不得抗告。抗告法院之裁定，不得再抗告」。

8.關於期日及期間之規定（民事訴訟法第一百五十四條以下）**❹**。

9.關於再審之規定（民事訴訟法第五百零七條）**❹**。

10.關於裁定顯然錯誤更正之規定（民事訴訟法第二百三十九條、第二百三十二條）**❹**。

11.關於重複起訴禁止之規定（民事訴訟法第二百五十三條）**❹**。

12.關於民事訴訟法第四百二十條調解期日不到場規定之準用**❹**。

13.關於訴訟卷宗之規定（民事訴訟法第二百四十一條以下）。

　　破產程序雖為一般的強制執行，但關於強制執行法之規定，本法未規定得加準用，因此無準用之餘地**❹**。故破產管理人因拍賣不動產所發給之權利移轉證書，僅有債權讓與之效力，而不發生物權變動之效力**❹**。軍人

---

❹ 參照日本大審院昭和十四年五月十三日民集四卷二六一頁。

❹ 司法院二十六年院字第一六二三號解釋，已因民事訴訟法第三十條第二項但書之修正規定而無適用之餘地。惟由該解釋之法理，可知民事訴訟法關於再審之規定，於破產法可準用之。

❹ 參照日本大審院昭和七年三月二十八日，評論二二卷諸法二一八頁、新聞三三九六號一四頁判例。認債權表有顯然之誤記時，不論有無異議，得準用民事訴訟法第一百九十四條（相當我國第二百三十九條、第二百三十二條）規定更正之。

❹ 債務人既經法院裁定宣告破產，而已開始破產程序，則於破產終結前，對於同一破產財團，應無許更重為破產宣告而開始破產程序之必要。

❹ 司法院三十六年院解字第三六八七號：「破產法上法院和解程序進行中，債權人全體於債權人會議期日均不出席者，依同法第五條準用民事訴訟法第四百二十條之規定，得視為和解不成立」。

❹ 最高法院三十二年上字第二二七四號判例：「破產法第五條規定關於和解或破產之程序，除本法有規定外，準用民事訴訟法之規定，並未謂強制執行法亦在準用之列」。

❹ 最高法院五十六年臺上字第三二二八號判例：「破產管理人就屬於破產財團之不動產所為之拍賣，其效力與執行法院代債務人拍賣不動產之情形不同，依破產法第五條規定，準用民事訴訟法，不包括強制執行法。解釋上自無適用強制執行法第九十八條之餘地。是破產管理人發給上訴人之權利移轉證書，既無法律上之依據，僅可發生一般債權之效力，上訴人未就系爭房屋完成所有權移轉登記前，即無從本於所有權人之地位，訴

及其家屬優待條例第十條之規定，於破產程序，亦不得加以適用❹，是應特別注意的。

求被上訴人等交還系爭房屋及賠償其損害」。「惟破產管理人對於上訴人之取得系爭房屋所有權，本負有瑕疵擔保之義務，從而上訴人於事實審言詞辯論終結前，主張基於代位原所有權人行使所有權之作用，排除被上訴人之侵害，其先後主張為訴訟標的之法律關係並無變更，本無待於被上訴人之同意，復不礙於訴訟之終結，其實體上是否正當，事實審法院自應予調查審認……」（同院五十四年臺上字第三一五八號判決）。

❹ 司法行政部臺 59 令法研六〇八四號令：「查依破產程序對債務人財產所為之處分，雖近於一般強制執行程序，但就破產法對於破產人之羈押及其身體自由與行使公權之限制，以及經破產程序後免責復權等規定而言，與一般強制執行仍顯然有異。軍人及其家屬優待條例第十條，原係就一般強制執行而為規定，在破產程序應不得適用」。

第二章 和 解

和解者，債務人於不能清償債務時，以預防破產為目的，與債權人團體間所訂立之清償債務之強制契約，經法院認可或商業會處理後，發生效力者也。其意義及性質已在緒論述及不再贅論。本章僅就破產法所定法院和解與商業會和解之程序，分別予以論述。

第一節　法院和解

第一款　和解之聲請

壹、和解聲請之要件

和解程序，始於和解之聲請。本法第六條規定：「債務人不能清償債務者，在有破產聲請前，得向法院聲請和解」、「已依第四十一條向商（業）會請求和解，而和解不成立者，不得為前項之聲請」。茲分敘和解之要件如下：

一、形式要件

㈠聲請權人

和解須由債務人聲請，且限於債務人始得為此項之聲請（德國和議法第二條第一項即規定 Der Antrag kann nur vom Schulder gestellt werden。日和議法第十二條第一項亦同）。此與破產程序不同❶。破產程序之開始，法

---

❶ 破產法修正草案為增加和解程序之利用，於草案第七條第一項規定，債權人亦得向法院聲請和解。

院可依職權或債權人或債務人之聲請，裁定宣告開始之。法律之所以規定和解限於債務人始有聲請權者，蓋以和解之一方須為債務人，債務人須出面與債權人團體訂約，且和解之聲請，以提出和解方案為必要，而此和解方案將來經可決及認可後，須由債務人履行。債務人能否順利履行，惟債務人知之最稔，故須由債務人提出，債權人無從越俎代庖。法院亦難得悉債務人財務之詳情，信用狀況，自無從代為擬定方案，故須由債務人聲請始可。債務人如為無行為能力人或限制行為能力人，則應由其法定代理人為之。又債務人為法人者，應由有代表權之董事或與其地位相等之人聲請。如為非法人之團體，則由其代表人或管理人為之（第五條，民事訴訟法第四十五條至第四十七條、第五十二條）❷。債務人或準和解債務人聲請和解，得委任代理人為之。惟應提出委任書於法院或以言詞委任而由法院書記官記明筆錄（第五條，民事訴訟法第六十九條）。

㈡聲請之時期

依本法第六條之規定，和解之聲請，須在有破產聲請之前，且未曾因向商業會請求和解而和解不成立時，始得為之。學者謂和解以預防破產為目的，如已有破產之聲請，即應照破產程序進行。於破產宣告後，如尚有妥協之望，亦有調協程序足資應用，故有破產之聲請後，不問債權人或債務人聲請破產，均不許債務人更聲請和解，以免藉此拖延❸。惟和解與調協在法律上之效果不盡相同，和解之目的，既在預防破產之發生，本法又採和解分離主義，為避免少數杯葛和解者 (Vergleichsstörer)，利用先下手破產之聲請以阻礙和解之進行，德日法律所定：以破產開始或破產宣告後，始不得聲請和解之規定 （德・和議法第二條第二項，日・和議法第十六條），頗值我國立法之參考。蓋以破產之聲請，如係由債權人提出者，債務人有時並不知悉，其間債務人如已為和解之聲請，而作種種之籌劃（例如

---

❷ 日・和議法第十二條第一項但書規定：「但法人以經理事或與之相當地位之人一致聲請為必要」。本法對此未設特別規定。解釋上應依重要事項之決議方式為之。

❸ 參照錢國成著第二七頁、劉清波著第六三頁、李傳唐著第四二頁、陳國樑著新論第三七頁。

邀請第三人提供履行和解之擔保，商請債權額較大之債權人諒解等），將因而徒勞，於債權人及債務人均屬不利。況債務人如欲利用和解拖延時日，依本法第五十八條第二項反面解釋，法院原可即為破產之宣告，債務人亦無法據和解之聲請以為拖延。破產之聲請如係由債務人之聲請，其後為拖延時日又為和解之聲請，依上說明，法院亦可即刻宣告債務人破產。故吾人認為和解之聲請，只須限於法院裁定宣告破產前為之即可，不必一有破產之聲請，即不准再為和解之聲請。又破產之聲請，如經法院駁回，或破產宣告之裁定，經上級法院廢棄確定後，與未經破產之聲請同，自得為和解之聲請。再債務人如已在商業會請求和解而正在進行，或已經成立和解者，固不許其重向法院為和解之聲請。如其不成立，依本法第六條第二項規定，亦不得再為和解之聲請。蓋認商業會之和解既不成立，在法院亦顯無和解成立之望，只徒遷延時日，於債權人不利，故有限制之必要。惟本法對於商業會和解不成立，至重為法院和解聲請之間，並無時間之限制，如數年前商業會和解未成立，但未曾受破產宣告，嗣債務人又為和解之聲請時，謂必無和解之望，難免過於武斷。宜參酌民事訴訟法第四百零三條第二項之規定，修正為「已依第四十一條向商業會請求和解，而和解不成立者，自和解不成立之日起一年內，不得為前項之聲請」，較為合理（編按：此指七十九年八月二十日修正前之民事訴訟法第四百零三條第二項：「自法院或其他調解機關調解不成立時起，已經過一年者，於起訴前，應再經調解」，七十九年修正後已將此規定刪除，其修正理由為：「曾經調解而不成立時，縱再強制調解，亦難期成立」）。

㈢須向管轄法院聲請

　　和解事件專屬於債務人住所地之地方法院管轄。債務人有營業所者，專屬其主營業所所在地之地方法院管轄。主營業所在外國者，專屬其在中國之主營業所所在地之地方法院管轄。不能依上述規定定管轄法院者，由債務人主要財產所在地之地方法院管轄（第二條）。和解事件之管轄為專屬管轄。債務人聲請和解時，自須向有管轄權之法院為之。如向無管轄權之法院聲請，受聲請之法院應準用民事訴訟法第二十八條之規定，以裁定移

送於有管轄權之法院。如不能移送時，即以其聲請為不合法而予駁回。

㈣聲請之程式

和解之聲請得以書狀或於法院書記官前以言詞為之（第五條，民事訴訟法第一百二十二條）。然不問其以書狀或言詞聲請和解，均應向法院提出財產狀況說明書，及債權人債務人清冊，並附具所擬與債權人和解之方案，及提供履行和解所擬清償辦法之擔保（第七條）。申言之：

1.財產狀況說明書 (Vermögenübersicht)

此項財產狀況說明書，應將債務人所有之財產（即積極財產）及所負之債務（即消極財產）之性質（包括名稱、種類、數額、有無設定負擔諸情形）與所在地詳細開載，對於不能收回或不確定之積極財產❹ (Uneinbringliche od. zweifelhafte Aktiven) 並應將其旨趣記明於財產狀況說明書（參照德‧和議法第五條第一項），以證明具有和解之原因，並為法院審查和解方案，債權人、監督人、及監督輔助人將來對於和解方案可行性認識之依據。德‧和議法第五條第二項復規定：「債務人依商法之規定，須使用帳簿者，應提出資產負債表及損益計算書，債務人已經營商業逾三年者，僅須提出最後三年有關之資產負債表及損益計算書為已足」。為使法院、監督人、監督輔助人及債權人充分了解債務人之財產狀況，俾和解方案易於通過，並發現債務人是否誠實起見，我國商業會計法對於商業主體既科以記帳之義務，則如債務人為商業之主體時，似宜仿德國之法例，命債務人提出最近三年之資產負債表及損益計算書。又債務人對其提出之財產狀況說明書，不得有隱匿虛報之情事，否則縱令成立和解，債權人仍得於和解生效日起一年內聲請法院撤銷和解（第五十一條），有時債務人或準和解債務人（第三條）將構成詐欺和解罪（第一百五十五條），而應負刑責。

2.債權人債務人清冊 (Gläubigerverzeichnis und Schuldnerverzeichnis)

茲所謂債權人即聲請和解之債務人之債權人。所謂債務人則為聲請和解之債務人之債務人。債權人清冊應記載清冊制作時債務人之全體債權人。此項債權人大體可分為二大類，一類為將來須受和解拘束之和解債權人

---

❹　不確定之積極財產，應列其估計之概算價值 (Wahrscheinliche Wert)。

(Vergleichsgläubiger)，一類為不必參加和解程序之債權人 (Der nichtbeteiligten Gläubiger)，即非和解債權人。非和解債權人為有擔保權或優先權之債權人（第三十七條前段）。債權人清冊，應分別將和解債權人與非和解債權人分別開列。俾債權人易於判斷和解方案之可行性。債務人清冊亦應記載清冊制作時債務人之全體債務人，並分別就其債務有無提供擔保或保證，分別開列，並附其擔保之證明。債權人債務人清冊，並宜按姓名筆劃次序配列並賦予番號，記載其住所（或通訊處所，電話號碼），債權債務之數額、性質。以便利將來之查對。

3.與債權人和解之方案 (Inhalt des Vergleichsvorschlags)

所謂和解方案，即債務人自己預備請求其債權人作如何讓步之和解辦法。其內容或為折扣成數償還，或為緩期清償，或為使第三人承擔債務，或此三者聯合運用均無不可。德·和議法第七條有最少比率 (Mindestsatz) 之限制。如低於該比率之和解方案，則不被允許。本法對此未設限制。鑑於目前倒風甚熾，而詐欺和解之訴追，又因證據之難以把握，不能有效防止犯罪，不如對其最少比率加以限制，於債權人有利，對社會經濟之安定亦較有俾益。又和解開始後至和解效力發生之間之利息，並非和解債權（第三十六條），不在和解效力範圍之內，故對於該部分利息，無庸擬定清償辦法。和解條件對於同地位之債權人必須公平。換言之，必須平等分配 (Par conditio creditorum)，即以平等之比例為清償 (Gleichbehandung)。惟如其分配有不公平，而受不公平待遇之債權人同意時，依當事人自治之原則，其和解方案，仍應認為有效（參照德·和議法第八條規定）。

4.履行其所擬清償辦法之擔保 (Sicherheits leistung)

此項擔保不問其為人的擔保抑為物的擔保，且如為物的擔保亦不問其擔保物為債務人所有抑為第三人所提供均可。惟其既須向法院提出，自須以書面記載此項擔保之旨。如為人的擔保，應即為書面保證契約，且保證之意思表示，不得依民法第一百五十四條第一項但書規定撤回。如為物的擔保，則為設定擔保物權之書面契約。又所提供之擔保，除人的擔保或第三人提供之物的擔保，得附以須經債權人會議可決法院之認可始負擔保責

任之停止條件外，應屬不得附條件之擔保❺，以免債權人受到意外之不利。又此項擔保之提供，在於保證債務人和解方案之履行，故如債務人能提出別種保證，而能為債權人所同意時，似不必硬性規定債務人必須提出此項擔保❻。

二、實質要件

㈠須有和解原因之存在

聲請和解，須有和解原因存在始可。所謂和解原因，係指債務人不能清償，並指停止支付之情形。除此之外，在特殊情形下，債務超過亦為法人（包括公司），或非法人之團體聲請和解之原因。其意義已詳前述。惟在法人聲請和解時，應以法人名義為之，此與破產可由董事或清算人以其自己名義為之者之情形不同。

㈡須有多數債權人存在

和解之目的在於債權人與債務人雙方之讓步協調，以多數之債權人來拘束少數之債權人，用達防止破產之目的。故如債權人僅有一人時，債權人與債務人倘能達成讓步之合意，初無聲請和解之必要。反之，雙方不能達成協議，縱經聲請和解，亦難達成和解之目的也。

三、能力要件

能力要件者，為許可和解之主觀要件，即能受許可和解之資格。依民事訴訟法（第四十條）之規定，有當事人能力者，有和解能力。故自然人、法人（清算中之法人除外）及非法人之團體均有和解能力，已詳於前述，請參照，茲不再贅述。

貳、和解聲請之撤回

聲請和解後，法院未為和解聲請許可與否之裁定前，聲請人（即債務

---

❺　劉清波著第六五頁認清償辦法及擔保均得附條件。

❻　同說：錢國成著第二九頁。

人）固得請求撤回，然法院一旦許可和解之聲請時，應解為不得再撤回和解之聲請。蓋和解聲請許否之裁定，不僅對債務人發生效力，於全體債權人亦有關係，且此裁定不得抗告（第九條第二項），並為防止債務人濫用此一程序拖延時日，故應解為不得自由撤回❼。

第二款　和解聲請事件之審查及公告

壹、總　說

　　債務人向法院為和解之聲請後，法院自應就其聲請加以審查。其審查方法，得不經言詞辯論或行任意言詞辯論為之。而其裁判則以裁定之形式為之。法院應於受理聲請之日起，七日內為准駁之裁定。（第九條第一項）此七日雖為法定期間，但屬訓示規定，故法院逾七日之限所為裁定仍屬有效。又法院如行任意言詞辯論之調查時，此項調查所費時間，自應予扣除。

貳、和解聲請是否合法之審查

　　法院受理債務人和解之聲請後，首應審查和解之聲請是否合法。其應審查之事項包括：

　　1.受理法院對該和解事件有無管轄權。定法院之管轄以聲請時為準（第五條，民事訴訟法第二十七條），如無管轄權，得以裁定移送有管轄權之法院（第五條，民事訴訟法第二十八條）。

　　2.聲請是否合於程式，有無附具財產狀況說明書，債權人債務人清冊，和解方案及履行和解所擬清償辦法之擔保。

　　3.和解聲請人是否為債務人，有無和解能力及行為能力，如無行為能力，有無法定代理人代理。其由代理人代理者，代理權有無欠缺。

---

❼　同說：錢國成著第三六頁註二，反對說：李肇偉著第五二頁。日本學說上，亦以肯定說為通說（參照石原著第七二四頁，中田著第二八一頁）。惟依日本和議法第五十九條第一款規定：債務人得撤回其和議之提供，和議程序因其撤回而廢止，此時法院應同時依職權宣告債務人破產（同法第九條）。

4.是否已有破產之聲請，或有無向商業會請求和解而不成立之情形。

上述各情形，其欠缺之情形如係可得補正者，法院應限期命其補正。惟如為無管轄權又不能為移送之裁定，或其不合法之情形不能補正，或經限期命補正逾期不為補正時，法院應以其聲請為不合法，以裁定駁回其聲請（第十條第一款、第五條，民事訴訟法第二百四十九條第二款至第六款）。

參、有無理由之審查

法院經審查和解之聲請無不合法之情形後，次應調查和解之聲請是否有理由。換言之，即審查和解之聲請是否具備和解之實質要件。如認為必要時，得通知聲請人或準和解債務人（第三條）令其就財產狀況、債權債務情形，以及和解方案並履行其和解方案之擔保等事項作補充陳述，並得隨時令其提出關係文件或為其他必要之調查，調查之範圍，不以聲請人所附之文件為限（第八條）。法院是否為上述通知及調查，有自由決定之權，故屬任意的言詞辯論之性質。法院審查之結果，如認為聲請為有理由，則應以裁定許可和解之聲請。如認為無理由，即應裁定駁回其聲請。惟有下列情形之一者，則必予裁定駁回，法院無自由裁量之餘地（第十條第二至四款）：

1.聲請人曾因和解或破產，依破產法之規定而受有期徒刑之宣告者：茲所謂聲請人，不以債務人為限。即準和解債務人（第三條）就其代表或代理之法人或非法人之團體，曾因和解或破產事件，依破產法之規定而受有期徒刑之宣告者，亦應解為有其適用❽。所謂受有期徒刑之宣告，不以經執行為必要，苟已受有期徒刑之宣告，則雖同時宣告緩刑，或受刑之宣告後，經大赦或特赦而未執行亦屬之。惟必須因和解或破產之犯罪，經依本法第一百五十二條至第一百五十九條之規定，科處徒刑者始可。若因其他犯罪行為經依他刑事法律科處徒刑者❾，或雖因和解或破產而犯罪，但

---

❽ 參照錢國成著第三一頁。

❾ 聲請人所犯破產法上之犯罪行為，如與其他犯罪行為相牽連，而他犯罪行為係普通刑法或破產法以外其他刑事特別法所定之犯罪行為，依刑法第五十五條規定，應從較重

未經受有期徒刑之宣告者　（例如犯第一百五十三條而科拘役或罰金之情形），則不適用。

　　2.聲請人經法院傳喚❿，無正當理由而不到場，或到場而不為真實之陳述或拒絕提出關係文件者：依本法第八條規定，法院於受理和解之聲請後，認為必要時，得通知聲請人令其對於第七條所規定之事項補充陳述，並得令其提出關係文件。聲請人（包括債務人及準和解債務人）如經通知，無正當理由不到場，或到場而不為真實之陳述或拒絕提出關係文件，顯見其欠缺誠實信用，自不應准許其聲請。

　　3.聲請人曾經法院認可和解或調協，而未能履行其條件：聲請人曾經法院認可和解或調協，而未能按其和解或調協之條件履行，顯見債務人對於和解並無誠意，自無須再准其和解之聲請。本款對於商業會和解未能履行其條件者，未予規定，實為疏漏。

　　以上三款學理上謂之「和解開始障礙之事項」。蓋以和解原係以保護債務人為主之制度，自以債務人具有誠實信用為必要，如債務人有不誠實之情形，則不但無特加保護之必要，且反有害於社會之公益故也。德‧和議法關於和解開始障礙事項，定有拒絕事由 (Ablehnungsgründe) 與其他之拒絕事由 (Weitere Ablehnungsgründe) 二類　（德‧和議法第十七條、第十八條），其第十八條所定其他拒絕事由有：⑴債務人財產之減喪，係基於其不誠實之投賣或輕忽所致，⑵債務人和解之聲請，依通常交易觀念係屬故意拖延，⑶和解方案，依債務人之財產狀況為不適應，⑷於企業繼續之場合，其保持依和解顯難期待第四項，賦予法院有斟酌拒絕債務人和解聲請之權。本法對於法院准駁和解之聲請，除第十條所定四種情形外，法院似不得以其他理由駁回和解之聲請，過於機械。公司法第二百九十四條及第三百三十五條第二項關於股份有限公司裁定重整或經法院命開始特別清算時，和

　　之他犯罪罪名處罰者，從判決主文觀之，雖非犯破產法上之罪名，但實際上仍觸犯破產法上之罪名，於此情形，仍應認有本款之適用。

❿　修正民事訴訟法已將「傳喚」改為「通知書」（參照民事訴訟法第二百五十一條），將來宜修改使其用語一致。

解程序當然停止。則在有聲請公司重整或命特別清算,而法院尚未為准駁之前,如有和解之聲請時,應如何處理?在日本,亦屬和解開始之障礙事項❶,我國對此亦未規定,為貫徹重整或特別清算之目的,於此情形法院如認有准許之望者,宜解為得駁回和解之聲請。再法院准許和解聲請後,如發現聲請人有第十條第二、三款情形時,本法亦未如德國破產法設有程序廢止 (Einstellung des Verfahrens) 之規定(德·破產法第一百條),均有待將來之修訂。

肆、法院之裁判

一、駁回和解之聲請

法院對於和解之聲請,審查結果如認為其聲請有不合法或無理由之情形,應以裁定附理由駁回和解之聲請。此種駁回和解聲請之裁定,應送達於聲請人。聲請人對此駁回聲請之裁定,不得抗告(第九條第二項),以期迅速而杜債務人之拖延。法院駁回和解之聲請時,依第三十五條規定,固應依職權宣告債務人破產。但在解釋上,仍須債務人具備宣告破產之要件時,始得為之❷。債務人為和解之聲請後,在法院裁定前死亡者,因遺產無和解能力(參照本書第四十頁),法院應以其聲請為不合法,以裁定駁回其聲請,於此情形,亦應認無本法第三十五條之適用。

二、許可和解之聲請

法院對於和解之聲請,審查結果認為合法且有理由時,應以裁定許可和解之聲請。關於許可,和解應以許可和解裁定時,具有和解原因之存在為必要。此項裁定不必送達當事人,但須公告❸。債權人對於許可和解之

---

❶ 參照石原著第七四四頁。

❷ 參照錢國成著第三二頁。

❸ 參照司法院二十二年院字第九五八號解釋㈠:「法院所為宣告破產之裁定,如已為公告,即無再行送達之必要。」

裁定，不得抗告（第九條第二項），蓋因許可和解之聲請，對於債權人並無不利也。

㈠與許可和解之聲請同時應處分之事項

法院於許可和解之聲請時，應選任監督人與監督輔助人（請詳本節第三款），以督導和解之進行及監督債務人之經濟行為，並同時決定下列事項：

1.申報債權之期間

聲請和解之債務人雖經提出債權人債務人清冊，但和解債權人不以清冊上所列債權人為限，而債權數額是否正確，尤不可憑債務人所造具之清冊為依據。故仍應公告債權人申報債權。其期間應自許可和解聲請之日起十日以上二個月以下。如聲請人有支店或代辦商在遠隔之地者，並得酌量延長之（第十二條第二項但書），俾遠地之債權人得以申報。此項期間，並非除斥期間 (Ausschlussfrist)，債權人雖未於法院所定之期間內申報，其債權之行使，並不受有影響，與破產程序之申報債權不同（參照第六十五條第一項第五款）。債權人於申報債權期間屆滿後，債權人會議期日前申報，或於債權人會議期日臨時申報債權而出席債權人會議者，亦非法所不許。

2.債權人會議

和解為債務人與債權人團體間之契約，自應定期召集債權人會議，以決定是否可決債務人提出之和解方案。此項期日，應在申報債權期間屆滿後，七日以外一個月內為之，以免拖延（第十二條第二項後段）。

前述法院所定申報債權之期間及債權人會議期日，如有重大事由，得延長或縮短其期間，變更或延展其期日（第五條，民事訴訟法第一百六十三條、第一百五十九條）。

㈡許可和解裁定之內容

許可和解聲請之裁定，應作成裁定書，除於主文記載和解聲請許可之意旨外，並應附理由。本法未如德日和議法規定和解程序開始之裁定，應記載裁定之年、月、日、時；如未為記載時，以裁定宣示之中午，視為開始之時（參照德·和議法第二十一條，日·和議法第二十六條）。惟和解程序之效力，係自法院裁定許可和解聲請時，即開始發生。除裁定經宣示者，

以裁定宣示時之年、月、日、時為許可和解之年、月、日、時外，其未宣示者，因我國法院之裁定向例祇記載制作裁定之年、月、日，為確定和解程序開始生效之時 (Zeitpunkt der Eröffung)，宜參酌德日法例解為以法官作成裁定書及署名之年月日中午為和解程序開始生效之時❹。蓋此項裁定僅須公告而不以送達為必要，且事實上亦無法對全體利害關係人為送達，自不能解為如一般裁定，自送達時發生效力。

㈢和解許可之公告

法院許可和解之聲請後，應即將下列之事項公告之（第十二條第一項）。

1.許可和解聲請之要旨：即將聲請債權人之姓名，許可裁定之主文及理由之大概，與裁定和解之年月日時，分別記載。

2.監督人之姓名，監督輔助人之姓名、住址及進行和解之地點 (Ort des Vergleichstermins)：監督人及監督輔助人皆為督導和解進行之人，其姓名住址及和解地點，自應分別公告，俾債權人知悉主辦和解事務之人，以便申報債權，查閱關係文件，及為其他之接洽。惟須注意者，監督人只公告其姓名，條文未及於其住所者，蓋以監督人係由許可和解聲請之法院指定法官一人擔任（第十一條），其辦公處所，必在法院也。

3.申報債權之期間及債權人會議期日。

上述公告應黏貼於法院之牌示處，並登載於公報及新聞紙，如該地方法院區域內無公報，新聞紙者，應併貼於商業會或其他相當之處所（第十三條，編按：一〇七年六月十三日修正本條為：「前條公告，應黏貼於法院牌示處，並公告於法院網站；法院認為必要時，得命登載於公報或新聞紙。」）。公告之效力，自揭示之日起即生效力。法院所為許可和解聲請之裁定，如上所述，既應公告，自無再行送達之必要。惟債權人實際上是否均得閱及揭示或報紙，不無疑問，故對於已知之債權人及為聲請之債務人應另以通知記載上述公告事項而分別送達之。對於已知之債權人，並應將和解方案繕本一併送達，俾債權人有所準備（第十二條第三項、第四項）。

---

❹ 參照錢國成著第三六頁。破產法修正草案第十三條第二項已明定為：前項許可之裁定，應載明其年、月、日、時，並即時發生效力。

期日及期間如經依法變更者，應更行公告及送達通知書。

㈣**和解許可之文書**

　　法院除為上述之公告及送達外，更應以下列文書之原本或繕本，備供利害關係人閱覽或抄錄，使其詳悉內容，以為債權人會議之準備（第二十一條）。所謂利害關係人即聲請人、債權人、和解方案擔保人，及監督人與監督輔助人。

　　1.關於聲請和解之文件及和解方案：即債務人聲請時所提出而由法院編為卷宗者。

　　2.債務人之財產狀況說明書及債權人債務人清冊。

　　3.關於申報債權之文書及債權表：即債權人於公告申報債權之期間，申報法院，由法院將申報書及證據文件及或以言詞申報之筆錄編為卷宗者。至債權表編製方法，法律並未規定，但尋繹第九十四條規定，當由監督輔助人依其整理完成之債權人清冊，按債權之性質分類，並依姓名筆劃次序編造之。舉凡債權人之姓名、住所、債權額及原因，以及有無擔保或優先權、擔保物之名稱及估價，均應填寫清楚。

第三款　監督人及監督輔助人

　　和解程序自始至終由法院參與其事。故法院於許可和解之聲請後，應選任職員以監督和解程序之進行及債務人之經濟行為。依本法之規定，此等職員有二，即監督人及監督輔助人。

壹、監督人

一、選　任

　　和解程序，始終由法院參與其事，監督人監督和解程序之進行，權力甚大，故由法院就所屬法官中，指定一人為之（第十一條）❶❺，在未設有

---

❶❺　擔任監督人之法院法官，實務上原由民事執行處法官擔任，嗣經司法行政部臺四四令民字第○二九三號令（附錄四①）指示，改由民事庭法官擔任。德日法例，僅設和解

法院之縣司法處，有二人以上之審判官者，由主任審判官指定審判官一人為之。如審判官僅有一員，應由該審判官自為監督人❶。

二、職　務

監督人之職務，約有下列數種：

1.監督債務人業務之繼續執行，此時監督人得檢查與債務人業務有關之一切帳冊文件及財產，並得詢問債務人及準債務人（第十四條）。

2.指揮監督輔助人執行職務（第十八條第二項）。

3.債務人（及準和解債務人）有不正當行為時，向法院報告。所謂不正當行為，例如債務人有隱匿簿冊文件或財產、虛報債務；拒絕答覆監督人或監督輔助人之詢問或為虛偽之陳述;或不受監督人監督輔助人之制止，於業務之管理有損債權人利益之行為等是。債務人或準和解債務人有上述不正當行為時，監督人應即報告法院。法院接到報告後，應即傳訊債務人（或準和解債務人），債務人如無正當理由不到場，或關於其行為不能說明正當理由時，應即依職權宣告債務人破產（第十九條、第二十條）。

4.為債權人會議之主席（第二十二條第一項）。

5.於債務人（或準和解債務人）經通知後，無正當理由不出席債權人會議時，以主席之身分解散債權人會議，並向法院報告，使法院依職權宣告債務人破產（第二十四條第二項）。

管財人 (Vergleichsverwalter)，由與債權人及債務人無從屬關係而精通事務人中選任之（德‧和議法第三八條，日‧和議法第二十七條），並無由法院推事擔任監督人之規定。破產法修正草案，不設監督人及監督輔助人制度，於草案第十五條第一項規定：法院許可和解聲請時，應選任律師，會計師或其他適當之自然人或法人一人至三人為和解管理人。改設「和解管理人」。又依德‧和議法第十一條規定，法院於受理和解之聲請後，應即選任暫時管財人 (vorläufigen Verwalter)，並將聲請意旨及暫時管財人之姓名公告，本法未設類似規定，為防止債務人利用和解之聲請脫產，此種選任暫時管財人之制度，有其存在之價值。破產法修正草案對此於草案第十二條設有保全處分等特別規定，以為防止。

❶ 參照司法院二十七年院字第一八一三號解釋。

6.於債權人會議時，報告債務人財產、業務狀況，並陳述對和解方案之意見，及以主席身分，力謀債權人債務人雙方之妥協（第二十五條）。

7.就債權人會議時，以主席身分，對於債權人主張之權利或數額所生之爭執為裁定（第二十六條第二項）。

8.於債權人會議否決和解時，以主席身分宣告和解程序終結，並報告法院（第二十八條）。

9.於債權人會議可決和解時，以主席身分向法院呈報，俾法院為認可與否之裁定（第二十九條第一項）。

10.法院就債權人之異議為裁定前，受命到場陳述意見（第三十一條）。

三、權利義務

監督人原為法院之法官，受有國家之俸給，辦理和解事務係其職務範圍內之行為，故不得另受報酬。又其以公務員身分受國家之監督，執行公務。故無須如監督輔助人應供擔保。

四、任務之終了

監督人因和解程序之終結，或自己之死亡、辭職、調職、免職、停職等原因而任務終了。

貳、監督輔助人

一、選　任

監督輔助人之主要職務在於監督債務人業務之管理，保管債務人之資產及業務上之收入，與調查債務人之業務、財產及其價格等。自應由具備特別智識經驗之人充任之。故由法院選任會計師，或當地商業會推舉之人員，或其他適當之人（例如律師），一人或二人擔任（第十一條第一項後段），其究竟選任何人為監督輔助人，選任一人抑二人，悉由法院依具體事件斟酌情形定之。對於法院所為監督輔助人之選任行為，債務人、債權人

均不得聲明不服。即被選任為監督輔助人之人，亦不得聲明不服，蓋選任行為，祇使其取得監督輔助人之地位，除法律有特別規定之情形（例如律師法第三十條）外，得拒絕法院之選任。於此場合，法院自應另指定其他之人擔任監督輔助人。

二、職　務

監督輔助人以輔助監督人為其職務，舉凡監督人之職權者，監督輔助人皆有協助進行之義務。監督輔助人有二人時，應共同執行其職務，但監督人不妨分配其事務，而指揮其分別辦理。監督輔助人除輔助監督人執行其職務外，尚有下列特別事務：

1.監督債務人繼續業務之進行（第十四條）。

2.列席債權人會議（第二十二條第二項）。

3.於債權人會議時，報告債務人之財產及業務狀況，並陳述對於和解方案之意見（第二十五條）。

4.於法院就債權人提出之異議為裁定前，受命到場陳述意見（第三十一條）。

5.受監督人之指揮，以監督債務人業務之管理，並制止債務人有損債權人利益之行為（第十八條第一項第一款）。茲所謂「業務之管理」，係指為達業務之目的所為一切利用及改良行為而言。所謂「有損債權人利益之行為」，例如本法第十五條、第十六條所定之無償行為或視為無償行為之有償行為，及逾越業務範圍之有償行為。蓋在和解程序進行中，債務人雖仍繼續其業務，但債務人既處於不能清償其債務之狀況，其管理業務之行為，自應嚴加監督，倘有損於債權人之行為，自應加以制止。

6.受監督人之指揮以保管債務人之流動資產及業務上之收入（第十八條第一項第二款前段）。所謂「流動資產」係指時收時付之流動性資本財產而言。例如現金、應收票據、應收帳款及商品等。所謂「業務上之收入」係指債務人經營業務所獲得之收益而言，例如租金、利息、工資、報酬等。此等流動資產及業務收入，易於散佚耗費，有害於債權人之利益，故應由

監督輔助人保管。但管理業務之必要費用及債務人維持家庭生活所必須之
費用，則仍應支出（同條款但書），不歸監督輔助人保管。至於何種費用為
管理業務所必須，應依一般交易觀念定之。何種費用為債務人維持家庭生
活所必須，則應視債務人之社會地位及家庭狀況等情形決定之。

　　7.受監督人之指揮，調查債務人之業務，財產及其價格。蓋監督輔助
人有監督債務人業務之責，對於債務人之業務財產及價格狀況，自應詳細
調查，以便其行使監督權，且於債權人會議時，提出報告，並陳述意見（第
二十五條）。

　　8.受監督人之指揮，就債務人提出之債權人債務人清冊及法院作成之
債權表整理核對，以完成債權人清冊（第十八條第一項第三款、第二項）。

三、權利義務

　　監督輔助人係由法院就會計師或當地商業會所推舉之人員或其他適當
之人中選任，且事煩責重，自應予相當之報酬。此項報酬之數額，由法院
斟酌事務之繁簡，債務人財產狀況，工作勤惰等情形酌定之（第十一條第
三項）。實務上，監督輔助人大都選任會計師或律師充任，核定報酬時，亦
可斟酌當地會計師公會或律師公會所訂酬金給付標準而予裁定。對此裁定
不服者，得提起抗告。此項報酬有優先受償之權（第十一條第三項）。

　　監督輔助人既係有償而受委任，自應以善良管理人之注意處理其事務
（民法第五百三十五條）。又監督輔助人以保管債務人之財產及其業務上之
收入為其重要職務之一部，為慎重計，法院如認為必要時，自得命其提供
相當之擔保（第十一條第二項），以防弊害。此項擔保有類似訴訟上擔保之
性質❼，故應依第五條準用民事訴訟法第一百零二條至第一百零五條之規
定。至如何情形始須命其供擔保，應由法院斟酌情形定之❽。

❼　參照司法院二十七年院字第一八二一號解釋㈠。
❽　司法院二十七年院字第一八一三號解釋：「又破產法第十一條第二項法院命監督輔助人
　　提供相當之擔保，即係命監督輔助人向法院為之。至以若何情形而命其提供，應由法
　　院斟酌定之。」

四、任務之終了

監督輔助人因和解程序之終結、死亡,或因辭職、解職等原因而任務終了。

第四款 和解開始之效果

和解程序之效力,自法院裁定許可和解之聲請時,即開始發生效力,且縱債務人有隱匿財產,虛報債務之情形,亦不因而受有影響[19]。和解程序開始後,法律上對於債務人財產之處理權及債權人權利之行使,均有相當之限制,茲分敘之:

壹、對於債務人財產處理權之限制

和解以預防破產為目的,故與破產之宣告不同,應使債務人繼續其原來之經濟活動,以保證和解方案之履行。故債務人仍有權繼續其業務及管理並處分其財產。然如放任而不加若干適當之干涉,則又恐有損害債權人之情事而致和解方案之履行受其影響。因之法律對於和解開始後債務人之財產[20]管理及處分或繼續業務,設有相當之限制:

一、和解程序進行中之限制

債務人原經營有業務者,在和解程序進行中,仍得繼續其業務。但應受監督人及監督輔助人[21]之監督(第十四條第一項)。所謂「在和解程序進行中」即指法院以裁定許可和解之聲請後至和解程序終結為止之整個期間而言。監督人及監督輔助人為執行此項職權,得檢查與債務人業務有關之

---

[19] 參照司法院二十七年院字第一八二一號解釋㈡。

[20] 和解程序開始後,債務人所有一切可扣押之財產(即非屬於債務人本身之權利及非禁止扣押之財產,參照民法第一百九十五條第二項、第七百三十四條,強制執行法第五十三條、第一百二十二條),學者稱之為「和解監視財團」。

[21] 惟監督人及監督輔助人之監督工作,實際上須自監督人、監督輔助人產生後,始能開始,故法院於裁定許可和解之聲請時,應迅即指定監督人及監督輔助人。

一切簿冊文件及財產；並得訊問債務人（準和解債務人）關於業務事項。債務人（或準和解債務人）對於此項詢問有答覆之義務（第十四條第二項、第三項）。債務人（或準和解債務人）隱匿簿冊文件或財產；或虛報債務；或拒絕答覆監督人或監督輔助人之詢問或為虛偽之陳述；或不受監督人或監督輔助人之制止，於業務之管理有損於債權人之行為者，法院於接到監督人之報告後，應即傳訊債務人（或準和解債務人），如債務人（或準和解債務人）無正當理由不到場，或關於其行為不能說明正當理由時，應即依職權宣告債務人破產（第十九條、第二十條）。

二、債務人聲請和解後之限制

債務人聲請和解後，因其行為之有償行為抑無償行為而發生不同之效力。茲所謂「行為」係指以財產為標的之行為而言。蓋不以財產為標的之行為，如勞務，則與債務人之財產無重大影響也。又此之行為包括法律行為及其他發生法律效果之準法律行為在內。至公法上之行為，例如訴訟行為，則依公法規定所生之效果，即非此所稱之「行為」。茲分述如下：

㈠無償行為

債務人聲請和解後，其所為無償行為，不生效力（第十五條第一項）。配偶間、直系親屬間，或同居親屬或家屬間所成立之有償行為，及債務人以低於市價一半之價格而處分其財產之行為，均視為無償行為（第十五條第二項）。蓋無償行為純屬減少債務人本人財產之行為，對於債權人有害而無益。例如無償之贈與、免除債務，或對既有之債務設定擔保物權是。繼承權之拋棄，依最高法院之見解，不認其為無償之有害債權人之行為❷❷。又親屬或家屬間之有償行為，是否真實，有無偏頗，實值懷疑，而對此舉證又相當困難，恐其有減損財產之虞，故法律規定視為無償行為。至低於市價一半之有償行為，其有害於債權人利益，不言可喻，相對人以低於市價一半之價格買受，自屬有惡意，故亦定為視為無償行為。既規定「視為無償行為」，自不得舉證以推翻法律之規定。條文雖曰「不生效力」，實即

---

❷❷　參照最高法院七十三年二月二十八日民事庭會議決議。

為「無效」(Nichtigkeit) 之意，而非效力未定 (Schwebende Unwirksamkeit)，為絕對的無效。故不僅不能對和解債權人生效，即該行為之相對人亦不得對債務人主張其效力❷。所謂「親屬」包括血親與姻親在內。所謂「家屬間」則兼指家屬相互間及家長與家屬間之情形在內。

㈡有償行為

債務人聲請和解後，其有償行為逾越通常管理行為或通常營業範圍者，對於債權人不生效力（第十六條）。債務人之有償行為，除前述以低於市價一半之價格而處分其財產者外，通常咸取相當之對價，對於債權人未必均有損害，且債務人並不因聲請和解或開始和解而喪失其對和解監視財團之管理及處分權，為貫徹私法自治之原則，自應許債務人自由為之。惟其有償行為如逾越通常管理行為或通常營業行為之範圍者，即難保對債權人不生損害。故法律規定「對債權人不生效力」(den Gläubigen gegenüber unwirksam)。此與前述無償行為之情形為絕對無效者不同。僅債權人得主張其為無效而已。相對人仍得主張其為有效，但不得以其有效對抗債權人。故此際相對人僅可請求債務人損害賠償而已。惟此損害賠償債權並非和解債權，不得於和解程序行使其權利❷。又所謂「有償」、「無償」應以債務人行為本身為準，而不以為其行為原因之法律事實為準。故債務人如因行為而得財產上之利益，即為有償行為；反之，則為無償行為。至其行為原因之法律事實，是否為有償行為，則非所問。所謂「通常管理行為或通常營業行為」之範圍，應斟酌債務人之財產狀況，依一般交易觀念定之。

貳、對於債權人權利行使之限制

和解聲請經許可後，任何債權人對於債務人不得開始或繼續民事強制執行程序。但有擔保或有優先權之債權人，不在此限（第十七條）。蓋和解

---

❷ 參照錢國成著第四四頁、劉清波著第六九頁、李肇偉著第六三頁、陳國樑著新論第五三頁。

❷ 破產法修正草案第二十二條第二項規定於此情形「如有損害債權人之權利，經和解管理人制止而仍為之者，和解管理人得撤銷之。但以相對人行為時知其有損債權人之利益或經和解管理人制止者為限」。

開始後，若仍認許債權人聲請或繼續強制執行程序，則聲請強制執行在先之債權人，或將獨得較優厚之清償，不符公平受償之旨，且債務人之財產因而時遭分割，不能依和解方案實行清償，和解程序勢將根本瓦解，故不能允許也。至有擔保或有優先權之債權，原應優先受償，故不受和解之影響（第三十七條），仍得開始或繼續民事強制執行，不受和解之拘束❷❺。又債權成立在法院裁定許可和解聲請之後者，既非和解債權（參照第三十六條），其債權人自亦不受和解之拘束，可以開始或繼續其強制執行程序。宜注意者，如上所述，債權人僅對於強制執行之聲請或繼續受有限制，至其對於債務人之訴訟行為，仍不受其影響。蓋以和解程序僅有形式上確定各該債權內容之效力，並不主觀的確定各該債權之存在，各債權對債務人是否存在，仍非不可爭訟。故對於債務人因財產上之法律關係所為之訴訟，不因和解開始而當然停止訴訟程序，此與破產之情形不同（比較民事訴訟法第一百七十四條）。如經訴訟結果，確認某債權為不存在，則該債權即應自和解程序中剔除，自不待言。

❷❺ 最高法院五十二年臺抗字第四二八號裁定：「本件相對人黃雪霞以其與再抗告人間請求清償票款事件，業經確定判決判令再抗告人應給付相對人新臺幣七萬二千七百七十二元及其利息，並曾預供擔保七萬元後免為假執行有案，乃依執行名義，就再抗告人所提存免假執行之擔保金額聲請強制執行。執行法院以再抗告人在破產（和解）程序中已受和解認可之裁定，依破產法第十七條規定，通知相對人停止上開強制執行，相對人提起抗告，原法院以相對人對於上項提供擔保之七萬元依民事訴訟法第一百零六條第一百零二條之規定，享有與質權人同一之權利，應受優先清償，不受認可和解之拘束（參照破產法第十七條但書規定）。相對人雖曾於民國四十八年五月廿一日聲請高雄地方法院宣告再抗告人破產，但已受駁回之裁定。前項破產和解之認可，仍係基於再抗告人自己之聲請，有……可稽，至林炎破產事件及和解破產事件債權表，並非由於相對人之申報，而係段盛振會計師為顧及債權人利益，依據債務人即再抗告人提出法院之債權人清冊金額列入債權表內，復經段盛振會計師證述無異，參以相對人之代理人於參與債權人會議時反對破產和解各情，能否認其有同意再抗告人和解破產，非無疑義，倘無從認其有和解破產之同意，而相對人對於上項擔保金額又具有與質權人同一之權利，能否停止該強制執行，亦有研求之必要，因將第一審裁定廢棄，於法尚無違背」。

第五款 和解債權及其申報

壹、和解債權

一、和解債權之意義

和解債權有形式與實質二義。由形式之意義言，和解債權係指在和解程序上所申報，得參與債權人會議之決議，依和解條件受清償之債權。具有此項債權之人，稱之為和解債權人 (Vergleichsgläubiger)。從實質之意義言，所謂和解債權，則指對債務人在和解開始前所成立，得以強制執行之財產上對人請求權而言。故有擔保之債權，固不得謂為和解債權，即有優先權之債權，因不受和解之影響，如後所述，亦不得稱為和解債權，但經各該債權人放棄其擔保權或優先權者，不在此限（第三十七條但書）。故實質意義之和解債權有如次之性質：

1.和解債權以對於債務人之人的請求權為限　蓋和解不影響有擔保或有優先權之債權人，則該債權人即得不依和解程序受償，該債權自不得認為和解債權。

2.和解債權以財產上之請求權，即有金錢價值，且可就債務人之財產取償之請求權為限，此乃因和解目的之一，在使債權人受公平之清償。債權人之債權如非財產上之請求權，或係不得就債務人之財產取償之請求權，即無從依和解程序，公平受償，自不得以之為和解債權。

3.和解債權以得強制執行之債權為限，不得強制執行之債權，對債務人之財產既不得強制執行以便受償，自不得認其為和解債權，使其參加和解程序而受清償。

4.和解債權以在和解開始前所發生者為限　因經認可和解之效力，對於一切債權人其債權在和解聲請許可前成立者，均有效力（第三十六條）故也。

二、和解債權之範圍

何種債權得為和解債權，德國和議法（德‧和議法第二十五條以下）及日本和議法（日‧和議法第四十一條以下）均以明文加以規定，對於特殊之和解債權　（參照下述三），日本和議法，則規定準用破產法之規定（日‧和議法第四十五條）。本法對此未以明文加以規定，不無疏漏之嫌，但解釋上宜採同一之解釋，準用辦理❷⑥。得為破產債權之債權，均得為和解債權。詳言之：

1.附期限而期限未到之債權，於和解開始時，視為已到期（準用第一百條，參照德‧和議法第三十條前段）。

2.未到期限之債權附有利息者，和解開始後之利息，不得為和解債權（準用第一百零三條第一款，第三十六條）。其未附有利息者，其債權額應依霍夫曼計算法，扣除自和解開始起至到期日止之中間法定利息❷⑦（準用第一百零一條，參照德‧和議法第三十條後段）。

3.定期金債權而金額及存續期間均確定者，亦應適用上開中間法定利息扣除法，以扣除後之債權額為和解債權。至於金額或存續期間不確定者，以和解開始時之評價額為和解債權額（參照日‧和議法第四十四條之三、之四，德‧和議法第三十五條、第三十四條）❷⑧。

4.附條件之債權，不問所附者為停止條件抑為解除條件，均得以其金

---

❷⑥　李肇偉著第五九頁認為：「得為破產債權者，自均應得為和解債權，但有擔保及優先權之債權，既不受和解影響，為易於了解債務人全部財產之情形，雖應申報，卻不能列為和解債權，他若專就破產程序而特別規定之債權，例如連帶債務人之求償權，既無準用和解程序之規定，自不得為和解債權」。似認特殊之和解債權不得準用。

❷⑦　關於法定中間利息之扣除，其利率應以利率管理條例第六條所定抑依民法第二百零三條之規定為準？依最高法院四十七年四月二十日民刑庭總會決議意旨，係採依民法第二百零三條之規定，以百分之五為扣除期前利息之準據。

❷⑧　關於扶養請求權，依德‧和議法第二十五條第二項規定，以其請求權在破產得請求者為範圍。

額為和解債權（準用第一百零二條，德・和議法第三十一條規定限於附解除條件之債權）。關於將來之請求債權亦然。

5.和解債權之標的非金錢或雖係金錢而其數額不確定，或係以外國貨幣定其數額者，以和解開始時之評價額為和解債權㉙。至於和解債權以金錢為標的者，其債權即其金額，自不待言。

6.下列各款債權，為被除外之請求權 (Ausgeschlossene Ansprüche)，不得為和解債權（準用第一百零三條，並參照日・和議法第四十四條，德・和議法第二十九條規定）：

　⑴和解開始後之利息。

　⑵參加和解程序之費用。

　⑶因和解開始後之不履行所生之損害賠償及違約金。

　⑷罰金、罰鍰及追徵金。

三、特殊和解債權

特殊和解債權之行使：

1.數人就同一給付各負全部履行責任者，其全體或其中數人受和解開始時，債權人得就其於和解開始時，現存債權金額，對各和解程序行使其權利（準用第一百零四條，德・和議法第三十二條，日・和議法第四十五條參照）。所謂數人就同一給付各負全部履行其責任者，包括不可分之債務等不真正連帶債務及真正連帶債務在內。

2.數人就同一給付各負全部履行責任者，其全體或其中受和解開始時，其他共同債務人得以將來求償權之總額為和解債權而行使其權利。但債權人已以其總債權額為和解債權而行使其權利者，不在此限（準用第一百零五條，參照德・和議法第三十三條，日・和議法第四十五條）。又為債務人之債務提供擔保之第三人，即所謂物上保證人，亦得以對債務人將來求償

㉙　德・和議法第三十四條定有債權之換算 (Umrechnung von Forderungen) 之規定可資參照。目前政府管制外幣，故關於外幣之債權額，以和解開始當日「外匯交易中心即期及遠期外匯匯率表」所載之賣出匯率，定其債權額。

權債權之全部，參與債務人之和解程序。又該第三人為清償時，按其清償部分取得債權人之權利，得以之為和解債權。

3.保證人除應與主債務人連帶負責，或主債務人已受破產宣告外，有檢索抗辯權（民法第七百四十六條），但保證人受和解開始時，債權人得以和解開始時之債權金額為和解債權而行使其權利(準用第一百零四條法理、參照日‧和議法第四十五條)。

4.關於雙務契約所生之債權。德國和議法關於因雙務契約所生之債權(Fordernungen aus gegenseitigen Verträgen) 設有特別規定（德‧和議法第三十六條），即基於雙務契約之債權，於和解開始時，契約當事人雙方均未完全履行其契約者，其債權為非和解債權。和解開始前，當事人一方已完全履行其義務者，其對待給付之債權為和解債權。分次給付之可分債務（例如瓦斯、水、電之供應）債權人於和解開始時已為部分之給付者，關於已給付部分之對待給付債權，為和解債權。有瑕疵之給付，雖不得認為完全發生效力，債權人仍得以其對待給付請求權為和解債權，但因瑕疵而屬債務人之權利不受影響。本法對此未設規定。德國法例可充法理予以運用。蓋在雙務契約，當事人雙方尚未履行完畢前，有民法第二百六十四條、第二百六十五條之適用，且此時債務人尚有繼續其業務及經濟上行為之權限，自可不必以之為和解債權。和解開始時，債權人已履行其對待給付者，變為債務人一方義務關係 ❸⓪ ，其債權自屬和解債權 。 至繼續性契約(Sukzessivvertrag) 例如水電瓦斯供應契約，在和解開始前，債權人已給付部分之對待給付，因債權人之給付為可分割之債務，該對待給付債權應認為和解債權。又債權人之給付有瑕疵時，債務人固可主張瑕疵擔保（請求

---

❸⓪　破產法修正草案第二十三條第二項規定：「債務人所訂雙務契約，於許可和解聲請之裁定確定後，當事人雙方均未履行或未完全履行，而債務人負給付財產上之債務者，債務人得經和解管理人之同意，終止或解除契約。但終止或解除契約顯失公平者，不得為之」。第四項規定：「依第二項規定終止或解除契約時，他方當事人所為之給付應返還者，得請求返還之；其不能返還者，得請求返還其價額，並有優先受償權。他方當事人因終止或解除契約所受之損害，得依和解債權行使其權利」。

減少價金、損害賠償，或解除契約），但在解除契約前，債權人仍非不得請求對待給付，故關於對待給付之債權，亦應解為和解債權。

貳、和解債權之申報

一、和解債權申報期間

和解債權申報期間之決定應與法院許可和解聲請之裁定同時為之。其期間應自許可和解聲請之日起十日以上二個月以下，如聲請人有支店或代辦商在遠隔之地者，得酌量延長之（第十二條第二項）。

二、申報之方法

和解債權申報之方法，得以書面或言詞向法院為之[31]。惟以言詞申報者，應由法院書記官記明筆錄。申報事項應敘明債權額及債之原因並債權之性質（即普通債權抑有擔保或優先權之債權）。至是否須提出債權之證明文件，本法未如日本和議法第四十五條設有準用同國破產法第二百二十八條之類似規定，必須提出證明文件，解釋上自不能認未提出證明文件者不得申報債權。惟為杜絕爭議及防止假債權，似宜仿日本法例加以明文規定。至有擔保或優先權之債權，雖不受和解之影響（第三十七條），但如擔保物或優先權之標的物價值不足抵償債權時，就其不足部分，自應申報，縱擔保物或優先權之標的物價值足以抵償債權，債權人亦宜申報，俾其他債權人及利害關係人等，得以明瞭債務人全部消極財產之情形。又申報債權，得委任代理人為之，但應提出委任書。

三、申報之效力

債權之申報，一方面使申報之債權人於債權人會議取得行使為和解可決之議決權。另一面在實體法上發生時效中斷之效力（民法第一百二十九條第二項第三款），而此中斷之效力，繼續至和解程序終結為止（民法第一百三十七條）。

---

[31] 同說：錢國成著第三三頁，反對說：陳國樑著新論第四六頁認應向監督輔助人為之。

四、申報之變更及撤回

申報事項於得為申報之期間內得變更之。如不妨礙議決權之調查者，縱於債權人會議時，亦得變更之。故因申報不合法而被駁回時，仍不妨更為合法之申報。

申報之撤回無庸得其他債權人之同意。撤回後亦不妨再行申報。但既有和解之決議後，決議之效力，自不因其撤回而受影響。申報之撤回僅係拋棄參與和解議決之權利，並非拋棄和解債權，故和解許可後，仍應受其拘束。又申報經撤回者，時效視為不中斷（民法第一百三十四條）。

五、債權表之製作

債權人申報債權後，法院書記官應將申報書及證據文件，或以言詞申報之筆錄編為卷宗（第五條，民事訴訟法第二百四十一條第一項）。至債權表之作成方法，法律雖未加以規定，惟揆諸第二十一條規定，似應由法院書記官依債務人提出之債權人清冊及前述之申報資料，按債權人姓名筆劃次序或申報次序作成，並記載下列事項：

1.債權人姓名及住所。

2.債權額及其原因。

3.債權之性質；及有擔保權或優先權之債權，因行使擔保或優先權仍不能受償之債權額。

六、關於申報債權之文書及債權表等之閱覽

法院應以下列文書之原本或繕本，備利害關係人閱覽或抄錄（第二十一條）：

1.關於聲請和解之文件及和解方案。

2.債務人財產狀況說明書及債權人債務人清冊。

3.關於申報債權之文書及債權表。

茲所謂利害關係人即聲請人、債權人、監督人及監督輔助人是。蓋此

等利害關係人得依上開書類，就各已申報債權先行調查或完成債權人清冊，而於債權人會議申述關於議決權之異議也。

七、和解債權之確定

債權人會議時，對於債權人所主張之權利或數額，債務人或其他債權人得提出駁議，對於此項爭執，主席應即為裁定（第二十六條），債權人對於該裁定有不服時，得於十日內向法院提出異議（第三十條）。債務人無異議權。惟主席之裁定或法院對於異議所為裁定，並無實質上之確定力，故不論債權人或債務人對於債權仍有爭執時，尚須提起確認之訴，以求解決。如經訴訟之結果，確定某債權為不存在，則該債權即應自和解權中扣除 ❷。

第六款　債權人會議

壹、債權人會議之性質

和解為債務人與債權人團體間所締結之清理債務之強制契約。其當事人為債務人與債權人團體。而債權人會議即為決議債務人提出之和解方案可決與否之債權人團體之意思發表之機關。除為和解之決議外，其他事故並不召集債權人會議，可知債權人會議僅為和解決議之臨時機關而已。

貳、債權人會議之期日及其召集

債務人聲請和解經法院許可後，法院應即指定債權人會議期日並公告之。對於已知之債權人及債務人應另以通知書送達之。關於期日之變更或延長，如有重大事由，應由法院另予許可（第五條，民事訴訟法第一百五十九條）。期日之變更，應更行送達通知書，但期日之延展已面告以所定之

---

❷　德・和議法第七十一條於此時法院僅就議決權予以確定，故該條定名為議決權之確定 (Festsellung des Stimmrechts)。破產法院之裁定並無確定私權實體爭執之效力，似不宜使破產法院就實體爭議為裁定，宜仿德國法例，由破產法院僅就議決權先予確定，以利和解程序之進行。至實體爭執，仍直接由民事法院裁判較為合理。

期日者，不在此限（第五條，民事訴訟法第一百五十六條但書）。

　　法院於債權人申報債權後，應以公告中所定期日與進行和解之地點召開債權人會議。但除上開公告及送達書予債權人及債務人外，本法未如日本和議法第四十六條第一項規定：「債權人會議期日，應傳喚已申報之和解債權人、和解申請人、為和解而保證之保證人及其他與債權人共同負擔債務或為和解債權人提供擔保之第三人」。然為使和解方案能夠順利可決，似可併通知此項保證人或第三人列席。

參、債權人會議之成員

一、監督人及監督輔助人

　　債權人會議以監督人為主席（第二十二條第一項）。舉凡會議之開閉、發言之許否、秩序之維持，以及其他會議進行之事項，均由充任主席之監督人指揮之。惟會議之討論並非法院之言詞辯論，自無庸公開行之。但監督人基於其指揮權，仍得將會議予以公開。又監督人雖為債權人會議主席，然並非和解債權人，故於會議中無表決權。

　　監督輔助人，於債權人會議，有依據調查結果，報告債務人財產業務之狀況，並陳述對於債務人所提和解方案之意見之義務（第二十五條第一項），故亦應列席債權人會議（第二十二條第二項）。

二、債權人及債務人

　　債務人與債權人團體為和解之當事人，債權人團體係由和解債權人所組成，則債務人與和解債權人均應出席債權人會議。惟和解債權人得委託代理人出席（第二十三條）。代理人出席時，應提出該債權人出具之委任書於法院，或由該債權人以言詞委任由書記官記明筆錄（第五條，民事訴訟法第六十九條）。至債務人則因其為和解契約之要約人，應詳細說明其財產狀況及所擬和解方案，並答覆監督人監督輔助人或債權人之詢問（第二十四條第一項），自應親自出席。債務人經通知後，如無正當理由不出席債權

人會議時，顯見其對和解並無誠意，此時監督人應解散債權人會議，並向法院報告，由法院宣告債務人破產（第二十四條），俾免債務人藉機拖延也。茲所謂債務人包括準和解債務人（第三條）在內。所謂正當理由，例如疾病、天災事變或其他不可避免之事故是。

肆、債權人會議之開議

債權人會議須有多少債權人出席始得開議，法律並無最低額之限制。除全無債權人出席時，應變更會議期日或依第五條準用民事訴訟法第四百二十條規定視為和解不成立外❸，不問出席債權人及其所代表債權額若干，均應開會❹。

債權人會議時，對於債權人所主張之權利或數額，債務人或其他債權人得提出駁議（第二十六條第一項）。蓋債權人申報之債權是否確實，數額有無浮報，關係他債權人及債務人之利益至大也。申報該債權之債權人對於駁議得予反駁。惟為免影響和解程序之進行，從速確定債權是否存在及其數額，以決定其有無參加和解程序之議決權（即表決權），與其議決權之範圍，主席對此爭議，應即為裁定（第二十六條第二項），債權人不服此項裁定者，得自裁定之日起十日內，向法院提出異議（第三十條）。

債權人會議一開始，首應由債務人表明和解之意願，說明財產與債務之情形，所擬和解方案之內容以及所提供之擔保。次由監督人及監督輔助人，依據調查之結果，報告債務人財產業務狀況，並依據其職務上之經驗陳述對債務人所提和解方案之意見（第二十五條第一項），供債權人參考。此後即由債權人與債務人就和解條件自由磋商（第二十五條第二項前段）。債權人不妨提出修正和解條件，債務人亦不妨就原有和解條件酌量接受債權人之意見而修正，監督人與監督輔助人均不得妄加干涉。惟為達和解之目的，充任主席之監督人應力謀雙方之妥協（第二十五條第二項後段）。

債權人會議期日開始後，如於期日內未達成和解，主席得延展期日（第

---

❸ 參照司法院三十六年院解字第三六八七號解釋。

❹ 參照司法院二十九年院字第一九九三號解釋。

五條,民事訴訟法第一百五十九條),例如債權人會議不能在一日內討論全部和解方案,或對和解方案投票決議,因計算投票結果費時,不能於同期日內完成之情形。

伍、債權人會議之決議

　　債權人會議為可決和解之決議時,應有出席債權人過半數之同意,而其所代表之債權額並應占無擔保總債權額三分之二以上 (第二十七條)。析言之:⑴在人數上必須有出席債權人過半數之同意,不論同意之債權人個人所擁有之債權額多少,每一債權人皆有平等之一票表決權。⑵同意之債權人全體所代表之債權額,總計須超過無擔保總債權額三分之二以上。所謂無擔保總債權額,並非以債務人提出之債權人清冊者為準,而係指已申報之無擔保總債權額而言 ❸❺。且所謂無擔保亦不包括有優先權之債權在內。蓋有優先權之債權既與有擔保之債權同,不受和解之拘束,自應排除不計 ❸❻(參照第三十六條、第三十七條)。法律所以規定須雙重多數之表決通過者,蓋在保護全體債權人之利益也。

　　債權人會議之決議,不外可決或否決兩種情形:

　　1.和解經債權人會議可決時,主席應即呈報法院,由法院為認可與否之裁定 (第二十九條第一項)。債權人對於債權人會議可決和解之決議,如有異議,得自決議之日起十日內,向法院提出異議 (第三十條)。

　　2.和解經債權人會議否決時,主席應宣告和解程序終結,並報告法院 (第二十八條),此時債務人之財產處理權及債權人之強制執行請求權,均回復和解聲請前之狀態。如無人聲請法院宣告債務人破產時,則和解程序既已終結,即將卷宗歸檔,法院不必依職權宣告債務人破產。蓋其係基於債權人會議之事由也 ❸❼。

---

❸❺　參照司法院二十九年院字第一九九三號解釋後段。

❸❻　參照錢國成著第四九頁、李肇偉著第七二頁、陳國樑著新論第五九頁。

❸❼　參照司法院二十六年院字第一六七三號解釋。

第七款 對於異議及和解可決之裁定

壹、對於異議之裁定

一、異議之事由

異議之事由有二，即：

1.債權人會議時，對於債權人所主張之權利或數額，債務人或其他債權人得提出駁議。對於此項爭議，主席應即為裁定（第二十六條），債權人對此裁定得為異議。

2.債權人對於債權人會議所通過之和解決議有不服時，得為異議。

債權人為異議時，應自裁定或決議之日起十日內，向法院為之。此十日為不變期間，債權人若逾此法定期間而未提出異議，則裁定或決議即告確定，債權人不得更有不服（第三十條）。

二、法院之審理及裁判

法院對於上述異議為裁定前，為明瞭事實真相起見，得通知債權人及債務人為必要之訊問，並得命監督人及監督輔助人到場陳述意見（第三十一條）。審查結果，如認為異議為不合法或無理由時，應即以裁定駁回其異議。如認為有理由時，應分別情形就：

1.對於債權人會議時，主席依本法第二十六條之裁定所為之異議者，應以裁定廢棄債權人會議主席之裁定，另為裁定。無論駁回異議或廢棄主席之原裁定而另為裁定，均於債權人之債權及其數額無實體上之確定力。有爭議之當事人，仍得以訴主張之。

2.對和解決議所為之異議者，應裁定宣示該決議無效。並令另行召集債權人會議更為決議。惟異議之內容，如僅係主張應增加債務人之負擔，而法院認有理由者，經債務人同意，應即將所增負擔列入認可和解裁定書，如債務人不同意時，法院應逕裁定不認解，均無庸就該異議為裁定（第三

十三條)。上開駁回異議及廢棄債權人會議主席所為裁定及宣告和解決議無效之裁定，均得依一般抗告規定提起抗告（第五條，民事訴訟法第四百八十二條以下）。

貳、對於和解之裁定

和解雖經債權人會議可決，猶須法院為認可之裁定後始生效力。蓋和解為強制契約，基於立法政策，只須一定人數以上之同意時，即有拘束全體債權人之效力，已如前述。為保護少數人利益及便利和解之監督，以及保證和解條件之公允及所供擔保之相當，自有待於法院審查之必要。故法律以法院之認可為和解之生效要件也。

一、不認可和解

法院遇有下列情形，應不認可和解：

1.依本法第三十二條規定：「法院如認為債權人會議可決之和解條件公允，提供之擔保相當，應為裁定認可和解」。可知和解條件倘不公允或所供擔保不相當者，即不得為認可和解。至條件是否公允，法院可循下述四階段加以考量，⑴先由形式上考量和解內容對全體債權人是否公允。⑵再從實質上考量和解內容對全體債權人是否公允。⑶從整體上考量和解內容對全體債權人是否公允。和解內容在形式上或實質上觀察，或有偏重於某些債權人，但從和解整體觀察，可為社會一般觀念所接受，而具合理性者，仍應認為條件公允。⑷和解方案之履行（例如：清償方法，時期）在債權人間是否有平等性❸❽。而所供擔保是否相當，亦應依客觀情形，就具體案件認定之。

2.和解之成立，有違背法定之程序者。

3.對於和解決議所為之異議，如異議之內容僅係主張增加債務人之負擔，經法院認為有理由，而債務人不同意時，法院應為不認可和解之裁定（第三十三條）。

---

❸❽　參照道下著第五一三頁以下。

　　法院於不認可和解時，除和解之成立，係違背法定之程序者外，應依職權宣告債務人破產（第三十五條），故對於法院不認可和解之裁定，不得抗告（第三十四條第三項），俾依破產程序清理債務人之債務。

二、認可和解 (Bestätigung des Vergleich)

　　法院如認為債務人會議可決之和解條件公允，所提供之擔保相當者，應以裁定認可和解（第三十二條）。對於此項裁定，限於曾就債權人會議主席對權利或數額之裁定提出異議，或曾就債權人會議通過之可決和解決議向法院提出異議之債權人，或被拒絕參加和解之債權人，如有不服時得為抗告（第三十四條第一項）。上開被拒絕參加和解之債權人，不問其被拒絕之原因如何，均得抗告。此項抗告期間為十日之不變期間。自公告之翌日起算（第五條，民事訴訟法第四百八十七條）。對於抗告法院之裁定，不得再抗告（第三十四條第四項），以免拖延。

　　和解經認可後，債權人之債權，每因和解條件而有變更。例如因和解免除一部分債務而減少其債權數額，或因同意分期或緩期清償而更易其應受清償之時期。故如和解成立後，因抗告而阻礙其實施效力，其他未抗告之人將因而遭受損失；債務人之清償計劃，也因而發生窒礙，於和解程序之力求簡單迅速本旨尤有未合。故法律規定，認可和解之裁定，雖經抗告，仍有執行力（第三十四條第二項）。茲所謂執行效力，係指實施效力，並非指此項認可和解之裁定有執行力 (Exekutions Kraft)，可以之為執行名義，而得請求強制執行 ❸❾。

---

❸❾　對於此點，最高法院曾持有「破產法上之和解與民事訴訟法上之和解有同一效力」之見解（未採為判例），而謂：「按破產法上之和解成立後，債務人應有依和解條件而履行之義務，且因破產法第五條設有關於和解準用民事訴訟法之規定，此項和解與民事訴訟法上和解，亦有相同之效力。前揭法條雖未謂強制執行法亦在準用之列（參照最高法院三十二年上字第二二七四號判例），惟債務人如不履行，債權人除得依破產法第五十二條第一項規定，聲請法院撤銷和解外，並得基於原已取得之執行名義，在和解條件範圍內，聲請強制執行」（五十四年臺抗字第五三二號裁定意旨），或謂：「破產上

第八款 和解認可之效力

和解經法院認可後，和解之效力因而發生，和解程序即為終結。不僅債務人與債權人因和解開始所受之各種限制，至此均告解除，且對債權人、債務人、和解擔保人，均發生相當之效果，茲分敘如次：

壹、對於債權人之效果

一、對於和解債權人

經認可之和解，除本法另有規定外，對於一切債權人其債權人在和解聲請許可前成立者，均有效力（第三十六條）。債權人不得因未申報債權，未參加債權人會議，或未同意債權人會議決議之故，而於認可和解後，遂表異議（參照德·和議法第八十二條第一項）。惟和解認可僅對於在和解聲請許可前成立之債權有其效力，其在和解聲請許可後成立之債權，既非和解債權，縱使無擔保或無優先債權者，亦不受其拘束。但和解之認可，僅客觀的確定和解債權之內容及效力，而非主觀的確定各和解債權之存在，自不得以和解認可之裁定為執行名義。各債權對於債務人是否存在，其確定方法仍應依訴或其他方法為之，惟應於和解條件範圍內受判斷。本法第十七條所定「和解聲請經許可後，對於債務人不得開始或繼續民事執行程

之和解成立後，債務人有依和解條件而履行之義務，且因破產法第五條關於和解準用民事訴訟法之規定，故此項和解與訴訟上和解有同一效力。前揭法條雖強制執行法未在準用之列，惟債務人如不履行，債權人除得依破產法第五十二條第一項規定聲請法院撤銷和解外，並得以已取得之執行名義在和解條件範圍內，聲請強制執行，兩者之中債權人得任擇其一為之」（五十七年臺抗字第二一一號裁定）。上開二裁定要旨，似有疑義。蓋其既認破產上和解與訴訟上和解有同一之效力，而依第五條準用民事訴訟法第三百八十條第一項又與確定判決有同一之效力，其準用結果，顯與本法第三十四條第一項所定，對於認可和解之裁定，得抗告之情形相衝突。因之，吾人認為本法第五條可準用者，僅其「和解之程序」，至和解之效力，不在準用之列。

序」，僅於和解聲請經法院許可後，以至和解程序終結前有其適用，和解程序一經終結，即無適用該條規定之餘地，因此，在和解程序終結後，債權人因開始和解所受之各種限制，與和解方案不相牴觸者，即因而解除❹。債務人倘不履行和解條件時，實務上，債權人如對債務人原已取得執行名義者，得依原執行名義在和解之條件範圍，聲請或繼續強制執行。債權人亦得依第五十二條第一項規定之程序聲請撤銷和解，或依法另取得執行名義，在和解範圍內聲請強制執行❹。其在和解開始前已進行強制執行程序，

❹ 參照最高法院六十九年臺抗字第三三八號（司法院公報第二十三卷第一期）。同院七十一年臺抗字第四二六號（同公報第二十五卷第二期）。司法院 70.3.3 七十院臺廳一字第〇一七九〇號函。

❹ 參照司法行政部民事司⑹民司函字第〇七四二號函：「破產法上之和解程序一經開始，凡在和解程序前成立之普通債權，固應依和解程序進行。不得開始或繼續強制執行。惟和解經認可後，和解程序即為終結，債務人及債權人因和解開始後所受之種種限制，均告解除，因此和解債權如原已有執行名義，債權人自可依和解之條件聲請強制執行或繼續強制執行。本件債務人既不依和解條件履行，債權人即得依破產法第五十二條第一項規定之程序，聲請撤銷和解，或依法取得執行名義，在和解範圍內，聲請強制執行」。此項釋函係指債務人不履行和解內容 (Nichterfüllung des Vergleichs) 而言。依德國和議法第九條規定，此時和解之免責條款因而復活，且法院亦得依職權宣告債務人破產（參照齋藤編德・和議法第一八八頁，A. Böhle-Stamschrader: Vergleichsordnung〔9 Aulf. 1977〕ss. 41～46）。論者或謂如准債務人個別強制執行，將有礙一般債權人公平受償之原則，而主張不得准許個別強制執行者。惟和解經認可後，和解程序即告終結，債務人及債權人因和解開始所受種種之限制，均告解除。債務人本應依和解條件而為履行，茲債務人竟不履行，法律既無規定債權人不得對之強制執行，自不因強制執行之結果，恐有影響整個和解方案之執行，而犧牲未受履行之債權人之利益之理由。如因個別強制執行之結果，有礙和解方案之執行，此亦為應否改宣告債務人破產之問題。又債權人僅得就和解條件範圍內，債務人應履行而未履行之部分，聲請強制執行，並未優於一般債權人，故亦與一般債權人應公平受償之原則無礙。實務上之此一見解，在理論上有須特別說明者，按因和解所確定之法律關係，其效力如何？學者間見解不一，有認有「創設的 (konstitutiv) 效力」者，有認僅有「認定的 (deklarativ) 效力」者。實務上對於民法上之和解認有創設之效力（參照最高法院四十八年臺上字第七三〇號判例），但關於破產法

因本條規定而不得繼續之強制執行程序，本法未如日本和議法第五十八條規定「該強制執行程序失其效力」，但在解釋上，亦宜採同樣之解釋。故如債權人聲請執行法院繼續強制執行時，執行法院應以裁定駁回其聲請。如執行法院繼續強制執行時，債務人得聲明異議或對債權人提起債務人異議之訴，以資救濟。

二、對於有擔保或優先權之債權人

和解不影響有擔保或有優先權之債權人之債權。但經該債權人同意者，不在此限（第三十七條）。有抵押權、質權、留置權等擔保物權或依法有優先受償之債權，其權利之行使，本居於優越之地位，不因和解而蒙受不利之影響。換言之，不受一部免除或延期清償等和解條件之限制，以保全擔保物權及優先權之優越效力。惟如此等債權人為期望和解成功自願拋棄其優越之效力，並與其他普通債權人同受平等之處理者，自屬法所不禁，而使其受和解條件之拘束。

三、其他效果

和解成立時，應受和解效力拘束之債權人，就從前之債權，不得聲請宣告破產❷。但不受和解效力所及之有擔保債權或優先權之債權人，或和解聲請許可後成立之新債權人❸，自不在此限。

上和解之效力，學者有主張其為認定之效力者（參照鄭玉波著民法債編各論〔下〕第八一二頁〔七十二年八月・三民書局〕）。惟破產和解債權並不限於金錢請求之債權，經認可之和解，除本法另有規定外，對於一切債權人，其債權在和解聲請許可前成立者，均有效力（第三十六條），則對於金錢債權以外之其他債權，破產和解，似非僅有「認定的效力」。故在和解聲請許可前已取得之執行名義，如非命為金錢之給付，則債務人從未按和解內容履行，除和解內容約定債務人應履行之給付與原執行名義所載履行之給付，係同一性質之給付外，似難認債權人仍得執原有之執行名義，聲請強制執行。補救之道，宜由立法上予以解決，賦予經認可之和解之執行力，或較便捷。

❷ 參照日本大審院昭和二年一月十八日判決，評論十六卷諸法第二三二頁，新聞二六六四號十五頁。

貳、對於債務人之效果

一、財產處理權限制之解除

　　和解經認可後，債務人財產處理權之限制，即因而解除。債務人一切業務上及經濟上之行為，與和解方案不相抵觸者，均得自由為之。惟以和解條件就債務人之財產管理或處分有所限制者，自應從之。例如依和解條件，債務人之營業或處分應受債權人會議選出之委員管理監督，或為全體債權人設定擔保者，應遵從之。其他債務人之財產依照和解條件分別轉讓或出賣。和解擔保人，應照和解條件而負擔保責任，均為和解認可後所發生之效力。又因和解認可而和解程序終結時，債務人應先清償因和解所生之債務及和解程序之費用。蓋此等債權，類似於破產程序中之財團債權也。

二、債務人對於少數債權人允許額外利益為無效

　　債務人對於債權人允許和解方案所未規定之額外利益者，其允許不生效力（第三十九條），此之所謂不生效力，係無效之意❹。蓋和解之目的，在求債權人公平之滿足，如債務人對少數債權人允許額外利益，則非特有失公平，且屬違背和解之行為，故應認其允許為絕對無效。

參、對於債務人原有保證人等之效果

　　債權人對於債務人之保證人及其他共同債務人所有之權利，不因和解而受影響（第三十八條）。本來債權人對於債務人之寬宥行為，對於債務人之保證人或其他共同債務人，通常可發生相當之效果。例如民法第二百七十六條第一項，第二百八十條、第七百四十一條、第七百五十五條之規定是。惟本法對此作特殊之規定者，蓋以保證人及連帶債務人，原為保障債

---

❹　參照日本大審院昭和六年九月十八日判決，評論二〇卷諸法第六四一頁，新聞三三五五號十二頁。

❹　參照錢國成著第五七頁、劉清波著第九二頁。

權人之受償而設，如債務人不能清償債務時，則保證及連帶債務更可顯其效力。且破產法上之和解又具強制性，故規定債權人對於債務人之保證人及其他共同債務人所有之權利，不因和解而受影響。例如和解條件雖規定減免一部分債務，而債權對保證人或其他共同債務人，仍得請求為全部之給付是❹。如共同債務人係與債務人分擔債務時，則債務人就其分擔部

---

❹ 同說：參照李肇偉著第七四頁、李傳唐著第六四頁、陳國樑著第六三頁、陳榮宗著「和解債務人免責與保證人之責任範圍」（法學叢刊第九五期第二四頁以下）、錢國成著第五六頁及第五八頁註一曰：「和解條件如為減免債務人一部債務，則因從債務不超過主債務之大原則，保證人當僅就未減免部分負保證責任」。惟和解為強制契約，如債權人為少數反對和解契約者，而和解又經法院認可，則謂保證人因而減免責任，是否有違原保證之意旨，亦頗值商榷。實務上亦採保證人仍應負全部清償責任之見解。例如最高法院五十七年度臺上字第二五五四號判決：「被上訴人並非和解債務人，債權人會議可決之和解條件，關於債權人免除廖來福之保證人廖本良、廖本昭之保證責任，縱經法院裁定認可，要亦不生破產法上之效力。又保證契約，為債權人與保證人間之契約。上訴人既未出席，亦未同意該和解條款，其對於被上訴人之權利，不因其他債權人同意免除被上訴人之保證責任而受影響」。同院五十九年臺上字第四五八號判決：「次查保證人為人的擔保，即於債務人不履行債務時，由保證人代負履行之責任，故不問債務人不履行債務之原因為何，債權人均可對保證人請求履行，此觀破產法第三十八條規定：『債權人對於債務人之保證人……所有之權利，不因和解而受影響』自明。本件納稅義務人即債務人振茂營造廠雖已破產，經法院認可和解，上訴人之保證責任亦不因而減輕，且和解方案並非減免債務人一部債務，不過分期清償全部本金而已，此有和解案卷可稽，上訴人更無主張僅就未減免部分保證責任之餘地」。司法行政部五十年十月三日(50)函民字第五三五一號函：「查保證債務固係從債務，以主債務之存在為前提，若主債務人所負債務有一部未經清償，而該部分已由債權人免除，因而主債務全部消滅者，保證債務亦隨之消滅，但此係指通常由債權人任意免除主債務人債務之場合而言，其在主債務人依法宣告破產之場合，似不能作同一之解釋。蓋破產法第一百四十九條特設：『破產終結後，破產債權未受清償之部分，請求權視為消滅』之免責規定者，其旨趣無非以債務人破產不乏由於無法預測之社會經濟變動所致，未必皆可歸咎於債務人，且債務人陷於破產，已屬不幸，一旦破產程序終結，若不許其解除束縛，

分為和解，亦不影響於共同債務人之分擔部分（參照民法第二百七十六條）。惟債務人對於共同債務人，保證人或其他求償權利人，仍得依和解條件，享有與對債權人所得主張之免責利益（參照德·和議法第八十二條第二項但書）。

肆、法院認可和解後，債務人尚未完全履行和解條件而受破產宣告時，其對和解之效力

按法院認可和解後，債務人尚未完全履行和解條件而受破產之宣告時，其破產債權，有為在和解聲請許可前成立之舊債權，亦有為在和解聲請許可後成立之新債權。而舊債權人中，又有已依和解條件受全部或一部之清償者，亦有完全未受清償者，此種舊債權在破產程序中如何處理受償，各國法例不同，約可分為三類，簡述如下：

一、德國法例

依德·和議法第九條復活條款 (Wiederauflebensklausel) 第二項規定：「和解尚未完全履行前，對於債務人之財產為破產之開始時，緩期之清償或免除，對所有債權人失其效力」。換言之，在債務人尚未完全履行和解條件而受破產之宣告時，和解因之失效，原債權（和解前之債權）減免等部分又告復活，該復活部分併入計算，參加破產程序之分配。

另覓生機，不特失之過酷，抑於社會經濟亦不利益，故特設此項免責規定（參照立法院破產法草案初稿說明書）。惟此時債權人之債權既無法獲得滿足，若泥於上述保證債務之附從性，許其保證人亦免保證責任，同沾免責之利，不特於破產債權人殊不利益，抑亦與保證之趣旨不合。故我破產法第三十八條規定：『債權人對於債務人之保證人及其他共同債務人所有之權利，不因和解而受影響』。同時並規定該條規定於商會之和解與調協均有準用（同法第四十九條及第一百三十七條），即明示保證人之保證責任，仍行存續，初不因和解或調協而受影響，蓋所以發揮保證制度之功能，藉兼顧債權人之利益，並謀有助於社會經濟之維持……」。

二、法國法例

對於已依和解全部受償者，完全不許加入分配。其未完全依和解條件受償者，許以原債權全額加入分配，其已依和解一部受償者，則以原債權中，就未依和解受償部分之比例額，加入分配（參照法國商法第五百二十六條）。換言之，如債權人某甲對債務人有一百萬元債權，和解結果，應受四十萬元之分配。如債務人尚未履行其和解條件，而受破產宣告，債權人甲得申報一百萬元為破產債權，如債權人已受二十萬元之清償，則此二十萬元之履行，相當於已清償五十萬元，債權人甲僅得就未受償之五十萬元申報為破產債權。

三、舊奧國法例❹

舊奧國法例則不問舊債權已否依和解條件受全部或一部之清償，均得以其原債權全額加入分配，惟已依和解所受一部或全部之清償額，雖不實際返還於破產財團，但計算上則應加於破產財團，以定分配率，如該舊債權應受分配額超過其依和解所受清償之數額，則可再受差額之分配。反之，如其依和解所受清償之數額，已超過其應受分配額，則不得再受分配，但其在和解受償之超過額，並不返還於破產財團（參照舊奧‧破產法第二百四十四條）。日本破產法第三百四十條規定亦同。

本法第四十條規定：「在法院認可和解後，債務人尚未完全履行和解條件而受法院宣告破產時，債權人依和解條件已受清償者，關於其在和解前原有債權之未清償部分仍應加入破產程序，但於破產財團，應加算其已受償部分，以定其應受分配額。前項債權人，應俟其他債權人所受分配額與自己已受清償之程度成同一比例後，始得再受分配」。本條規定，實兼採德奧法例而予規定，即：

1.債權人未依和解受有清償者，原有債權之未清償部分，即未依和解受償部分及復活之和解減免部分之總額，仍加入破產程序。此點類似德國法例。

---

❹　奧國一九一四年新破產法第一百五十九條改採德國立法例。

2.其已依和解受清償之部分，應加算於破產財團，定其分配額，須俟其他債權人所受之分配額與自己已受清償之程度成同一比例時，再受分配。此點係採奧日法例。

惟查閱於債權額之計算，我國係採德國法例，對於在破產宣告前已受清償之部分，不得再列入破產債權[47]，但於破產財團，則應加算已受償部分，並須俟其他債權人所受之分配與自己已受清償之程度成同一比例時再受分配，於債權人甚為不利。此與民法第一千一百七十三條規定比較觀之，即可明瞭。

第九款　和解程序之終結

債務人或債權人對於法院准駁和解聲請之裁定，均不得抗告（第九條）。故和解之聲請經法院駁回者，和解事件即為終了。而法院許可和解之聲請者，和解程序即開始進行，為許可和解聲請裁定之日，即屬和解程序開始之時。而和解程序之終結，則有下列之原因：

壹、債務人之行為不正當時

債務人（包括準和解債務人）在法院許可其和解聲請後，因有妨礙監督人或監督輔助人執行職務之行為，經監督人報告法院，而由法院傳訊後，如無正當理由而不到場，或到場而關於其行為不能說明正當理由時，法院應宣告債務人破產。和解程序即因破產之宣告而終結（第十九條、第二十條）。

---

[47] 論者有謂：「破產法第四十條第一項上段所謂：『關於其在和解前原有債權之未清償部分，仍加入破產程序』者，係指債權人作為破產債權額之標準而已，並非實際計算其應受分配額時，不得加計其在和解程序已受償部分」（參照陳國樑著「和解移轉破產時債權額之計算方法」載於六十八年七月二十日司法通訊第九一六期第二版）。惟法條既明定為「關於其在和解前原有債權之未清償部分」，而非「和解前原有債權」，似不能將已受償部分加入應受分配額之計算。本條之規定確實不合理，有待將來之修正。

貳、債務人無正當理由不出席債權人會議

債務人（包括準和解債務人）經通知，無正當理由不出席債權人會議時，主席應即解散債權人會議，並向法院報告，由法院宣告債務人破產，而和解程序亦因之終結（第二十四條第二項）。

參、債權人會議否決和解時

和解經債權人會議否決時，主席應宣告和解程序終結，並報法院（第二十八條）。

肆、法院不認可和解時

和解雖經債權人會議可決，但法院如認為債權人會議可決之和解條件不公允或提供之擔保不相當，或和解之成立有背法定程序者，自可裁定不認可和解 （第三十二條），又如債務人不同意因債權人之異議而增加負擔時，亦應不認可和解（第三十三條）。並應依職權宣告債務人破產。而和解程序亦因之終結（第三十四條第三項、第三十五條）。

伍、法院認可和解時

和解經法院為認可之裁定，或法院因債權人之異議認為應增加債務人之負擔，而經債務人之同意，將所增加負擔列入於認可和解裁定書內（第三十三條前段），於此等情形，和解因法院認可裁定而生效，和解程序即為終結。

第二節　商業會和解

我國破產法以舊時各地商人，於不能清償其債務時，每自動請求當地商業會進行和解，以求清理，認此優良習慣允宜保存，故於法院和解之外，更設商業會和解之制度（參照附錄一中華民國破產法草案初稿說明書）。惟破產法上和解如前所述（見第一篇第二章第一節）有強制契約之性質，在

法院之和解，由法院推事允任監督人指揮監督和解程序之進行，和解經債權人會議可決後，猶須法院在一定條件下裁定認可和解，和解始生效力，而在商業會和解並無如此之監督制度，一任債權人會議可決。商業會理事長於和解書面署名，蓋用商業會鈐記即為成立，而可拘束全體和解債權人，較之法院和解，已嫌草率，加以我國為採民商合一制國家，既無商法典，則商人之身分亦難予以確定，為保護和解債權人，此種制度之存在，實有再加檢討之必要 ❹。如認此制度仍有採擇之價值，至少亦應經法院裁定認可後，始可使其和解效力發生，俾法院可加相當之監督。在法律修改以前，本節規定之適用自宜從嚴解釋。

壹、和解之請求

商人不能清償債務者，在有破產之聲請前，得向當地商業會請求和解。但以未經向法院和解者為限（第四十一條）。準此規定，商業會和解應具備下列特別要件：

一、請求和解之債務人以商人為限

得向商業會請求和解之債務人以商人為限。何謂「商人」，我國因無商法典，未有法律解釋 ❹，吾人認為所謂商人係指以自己名義，從事商行為

---

❹ 參照李傳唐著第六九頁以下，陳國樑著新論第六七頁。拙著程序法之研究㈠第一六四頁以下。破產法修正草案第二百四十四條對此已有修正明定：和解經債權人會議可決時，會議記錄應載明和解條件，由主席簽名，送請法院為認可與否之裁定（第一項）。法院認和解程序正當及債權人會議可決之和解條件公允者，應以裁定認可和解（草案第二百四十五條）。此項裁定應公告之，無須送達（草案第二百四十四條第二項）。

❹ 前「商人通例」（民國三年三月二日公布同年九月一日施行）第一條規定：「本條例所稱商人，謂為商業主體之人。凡下列各種營業謂之商業。一、買賣業、二、賃貸業、三、製造業或加工業、四、供給電器、煤氣或自來水業、五、出版業、六、印刷業、七、銀行業、兌換金錢業或貸金業、八、承擔信託業、九、作業或勞務之承攬業、十、設場屋以集客之業、十一、堆棧業、十二、保險業、十三、運送業、十四、承攬運送業、十五、牙行業、十六、居間業、十七、代理業」。第二條：「除前條第二項所列各

之人（參照日本商法第四條）。經營商業即為從事商行為。而依商業登記法第三條規定，未經登記之商業及其分支機構不得開業。且依商業團體法第十二條第一項規定，開業後一個月內應一律加入該地區商業同業公會為會員，且非因廢棄或遷出該會組織區域，或受永久停業處分者，不得退會（參照同法第十四條）。可知，此所謂商人應指依商業登記法登記從事經營商業之人或依公司法登記之公司且加入該地區商業同業公會為會員者而言❺。如此商業會於受理「商人」之請求時，亦有一客觀標準。非商人不得請求商業會和解。故如商人與非商人因有牽連關係而有破產原因而欲為破產法上之和解時，例如家族組成之有限公司有破產原因時，往往其股東（並非商業主體）亦因相牽連而有破產原因之場合，吾人認仍不得併向商業會請求併案和解，此時只得請求為法院和解。如非商人在商業會成立和解，僅能解為發生民法上和解之效力，對於未參加和解或不同意讓步之債權人，應不生效力。如有爭執，可提起確認之訴以為解決❺。

種外，凡有商業之規模佈置者，自經呈報該管官廳註冊後，一律作為商人」。曾就商人作有解釋，可供參考。

❺ 司法行政部 67.10.17 臺六七函民字第〇九〇九六號函復內政部謂：「破產法第四十一條之商會，係指商人得參加為會員之商會而言，至該商人是否已辦理入會手續與商會和解效力無涉」。其後段見解實難贊同。蓋商業會對於聲請破產和解之債務人是否具備商人身分，有無審查之權，憑何標準審查，均乏依據，而此又與商業會可否受理破產和解，能否成立合法之破產和解關係至鉅。不如解為以其會員為限，較為明確；且亦可防止債務人之濫用商業會和解。最高法院近來亦採與本書同一見解，七十五年度臺抗字第二二三號：「債務人不能清償債務，在有破產聲請前得向當地商會請求和解者，以商人為限，非商人則不得聲請商會和解，此觀破產法第四十一條前段規定自明。所謂商人係指依商業登記法登記從事經營商業之人或依公司法登記之公司，且加入該地商業同業公會為會員者而言。非商人與商人因有牽連關係，而有破產原因，欲為破產法之和解時，僅得請求法院和解，而不得併向商會請求併案和解，否則該和解僅生民法上和解之效力，不生破產法上和解之效力」（司法院公報第二十八卷第八期）。破產法修正草案第二百三十八條規定，限於商業同業公會之會員，始有向當地之直轄市或縣（市）商業會聲請和解之權。

二、須有和解或破產原因

商業會之和解，亦與法院之和解同，在於預防債務人之破產，故須有和解或破產原因時，始得聲請和解（關於和解或破產原因請參照第二篇第一章第一節貳）。

三、須在未有破產聲請前

我國不採和解前置主義，故如已有人為破產之聲請，則預防破產之目的即難以達成。自不必再准為和解之聲請，以免拖延時日。

四、須未向法院聲請和解

商業會和解之目的在於防止債務人破產，法院和解之目的，亦在防止破產，則既已有人向法院聲請和解，自不必再由商業會重複其程序。

五、須向當地商業會聲請

和解之請求須向當地商業會為之。所謂「當地」應指商人為商業行為之中心地而言，並非商人之住所地。商人依法須加入當地商業同業公會（參照商業團體法第十二條，第八條），所謂當地商業會，即其加入之同業公會所組成之商業會（參照同法第五十五條）。特定地區輸出業則應向該特定輸出業同業公會為之（參照同法第四十八條）。債務人如不向當地商業會或特定輸出業同業公會聲請，而向省商業會，全國商業總會或全國輸出業同業公會聯合會聲請時，應不准許。

此外商人聲請商業會和解，必須該商人具備和解能力，並有多數債權人之存在，且聲請時應提出本法第七條所定之各種文件（第四十九條）。

貳、對於和解請求之審查

商業會接到和解之請求後，應即審查其請求是否具備前述要件，提出之文件（財產狀況說明書、債權人債務人清冊，與債權人和解之方案，履

---

❺¹ 同說：上引最高法院七十五年臺上字第二二三號判決。

行其所擬清償辦法之擔保），是否齊備，如有要件不備而不能補正，或雖可補正經限期令為補正而逾期不補正，或債務人（包括準債務人）有本法第十條第二款、第三款所列情形之一者，商業會均應拒絕其請求（第四十九條、第七條、第十條）。

參、和解請求准許時之處理

商業會審查之結果，如認為應准許和解之請求者，應即為下列之行為：

一、債權人之查明

商業會應就債務人簿冊，或以其他方法查明一切債權人，使其參加和解並出席債權人會議（第四十二條）。所謂其他方法，法律並無具體規定，可由商業會斟酌情形辦理，例如公告或登報通告各債權人向商業會申報債權是。但不得以債務人所提出之債權人清冊為唯一依據。

二、債務人財產簿冊之檢查及業務之監督

商業會得委派商業會會員、會計師，或其他專門人員，檢查債務人財產及簿冊，監督債務人業務之管理，並制止債務人有損於債權人利益之行為（第四十三條）。債權人會議，亦得推舉代表一人至三人會同商業會所委派之人，檢查債務人之財產及簿冊（第四十五條）。如發見債務人（或準債務人）有下列情形之一，即(1)隱匿簿冊、文件或財產或虛報債務；(2)拒絕答覆商業會所委派之人或債權人會議所推舉代表之詢問，或為虛偽之陳述；(3)不受商業會所委派之人之制止，為有損於債權人利益之行為時，商業會得終止和解（第四十六條）。是否終止和解，商業會有斟酌之權。惟商業會通常與債務人關係較為密切，債權人未必為商人，如商業會不終止和解，債權人對於商業會和解之信賴度自會發生懷疑，縱將來於債權人會議對和解不予可決，但因時間之拖延，於債權人亦屬不利，況商業會終止和解，法院亦不得依職權宣告債務人破產（比較第二十條規定）。債務人不難乘機脫產，均有待將來修改法律予以防止。

三、從速召集債權人會議

商業會應於接受和解請求後，從速召集債權人會議，其會議期日，自接到和解請求之日起至遲不得逾二個月（第四十四條）。關於債權人會議之召集方法，本法未設規定，但須以有使全體和解債權人知悉會議時間、地點之方法為之。例如個別通知、公告或登報通知之類。

四、備關係文書供關係人抄錄閱覽

債權人會議開會以前，商業會應將有關之文書（關於聲請和解之文件及和解方案、債務人財產狀況說明書及其債權人債務人清冊、關於申報債權之文書及債權表等）原本或繕本，備利害關係人閱覽或抄錄（第四十九條、第二十一條）。

肆、和解開始之效果

債務人請求和解後，其無償行為及有償行為，均應受本法第十五條及第十六條之限制。債權人於和解之請求經准許後 **㉒**，關於對債務人強制執行程序之開始或繼續，亦受本法第十七條之限制，凡此均與法院和解相同。

伍、債權人會議

債權人會議主席應由何人擔任，本法未設規定，惟由立法意旨推之，似應解為由商業會理事長（參照商業團體法第二十條第二項、第六十一條第二項）或商業會所派代表商業會之人擔任 **㉓**。商業會委派之專門人員（第

㉒ 關於商業會准許債務人和解之請求，本法並未設有如第九條之規定，為准駁之裁定。和解程序何時開始即難決定，實為立法疏漏。吾人認為商業會受理和解之請求，經查無第十條所定應駁回之情形，而由商業會理事長或商業會之代表權人批准或指定會員、會計師或其他專門人員檢查債務人之財產及簿冊（第四十三條）或指定債權人會議期日（第四十四條），或開始查明一切債權人使其參加和解，並出席債權人會議（第四十二條）之時，即為准許和解程序開始之時。

四十三條）亦應列席。債權人可委託代理人出席（第四十九條、第二十三條），債務人（或準和解債務人）則應親自出席，並答覆詢問。如經通知後，無正當理由而不出席債權人會議時，主席應解散債權人會議，並向法院報告，由法院宣告債務人破產（第四十九條、第二十四條）。在債權人會議時，商業會所指派專門人員，應依據調查之結果，報告債務人業務財產狀況，並陳述對於和解方案之意見。關於和解條件，應由債務人與債權人雙方自由磋商，而主席應力謀雙方之妥協（第四十九條、第二十五條）。債權人會議為和解之可決時，應有出席債權人過半數之同意，而其所代表之債權額，並應占無擔保總債權額三分之二以上（第四十九條、第二十七條）。茲所謂無擔保總債權額，係指商業會依本法第四十二條規定查明之無擔保或無優先權之總債權額而言。惟對於債權人主張權利或數額有爭議時，主席無裁定之權，爭執之雙方應以訴解決。如爭議之債權或數額足以影響和解可決之決定時，即不宜付諸表決，以免影響和解之效力。

　　債權人會議，除可決和解方案之外，並得推舉代表一人至三人會同商業會所派之人員，檢查債務人之財產及簿冊（第四十五條）。

陸、和解之成立及生效

　　和解經債權人會議否決時，和解程序即因而終結。其和解經債權人會議可決時，應訂立書面契約，並由商業會理事長署名，蓋用商業會之鈐記（第四十七條），即可發生和解之效力❺❹。因商業會於此僅居調解人之地位，自無審查認可之權，法律亦未規定須經法院認可之手續。故只須踐行商業會理事長署名及蓋用鈐記之程序即可。條文規定「應訂立書面契約」，但對於其形式並無特別規定，解釋上只須將和解之條件記載於書面即可，故於債權人會議開會時，由紀錄人員將和解條件記明於紀錄，經債權人與

❺❸　破產法修正草案已予明定，草案第二百四十一條第二項明定：「債權人會議主席由商業會理事長為主席」。

❺❹　參照最高法院四十年臺上字第一五八二號判例。破產法修正草案已有明文規定，請參照本節❹❽。

債務人簽名，即可認已訂書面契約，不必再訂立其他書面契約。蓋非如此解釋，則此項規定在實際上運用將有相當困難，因和解為強制契約，如須另行訂立書面契約，贊成和解之債權人通常固願於會議記錄之外之書面契約上簽名，然不贊成之債權人及於表決時贊成嗣又反悔之債權人，則未必願於書面契約上簽名，其不簽名是否影響和解之效力即不無疑問。因自第四十七條規定觀之，訂立書面契約既為法定方式，而書面契約未由契約當事人簽名即難謂已有效成立，則商業會和解恆難成立；如認債權人不簽名亦可成立，則法條規定應訂立書面契約，將失其意義，又「商業會理事長之署名及蓋用商業會之鈐記」，依最高法院四十年臺上字第一五八二號判例意旨，似認該行為亦屬商業會和解之生效要件，惟商業會係民間團體，本法亦未賦予商業會有認可和解之權；則署名及蓋用鈐印，係僅在賦予商業會和解之認證效力，實不宜解該行為為商業會和解之生效要件，否則商業會因派系或其他原因，遲遲不於和解書上署名蓋章時，將使商業會和解處於效力未定之不安定狀態，均有待來日之修正。再債權人會議得推舉代表一人至三人監督和解條件之執行（第四十八條）。以上諸點均與法院之和解不同。蓋商業會究非法院可比，故債權人會議既可推舉代表，檢查債務人之財產及簿冊，又可監督和解條件之執行也。

至於商業會和解之效力，與法院之和解經法院裁定認可後者相同（第四十九條、第三十六條至第四十條），請參照法院和解效力之說明，不再贅述。

第三節　和解及和解讓步之撤銷

壹、和解之撤銷

和解之撤銷 (Anfechtung des Vergleichs) 係指法院認可或商業會處理之和解，因法定之原因，經債權人之聲請，由法院為和解全部撤銷之謂。蓋依本法所為之和解，與民事訴訟法上之和解或調解不同，無準用民事訴訟法第三百八十條第二項請求繼續審判或同法第四百十六條第二項提起撤

銷之訴之餘地。惟和解究為債權人對於債務人之讓步，且以債權人公平受償及平均分擔損失為原則，如債務人不履行和解條件，或和解內容有偏重一部分債權人利益等情事，自不妨許債權人撤銷和解，另依破產程序清理債務。

一、和解撤銷之原因

撤銷和解之原因有三，分述如次：

㈠和解偏重其他債權人之利益致有損本人之利益者

債權人於債權人會議時不贊同和解之條件；或於決議和解時，未曾出席亦未委託代理人出席，而能證明和解偏重其他債權人之利益，致有損於本人之利益者，得自法院認可和解或商業會理事長簽署和解契約之日起十日內，聲請法院撤銷和解（第五十條）。析言之，其要件有三：

1.人的要件

聲請人須係於債權人會議時，明白表示不贊同和解之條件；或於決議和解時未曾出席，亦未委託代理人出席者。雖未出席而已提出書面表示同意者，依禁反言 (estoppel) 原則，應視同已出席（參照德·和議法第八條第二項第一款）。未申報債權始終亦未參與和解之債權人，因和解之效力對其亦生效力（第三十六條），故亦宜解為有聲請權[55]。

2.事的要件

聲請撤銷之緣由，須因和解偏重其他債權人之利益，致有損於本人（即聲請撤銷和解之債權人）之權利。蓋和解如有此種情事，即違反和解應對和解債權人平等處理之原則 (Gleichbehandlung der Gläubiger)[56]，故定為撤銷之原因。債權人為此項聲請時，須負舉證之責。

3.時的要件

聲請人為撤銷之聲請，應於法院認可和解，或商業會理事長簽署和解

---

[55]　同說：錢國成著第六五頁、李肇偉著第八七頁、陳國樑著新論第七五頁、柴啟宸著第九一頁、耿雲卿著第一六四頁、陳榮宗著第一〇六頁。反對說：劉清波著第一〇一頁。

[56]　參照德·和議法第八條就「債權人平等處理」之原則，設有專條規定，值得參考。

契約之日起，十日（期間之計算參照民法第一百二十條第二項規定）內為之。此十日為法定不變期間。法律所以規定應於短期內聲請者，蓋在使法律關係早日確定，避免時日過久，和解條件均已履行，而突予撤銷，致使法律關係陷於混亂也。

㈡債務人有詐欺之行為及私自允諾之情形

自法院認可和解或商業會理事長簽署和解契約之日起一年內，如債權人證明債務人有虛報債務，隱匿財產，或對債權人中一人或數人允許額外利益之情形者，法院因債權人之聲請，得撤銷和解（第五十一條）。其要件有三：

1.人的要件

聲請人只須債權人即可，且任何和解債權人，均可聲請撤銷和解，不以特定條件之債權人為限，此與㈠之情形不同。

2.事的要件

依本條（第五十一條）得聲請撤銷之原因為債務人（或準和解債務人）有：⑴虛報債務，⑵隱匿財產或⑶對債權人中之一人或數人允許額外利益。蓋有此三項原因之一時，即足證明債務人缺乏誠信，故法院得依債權人之聲請，撤銷和解。

3.時的要件

債權人聲請撤銷和解，應自法院認可和解或商業會理事長簽署和解契約之日起一年內聲請之。此一年之期間與民法所定撤銷權行使之期間（民法第九十條、第九十三條）相同，為除斥期間。

㈢債務人不履行和解條件❺❼

債務人不履行和解條件時，經債權人過半數而其所代表債權額占無擔保總債權額三分之二以上之聲請，法院應撤銷和解（第五十二條第一項）。其要件有三：

---

❺❼ 破產法修正草案對於認可後之和解，債務人不履行和解條件之情形，依草案第五十一條規定，認可之和解得為執行名義；依草案第五十二條規定，法院亦得命清算程序或宣告債務人破產。故本條關於撤銷和解之規定，自無必要。

1.人的要件

聲請撤銷和解之債權人，須其人數超過債權人之半數，而其所代表之債權額占無擔保總債權額三分之二以上時始得為之。所謂債權人，在法院和解係指已申報債權中之無擔保及無優先權之債權人（參照司法院院字第一九九三號解釋）；在商業會之和解，係指商業會已查明之無擔保及無優先權之債權人而言。聲請時須其人數超過半數始可，此與可決和解，以出席會議之債權人人數為準者不同。又所謂無擔保總債權額，在法院和解係指已申報之無擔保及無優先權之債權總額；在商業會之和解，則指商業會已查明之無擔保及無優先權之債權總額。惟其已依和解已受全部清償之債權人，不得算入上述聲請人數之內，已受清償之債權額，亦應由總債權額中扣除（第五十二條第二項、第三項）。

2.事的要件

聲請撤銷之原因，為債務人不履行和解條件。茲所謂不履行，不以債務人完全不履行為限，即對少數債權人已履行和解條件之全部或一部，而對多數債權人完全不履行或僅履行和解條件之一部分者，均屬之。

3.時的要件

債權人遇債務人不履行和解條件時，只須有過半數債權人而其所代表債權占無擔保總債權額達三分之二以上時，隨時得聲請撤銷和解，本法並未設有時間之限制。惟須於法院裁定撤銷和解時，債務人不履行和解條件之狀態仍然存在始可。若債務人於法院為裁定前已履行和解條件時，應認聲請人之聲請為無理由而駁回其聲請。

二、法院之裁判

債務人有上述三項撤銷和解之原因時，債權人得聲請法院撤銷和解。茲所謂法院，在法院和解之場合係指原受理和解之法院。在商業會之和解，應解為商業會所在地之法院❸，俾便於調查。

---

❸　同說：耿雲卿著第一六八頁。商業會之所在如跨連數法院，例如臺北市商業會，跨連臺北地方法院及臺北地方法院士林分院，則決定管轄法院，應以營業所在地為準。蓋

法院接到撤銷和解之聲請後，應即調查其聲請是否合於上述撤銷和解所須具備之要件，而為撤銷和解或駁回聲請之裁定（第五十三條第一項）。關於上述㈠㈡兩種撤銷和解之情形，債權人是否已能舉證證明有法定之情事，法院固可裁量認定，以為准駁之一種依據；至㈢之情形，則祇須債務人不履行和解條件，而聲請之債權人已合於法定人數且所代表債權額亦達法定數額，法院應即撤銷和解，毫無自由裁量之餘地。對於撤銷和解之裁定，無論債務人或其他債權人均不得抗告（第五十三條第二項），藉防拖延程序，此時法院並應依職權宣告債務人破產（第五十四條）。對於駁回聲請之裁定，聲請人得為抗告（第五十三條第三項），以維護債權人之利益。其抗告期間為十日不變期間（第五條，民事訴訟法第四百八十七條第一項）。

三、和解撤銷之效果

和解經法院撤銷者，其效力及於和解債權人全體，而原成立之和解效力，悉歸消滅。因此：

㈠除已依和解條件為清償者外，債權人之債權全部回復未為和解以前之狀態，即債權人因和解而讓步減免之權利，均告回復。惟債權人依和解而受之清償，不因和解之撤銷而受影響。換言之，此種撤銷之效力，不溯及既往❺❾。又和解債權人全體因和解所得之權利（例如人的保證或物的擔保），亦不消滅❻⓿。惟和解程序終結後，債務人對於應受和解效力之債權人所為特別擔保之提供原為無效（第三十九條），轉變破產程序時，應將該擔保送還破產財團。

撤銷和解後，應為破產宣告（第五十四條），而關於破產事務，應由營業所在地法院管轄（第二條）。

❺❾　同說：錢國成著第六八頁、李傳唐著第八四頁、李肇偉著第八九頁、劉清波著第一〇四頁、陳國樑著新論第七八頁、陳榮宗著第一一〇頁、柴啟宸著第九三頁、耿雲卿著第一七〇頁。

❻⓿　同說：李傳唐著第八四頁、石原著第三一七頁、日和議法第六五條、破產法第三三四條、第三三一條第一項。反對說：陳榮宗著第一一〇頁。

㈡法院撤銷和解時，應依職權宣告債務人破產（第五十四條）。蓋和解既被撤銷，在通常情形下，債務人財產仍無法清償其債務，如不以破產程序為之清理其債務，債權人勢必爭請強制執行，債務人亦可乘機隱匿財產，徒增紛擾，故明文規定，法院應依職權宣告債務人破產。此項宣告，應以裁定行之，並得於撤銷和解之裁定內為之。惟法院裁定撤銷和解時，果債務人之財產確實足以清償其全部債務時，債務人之破產原因既已不存在，法院自不得為破產宣告 ❻❶。

㈢法院撤銷經其認可之和解而宣告債務人破產時，以前之和解程序，得作為破產程序之一部（第五十五條）。蓋和解與破產，程序上頗多相似之處，例如債務人提出財產狀況說明書及債權人債務人清冊，以及債權人之申報債權等，皆可作為破產程序之一部，以免徒費手續也。但商業會之和解經撤銷後，其和解程序，則不能作為破產程序之一部，蓋商業會非國家權力機關，在商業會成立之和解，原為裁判外之和解，故在破產程序上難認其有效力也。

㈣無論為法院之和解或商業會之和解，其和解經撤銷而轉為破產程序後，和解債權之未受償部分，與和解聲請許可後成立之普通債權，同為破產債權而受分配，關於和解債權未受償部分之分配辦法，則依第四十條之規定 ❻❷。

---

❻❶　參照最高法院四十九年度臺抗字第一七一號裁定：「按破產將債務人不能清償債務者宣告之。又法院撤銷和解時，應以職權宣告債務人破產，破產法第五十七條第五十四條定有明文。本件兩造民國四十七年十月十八日所為之和解經第一審法院於同年十一月二十四日裁定認可，嗣復據再抗告人等之聲請予以撤銷，如依破產法第五十四條即應宣告相對人破產，但事隔年餘，相對人謂彼已有清償債務能力，所稱果屬實在，則依破產法第五十七條又不應為破產之宣告，在此矛盾情況下，原審以房屋土地高漲為顯著之事實，相對人如果資產額超出負債額甚高，不應遽予宣告破產，因而將關於宣告破產部分命原第一審法院更為調查裁定，於法尚難謂為不當」。

❻❷　關於依第四十條規定之分配方法，請參照本章第一節第八款第四之說明。

貳、和解讓步之撤銷[63]

和解讓步之撤銷者，係指因債務人不依和解條件為清償，而其未受清償之債權人，個別自以意思表示撤銷其和解所定之讓步之謂（第五十六條第一項），故與前述和解之撤銷不同。詳言之：

1.就原因言：和解之撤銷原因有三（詳壹、一、和解撤銷之原因），而和解讓步之撤銷之原因，則僅有不依和解條件為清償一種。

2.就撤銷權之行使言，在和解之撤銷，如係因債務人不履行和解條件而撤銷者，須有過半數之債權人而其所代表之債權占無擔保總債權額三分之二以上債權人之聲請。而在和解讓步之撤銷，則僅為未依和解條件受償之債權人，且僅一人表示即可。

3.就其程序言：和解之撤銷，須經債權人之聲請，由法院以裁定為之。和解讓步之撤銷，則由債權人以意思表示對債務人為之即可，不必經法院之裁定。

4.就其內容言：和解之撤銷，其效力及於和解契約之全部，和解讓步之撤銷，僅為其在和解所定之讓步部分。

5.就其效力言：和解之撤銷及於全體債權人，和解讓步之撤銷，則僅及於為撤銷之債權人本人。

一、和解讓步撤銷之要件

1.事的要件

和解讓步之撤銷，以債務人不依和解條件清償為原因。所謂不依和解條件清償，包括全部不為清償及一部不為清償在內。

2.人的要件

得為撤銷和解讓步之人，限於未依和解條件受清償之債權人始得為之。惟債權人之未受清償係因債權人之受領遲延所致者，則受領遲延之債權人，不得撤銷和解之讓步，蓋係不可歸責於債務人自己之事由也。

---

[63] 破產法修正草案已將和解讓步撤銷制度刪除（參照彙編㈨下冊第二二〇三頁該條說明）。

3.時的要件

債權人之撤銷和解讓步，在債務人不依和解條件履行之原因在存續中，即得隨時為之，並無時間之限制。惟在債權人為撤銷和解讓步之意思表示前，已依和解條件履行者，債權人之撤銷權即歸消滅。

二、撤銷和解讓步之方法

和解讓步之撤銷，由未受清償之債權人，以意思表示向債務人為之即可。其撤銷得就和解中之全部讓步為之，亦得僅就其中之一部讓步撤銷之。惟和解之讓步，如單屬期限利益之讓步，換言之，僅將原已全部到期之債務，和解為緩期清償或分期清償，則債權人撤銷該讓步後，因本法第五十六條第二項規定之結果，並不使債權發生即時全部到期之效果，則此種和解讓步之撤銷即屬毫無意義。又兩造如就撤銷之效力發生爭執，則應另以訴訟解決之。

三、撤銷和解讓步之效果

1.和解讓步之撤銷，僅對該債權人發生效力。但於一部撤銷時，僅以其所撤銷之部分為限發生效力，不影響於未受撤銷部分之效力。

2.和解讓步經撤銷後，所有該債權人因讓步而消滅之權利，於撤銷範圍內回復。惟此項因和解讓步撤銷而回復之債權額，非於債務人對於其他債權人完全履行條件後，不得行使其權利（第五十六條第二項），以期公平。又該和解債權人因和解所得之人的或物的擔保，亦不受影響。

第三章　破　產

第一節　破產之宣告及其效果

第一款　破產之宣告

破產之宣告應由法院為之。其宣告可分為二種，一為由法院依職權宣告債務人破產（謂之職權宣告主義）；一為法院依聲請所為之宣告（謂之聲請宣告主義）。本法從多數立法例，以聲請宣告主義為原則，職權宣告主義為補充。

壹、職權宣告破產

法院依職權宣告破產之情形，有六：

1.在法院之和解，債務人（包括準和解債務人）有隱匿簿冊、文件或財產、或虛報債務、或拒絕答覆監督人或監督輔助人之詢問，或為虛偽之陳述，或不受監督人或監督輔助人之制止，於業務之管理，為有害債權人利益之行為等情事，經監督人報告法院，法院傳喚債務人（或準和解債務人），乃無正當理由而不到場，或關於其行為，不能說明其理由時，法院應宣告債務人破產（第二十條）。

2.在法院或商業會之和解，債務人（或準和解債務人）經通知後，無正當理由而不出席債權人會議時，主席應解散債權人會議，並向法院報告，由法院宣告債務人破產（第二十四條第二項、第四十九條）。

3.在法院之和解，法院駁回和解之聲請，或不認可和解時，應依職權

宣告債務人破產（第三十五條）。惟於法院駁回和解之聲請時，尚須債務人具備宣告破產之要件（有破產原因）時，法院始得依職權宣告債務人破產（參照第五十七條）。至和解經債權人會議否決時，主席固應即宣告和解程序終結，並報告法院（第二十八條）。但因係基於債權人之事由，故法院接到報告後，非經當事人聲請，即無庸依職權為破產之宣告❶。

4.法院撤銷和解時，應依職權宣告債務人破產（第五十四條）。不問所撤銷之和解為法院和解抑為商業會和解，只須其和解經法院裁定撤銷，而破產原因仍然存在時，應即由法院依職權宣告債務人破產❷。

5.在民事訴訟程序或民事執行程序進行中，法院查悉債務人不能清償債務時，得依職權宣告債務人破產（第六十條）。法院是否為破產之宣告有斟酌之權。

6.股份有限公司清算之實行發生顯著障礙時，法院依公司法第三百三十五條第一項規定命令開始特別清算後，而協定不可能或協定實行上不可能時，法院應依職權宣告公司破產（公司法第三百五十五條）。

法院依職權宣告債務人破產，應以裁定行之。在上述 3. 4.所列情形，分別合併於駁回和解聲請，不認可和解或撤銷和解之裁定內宣告，亦無不可。對於宣告破產之裁定，得於宣告破產之裁定公告後，十日之不變期間內，提起抗告（第五條，民事訴訟法第四百八十二條、第四百八十七條第一項）。

貳、法院依聲請宣告破產

法院依聲請宣告破產，其程序如次：

---

❶ 參照司法院二十六年院字第一六七三號解釋：「破產法關於駁回和解之聲請，或不認可和解，均係基於可歸責債務人之事由，故應由法院以職權宣告債務人破產，若和解經債權人會議否決，則係基於債權人之事由，故法院接到報告後，非經當事人聲請，即無庸依職權為破產之宣告」。

❷ 參照第二篇第二章第三節壹、三，最高法院四十九年臺抗字第一七一號裁定。

一、聲請破產之要件

㈠須有破產原因（實質要件之一）

聲請宣告破產，須債務人有破產原因存在始可。所謂破產原因，係指支付不能、停止支付及債務超過等情形，其詳已如前述（請參照第二篇第一章第一節貳）。所須注意者，破產原因是否存在，應以裁定時之情況為準。如對宣告破產或駁回破產聲請之裁定抗告時，應以抗告審裁定時之情況為準❸。

㈡須有破產能力（實質要件之二）

債務人須有破產能力。破產能力者，即為破產人之資格，換言之，即破產當事人能力。凡有權利能力者，有破產能力，其詳已於第二篇第一章第一節參述及。茲應注意者，本法雖不認遺產有和解能力，准許遺產為破產之宣告 (Nachlasskonkurs)，即遺產有破產能力（第五十九條第一項），而得為破產人。

㈢破產宣告之聲請（形式要件）

1.聲請權人

破產之宣告，除法律另有規定，應由法院依職權宣告破產者外，須基於債權人或債務人之聲請為之（第五十八條第一項）。此點與和解之僅得由債務人聲請者不同。蓋破產制度之主要目的，原在予債權人以公平之保護，倘不予債權人以聲請之權，有失破產制度之本旨，況破產非如和解之必須擬具和解方案，故由債權人聲請，亦無任何之不便。

(1)債權人

破產之宣告，通常以由債權人聲請者居多。凡其債權可作破產債權之

---

❸　參照日本大審院大正十五年五月一日判例，民集五卷民事第三六二頁：「債務人是否有支付不能之狀態存在，以法院審查破產事件之時期為標準。故如第一審法院雖認有不能支付之事實而為破產宣告，在抗告法院為判斷有無支付不能之事實時，仍以抗告法院為裁判時為準。從而本件雖於第一審法院破產宣告後，對於其後債務人資產有增加之事實，抗告法院仍得採為判斷之資料」。

債權人皆得為破產宣告之聲請。故不問其債權有無優先權，亦不問其債權是否附有條件或期限；對於遺產，繼承債權人（即被繼承人之債權人）及受遺贈人均為債權人，而得為破產宣告之聲請。又債權人聲請宣告破產，不以執有確定判決或執行名義為必要，祇須釋明其債權之存在及破產之原因事實為已足。惟自稱債權人（事實上亦無債權存在）聲請宣告破產致債務人受損害時，則應負侵權行為之責任。債權之存在為聲請之債權人應具備之條件，須於法院為宣告破產時存在。如已宣告破產，其破產宣告之效力即為全體債權人而存在，對全體債權人發生破產開始之效力，嗣聲請人之債權雖歸於消滅，抗告審亦不得以其債權嗣後業已消滅為由，而將原宣告破產之裁定廢棄。又債權人之聲請宣告破產，並非裁判上直接主張自己之權利，故其債權之消滅時效，仍須於破產宣告後，申報其債權時，始生中斷時效之效力（民法第一百三十四條）。

⑵**債務人**

　　債務人於有破產原因時，自請法院宣告破產，其聲請稱為「自己破產」，蓋以有無破產原因，債務人知之最稔。且因本法採免責主義，債務人聲請自己破產後，可迅速回復其社會地位。

⑶**法人或非法人團體之代表人或管理人**

　　公司或其他法人或非法人之團體，因債務超過而應宣告破產時，其董事或執行業務股東，或代表人管理人亦有聲請破產宣告之權。且如係法人之董事或執行業務股東，更負有向法院聲請破產宣告之義務（民法第三十五條第二項，公司法第八十九條第一項、第一百零八條第四項、第一百十三條、第一百十五條、第二百十一條第二項、第三百三十四條等）。又遺產之破產宣告，除債權人或受遺贈人外，繼承人、遺產管理人及遺囑執行人，亦得聲請宣告破產（第五十九條第二項）。此等聲請人個人並非債務人，唯因法律之特別規定，此種非自然人之債務人有破產原因時，則應代為聲請破產，因其處於代替債務人之地位，故學者亦稱之為「準債務人」，或「準破產人」。

　　聲請人不問為債權人抑債務人，如為自然人應有完全行為能力，其聲

請始為有效。若為無行為能力或限制行為能力人，則應由其法定代理人代理之。但未成年人依法得為法律行為者，不在此限（例如民法第八十五條）。如為法人或設有代表人或管理人之非法人團體，則應由其代表人或管理人為之。聲請人得委任代理人代為聲請，惟須提出委任書於法院，其以言詞委任書，應由書記官載明於筆錄（第五條，民事訴訟法第四十五條至第四十七條、第五十二條、第六十九條）。

2.聲請之時期

本法雖將破產程序與和解程序併定於同一法典之中，然因未採和解前置主義，故縱在和解程序中，債權人或債務人亦得為破產宣告之聲請，但法院認為有和解之可能者，得駁回之（第五十八條）。有無和解之可能，應由法院就具體事件之內容，斟酌一切情狀決定之❹。

---

❹ 參照最高法院四十三年度臺抗字第一四一號裁定：「本件債權人王〇〇以再抗告人陳〇〇經營××營造廠，經濟週轉不靈，自四十二年一月起至五月止先後向其借款八次，同年十月一日無力償還，又另換借據八張，限同月三十日清償，屆期不能清償。本年元月二十八日忽稱營業失敗，負債甚多，先後召開債權人會議多次，均因債務人無清償誠意而毫無結果。據報債務人負債新臺幣六十八萬餘元，現有財產價值十二萬餘元，且其住宅已抵押他人，其所值無幾，現已不能清償債務，因聲請債務人破產。原裁定法院以債務人停止支付者，推定其為不能清償，為破產法第一條第二項所明定，是債務人給付遲延，除有他事實證據足以證明確有清償債務之能力外，尚非不可宣告破產，第一審法院以裁定駁回債權人王〇〇之聲請，無非根據債務人之陳述謂：其實欠本金不過三十餘萬元，其餘均係利滾利造成之數，且債務人已獲准建築業執照，並已承包二項工程，祗須工作順利進行完成，即可清償債務，而債權人不過二十五人，除王〇〇外，其餘均不願宣告債務人破產，因而認定債務僅係清償遲延，和解顯有可能，為駁回王〇〇聲請之論據，本案既非在和解進行中，依破產法第五十八條之規定亦無從因有和解之可能而駁回王〇〇之聲請，第一審法院並未就債務人是否已有不能清償其債務之情形，依職權調查，遽依該項論據以裁定駁回聲請人破產之聲請，有欠允洽，因將其裁定廢棄，於法洵無違背，再抗告意旨，仍以債權人王〇〇利滾利，現尚在訴訟進行中，債權尚未確定，曾召開債權人會議，和解程序始終在進行，且其他債權人因債務尚有受償之希望，均不願宣告債務人破產云云，請求廢棄原裁定，殊難認為有理由」。

3.聲請之程序

(1)由債權人聲請宣告破產時

債權人聲請宣告破產時，應提出聲請書，並於聲請書敘明其債權之性質、數額，及債務人不能清償其債務之事實（第六十一條）。所謂債權之性質，因其發生之原因事實而異。例如為貨款債權，或票據債權是。所謂債權數額，如為金錢債權，即其金額；如為非以給付金錢為標的之債權，則為其價額。至所謂不能清償債務之事實，即破產原因之事實，包括停止支付或債務超過而言。關於債權人債權之存在及破產原因，在外國法例，只須由債權人「釋明」即可（參照德‧破產法第一百零五條第一項、日‧破產法第一百三十二條第二項），本法對此未設特別規定，自應解為債權人負有「證明」之責（第五條，民事訴訟法第二百七十七條）。惟破產原因之證明，有時相當困難，似宜仿外國法例改用釋明，以減輕債權人舉證之責。又債權人為破產宣告之聲請時應依非訟事件法規定，繳納聲請費用（非訟事件法第十三條）。

(2)債務人或準債務人聲請宣告破產時

債務人聲請宣告破產時，除應提出聲請書外，並應附具財產狀況說明書及債權人債務人清冊（第六十二條）。關於財產狀況說明書，及債權人債務人清冊所應記載之事項，與前述聲請破產和解時應提出之財產狀況說明書、債權人債務人清冊相同。債務人親自聲請宣告破產時，關於債務之存在及破產原因事實，無庸證明，蓋其對自己之財產狀況最為清楚❺。至準債務人聲請破產時，因其處於代替債務人之地位，宜解為應照債務人聲請破產之程序辦理，且應對破產原因加以證明❻。

4.管轄法院

破產事件專屬於破產人住所地之地方法院管轄。破產人有營業所者，專屬於其主營業所所在地之地方法院管轄，主營業所在外國者，專屬其在中國之主營業所所在地之地方法院管轄。不能依此規定定管轄法院者，由

---

❺ 參照加藤著第二七三頁。

❻ 參照加藤著第二七三頁，山木戶第五三頁。

破產人主要財產所在地之地方法院管轄（第二條）。其詳已在前論及（請參照第二篇第一章第二節），不再贅論。

二、破產聲請之撤回

破產宣告之聲請，在法院未為破產宣告以前，聲請人得隨時撤回之。其由準債務人聲請者，亦得為之。聲請人撤回時，無庸相對人之同意。但如經法院宣告破產，不問已否確定，即為全體破產債權人之利益發生開始破產之效力，故不許撤回 ❼。破產聲請經撤回者，視同未聲請，原聲請人仍得隨時再為同一之聲請（第五條，民事訴訟法第二百六十三條第一項）。

三、破產聲請事件之審判

㈠聲請之審查及裁判

法院對於破產宣告之聲請，應自收到聲請之日起七日內，以裁定宣告破產或駁回破產之聲請。在裁定前，法院得依職權為必要之調查，並得訊問債務人（或準債務人）、債權人、及其他關係人（如保證人或共同債務人等），如七日之期間屆滿，調查不能完竣時，得為七日以內之展期（第六十三條）。蓋債權人聲請書所敘事實，及債務人（或準債務人）提出之文件未必可以盡信，自應由法院為廣泛之調查，並為任意之言詞辯論，藉明真相。所定七日期間，為訓示期間，法院逾此期間所為裁定，仍屬有效。

法院之調查可分為二個階段：

1.聲請是否合法之調查

法院收到破產人聲請後，首應調查其聲請是否合法，即應審查下列諸項：

⑴破產之聲請是否合於法定程式。

⑵破產聲請人之聲請權、當事人能力、行為能力、以及法定代理或意定代理權有無欠缺，破產之聲請係由債權人聲請時，如債務人否認其為債權人時，破產法院對於聲請人債權存在，仍應作形式上之審查與判斷，不

---

❼　參照日本大審院昭和六年七月三十一日判例、評論二〇卷諸法六八七頁、民集一〇卷六一九頁、中田著第六〇頁。

得以聲請人之債權尚有爭執，而駁回破產之聲請。惟破產法院就此債權存在與否之判斷，不生實質上之效力，仍得在訴訟上請求確認之。

(3)法院有無管轄權。

(4)債務人有無破產能力。

審查結果，法院如認為無管轄權而可以移送者，應以裁定移送於有管轄權之法院（第五條，民事訴訟法第二十八條），如有其他不合法之情事而可補正者，例如代理權有欠缺之情形，法院應裁定限期命補正。惟如為無管轄權而不能移送，或其不合法之情形不能補正，或已限期命補正而逾期不補正者，均應以其聲請為不合法而予駁回❽。

2.聲請有無理由之調查

法院就形式要件調查結果，認其聲請為合法時，應進而審查其聲請有無理由，即有無破產原因，以決定應否宣告破產。審查結果如認其聲請為有理由，即以裁定宣告債務人破產，如認為無理由，則以裁定駁回聲請人之聲請。

法院對於和解聲請之許可或駁回之裁定，當事人均不得抗告，第九條第二項定有明文，至於准駁破產聲請之裁定，是否得以抗告，則未有規定。依本法第五條準用民事訴訟法第四百八十二條規定：對於駁回破產聲請之裁定，唯聲請人得以抗告。對於因債權人之聲請所為破產宣告之裁定，債務人得為抗告。至債務人聲請所為之破產宣告裁定，債權人得否抗告，則有爭執。學者有解為債權人得抗告者❾，但實務上則採否定說❿。按破產宣告之裁定，依德國破產法第一百零九條之規定，限破產人始得抗告。日

---

❽　在債務人聲請破產宣告之場合，如因法院命補正而債務人不補正，即裁定駁回其破產宣告之聲請，則債務人盡可利用此種情形拖延破產之宣告作脫產等不法行為，自屬不當。將來在修正破產法時，似宜修正為法院應即為必要之保全處分，並宣告債務人破產。

❾　參照李傳唐著第一○一頁、李肇偉著第九八頁。

❿　參照司法院二十二年院字第九五八號解釋㈡：「破產宣告係基於債務人之聲請者，如債權人查有詐欺破產情事，雖不能對於破產宣告聲明抗告，但得依其他訴訟程序，另求救濟」。最高法院六十八年臺抗字第四四九號裁定附錄三⑤。

本破產法第一百十二條則規定：「對於有關破產程序之裁判，除本編別有規定外，就該裁判有利害關係之人，得為即時抗告。其期間在裁判有公告之場合，自公告之日起算二個星期」。兩國法例差別甚大。吾人認為破產之宣告係為全體債權人之利益而為，債權人對其自己有利之裁定，自不得表示不服而提起抗告。論者或謂債務人為破產之聲請，可能有隱匿財產或虛報債務情事，本法又採免責主義，若債務人聲請破產確有詐欺情事，法院未經詳查率而宣告，債權人不得抗告，實有不當云云。惟查本法第一百四十九條免責規定，以債務人未犯詐欺破產罪而受刑之宣告為前提，債務人果有隱匿財產或虛報債務之詐欺破產情事，債務人不但未能免責，且須負刑責，於債權人並無不利益，如債權人不能證明債務人有詐欺破產情事，縱使債權人得對破產宣告之裁定提起抗告，實際上因無法證明債務人有隱匿財產詐欺破產情事亦無從獲得救濟，只徒延滯破產程序而已，故實務上解為債權人不得抗告尚可贊同 ❶。至債權人以外之利害關係人，論者有謂為防債務人與債權人通謀聲請詐害第三人 ，認有使利害關係人得提起抗告者 ❷。惟該第三人如非債權人或債務人，對破產宣告之裁定，似無直接利害關係，自無准其抗告之理，至如因通謀詐欺破產之結果，第三人受有損害，則係依其他途徑（例如民法第二百四十四條）請求救濟問題，似不宜混為一談。

　　抗告期間為十日之不變期間（第五條，民事訴訟法第四百八十七條第一項）。其起算日，對於破產宣告之裁定，應自裁定公告之翌日起算。因此種破產宣告之裁定，只公告而無須送達（參照司法院二十二年院字第九五八號）。對於駁回聲請之裁定，因應對聲請人為送達，故應自裁定送達之翌日起算。

---

❶　破產法修正草案第七十三條第一項：「法院對於破產之聲請，應以裁定宣告破產或駁回破產之聲請」。第四項：「第一項裁定，得為抗告。但宣告破產之裁定，債權人不得抗告，抗告法院之裁定不得再抗告」。其理由謂：「破產宣告之目的在於依破產程序清理債務，使多數債權人公平受償，對於債權人並無不利，為免破產程序因先後抗告而拖延，債權人對於破產宣告之裁定，以不得抗告為宜，爰設但書規定」，亦係採否定說。

❷　參照陳國樑著新論第一○六頁。

對於破產宣告裁定之抗告，僅有阻卻裁定確定之效力，並不能停止執行（第五條，民事訴訟法第四百九十一條第一項），故破產程序仍應照常進行。基於破產事件於破產宣告時即生效力，破產人應即將與財產有關之一切簿冊、文件、及其所管有之一切財產，移交破產管理人（破產法第八十八條），故解釋上，民事訴訟法第四百九十一條第二項，關於原法院或審判長或抗告法院得在抗告事件裁定前，停止原裁定之執行，或為其他必要處分之規定，於破產程序應不準用❸。至地方法院為駁回破產宣告之聲請者，抗告法院如認聲請人之抗告為有理由，且債務人合於破產宣告之要件，抗告法院自得依破產法第五十五條準用民事訴訟法第四百九十二條規定，廢棄原裁定，自為裁定；於必要時，亦得命原法院更為裁定。其因自為裁定宣告債務人破產者，關於其他破產程序之進行，例如公告、選任破產管理人，決定第一次債權人會議，破產之登記、帳簿記載之保全等，仍應由專屬管轄之地方法院為之❹。至第一審法院宣告破產之裁定，經債務上提起抗告，抗告法院認為抗告有理由者，抗告法院自應廢棄原裁定自為裁定（準用民事訴訟法第四百九十二條前段），縱有調查之必要，在解釋上應解為不宜發回命原法院更為裁定。否則原破產宣告裁定，因抗告法院之廢棄裁定確定而失效，更審後如仍應有破產原因，更為破產宣告時，該宣告為另一新破產宣告，於破產人及債權人利害關係至鉅，宜認性質上不宜準用民事訴訟法第四百九十二條後段規定。惟實務上則採肯定見解，故滋生許多實務上之困擾（參照本書後面之討論）。

㈡破產宣告前之保全處分

有破產聲請時，雖在破產宣告前，法院得依債權人之聲請或依職權拘提或管收債務人，或命為必要之保全處分（第七十二條）。茲所謂法院，通常係指破產事件之受理法院而言。如事件因抗告而繫屬於抗告法院時，雖有原審說與抗告審說，但以雙方說為通說，宜解為原法院或抗告法院均得為之❺。關於債務人之拘提或管收，請詳後述（參照本節第二款壹、一、

---

❸ 參照日本大審院昭和八年七月廿四日民集十二卷二二六四頁。

❹ 參照日本大正十三年一月三十一日民事第八三五號民事局長回答。石原著第三三七頁。

㈢㈣)。至於必要之保全處分，例如命禁止清償、禁止舉債；管理命令、監督命令，有關業務之保全處分，股東名義變更禁止之保全處分等是。又對於將來構成破產財團之債務人財產，亦得為假扣押、假處分或為其他必要之處分，以防債務人隱匿或毀損財產。但此項保全處分與民事訴訟法所定保全程序不同。該保全處分係為全體債權人而為。故其聲請之債權人，不以聲請破產宣告之債權人為限，其他破產債權人亦得為之。債權人為此聲請後，於法院為保全處分前，得撤回其聲請。但經法院為保全處分之裁定後，該保全處分即為全體債權人而存在，應解為不得撤回[16]。學者雖有主張債權人為此保全處分之聲請時，不必提供擔保者[17]，但為防債權人濫用此項聲請權，應解為法院認為必要時，亦得命聲請人供擔保[18]。

四、破產之宣告

㈠破產宣告之裁定

宣告破產之裁定，應作成裁定書，除於主文諭示對於債務人宣告破產之意旨並附以理由外，本法未如德日破產法規定「破產裁定書應記載破產宣告之年月日時」（德·破產法第一百零八條第一項，日·破產法第一百四十一條）。解釋上，經宣示之裁定，以宣示之年月日時為開始宣告破產之時，其不經宣示者，應以何時為破產宣告之時，學說上有不同之見解。有採評決之時說者，以破產事件評決成立之時，為破產宣告之時[19]。有採法官簽名之時說者，以法官就破產事件，依法作成裁定書，並於裁定書上簽名（民事訴訟法第二百三十九條、第二百二十七條）之時，為破產宣告之時[20]。有採以破產宣告裁定書原本交付書記官之時（民事訴訟法第二百三

---

[15]　參照鈴木等編講座 B 第二十九頁。

[16]　鈴木等編講座 B 第三〇頁。

[17]　參照大野著第一三六頁。

[18]　參照山木戶著第六〇頁。

[19]　參照日本大審院昭和六年十月十六日判決，評論二〇卷民訴五九二頁。

[20]　參照加藤著第二八二頁。兼子著第一九三頁。

十九條、第二百二十八條第二項）者❷。有採交付送達機關說者，謂以裁定正本交付送達機關之時，為破產宣告之時❷。亦有採送達時說者，謂應於破產宣告之裁定完成送達行為時，為破產宣告之時❷。破產法對此未設特別規定，吾人認為參照本法第六十五條第一項第一款之規定，似宜解為於法官制作破產裁定完成時，為其破產宣告之時，如裁定未記明裁定制作之時間，應以法官作成該裁定書之年月日中午為開始宣告破產之時❷。蓋此項裁定，均須公告但不以送達為必要，其未經宣示之破產宣告裁定，自不能解為一如一般裁定之自裁定送達時發生效力也。又後述之與破產宣告同時應決定之事項，法院如認為相宜，自亦可於破產裁定內一併定之。

㈡與破產宣告同時應決定之事項

法院為破產宣告時，應選任破產管理人，並決定下列事項（第六十四條）：

1.申報債權之期間，但其期間須在破產宣告之日起，十五日以上，三個月以下。

2.第一次債權會議期日。但其期日須在破產宣告之日起，一個月以內。破產程序非如和解程序，債權人會議期日，應定於破產宣告日起一個月以內，在申報債權期間屆滿前，即行召集債權人會議，與和解程序之債權人會議應在申報債權期間屆滿後七日以外一個月以內者（第十二條第二項）不同。此蓋兩程序中債權人會議之目的不同。在和解程序，召集債權人會議之目的，在於使債權人團體與債務人訂立和解契約，故應儘量使債權人有參加債權人會議之機會；而在破產程序之債權人會議，則僅以選任監查人，決定破產財團之管理方法，決定破產人營業之繼續或停止為其任務（第一百二十條），且債權人未於規定期限申報債權者，即不得就破產財團受清

---

❷ 參照日本大審院昭和十一年四月十七日決定，民集一五卷九八五頁。

❷ 參照兼子著（弘文）第一七五頁。

❷ 參照石原著第二五頁。石川著第五八頁。

❷ 參照德・破產法第一百零八條第二項，錢國成著第八三頁，陳國樑著新論第九九頁，鈴木等編（講座 B）第七〇頁。依破產法修正草案第七十四條規定：「宣告破產之裁定，應記載裁定之年、月、日、時，並即時發生效力」。係採裁定作成時說。

償，為保護債權人之權益起見，申報破產債權之期間，自不宜太短，而第一次債權人會議又不容遲遲不開，以免妨礙破產程序之進行，故本法有上述之規定。茲所謂破產宣告之日，即為裁定宣告破產之日，在經宣示之裁定，即宣示之日，在不宣示之裁定，則為法官作成裁定之日。又上述期間之期日經決定後，如有重大事由，在第六十四條所定範圍內，得伸長或縮短其期間或變更其期日；又如有必要，其期日並得延展之（第五條，民事訴訟法第一百六十三條、第一百五十九條）。

㈢破產裁定之公告及送達

　1.法院為破產宣告時，應公告下列事項（第六十五條）：

⑴破產裁定之主文，及其宣告之年月日。

⑵破產管理人之姓名、住址及處理破產事務之地址。

⑶申報債權之期日及第一次債權人會議期日。

⑷破產人之債務人及屬於破產財團之財產持有人，對於破產人不得為清償或交付其財產，並應即交還或通知破產管理人❷❺。

⑸破產人之債權人應於規定期限內，向破產管理人申報其債權，其不依限申報者，不得就破產財團受清償。

　破產宣告之公告應黏貼於法院之牌示處，並登載於公報及新聞紙，如該管區域內無公報或新聞紙者，應併黏貼於商業會或其他相當之處所（第六十五條第三項、第十三條）。公告之效力，自揭示之日起，即行發生。

　2.法院為破產宣告時，除應行公告外，對於已知之債權人、債務人及財產持有人應以通知書載明公告事項送達之（第六十五條第二項）。茲所謂債權人債務人係指破產人之債權人及債務人而言。財產持有人包括有別除權存在財產之財產持有人在內（參照最高法院十九年上字第二八一號判例，編按：本則判例無裁判全文可資參考，依據一〇八年七月四日施行之法院組織法第五十七條之一第一項規定，應停止適用）。

---

❷❺　本款即學者所謂「保全命令」。包括禁止對破產人為清償或交付財產之消極命令，及命將財產交還或通知破產管理人之積極命令。破產人之債務人違反消極命令所為行為，對債權人不生效力，其因違反積極命令者，則應賠償破產財團因此而受之損害。

3.法院所定申報債權期間及債權人會議期日，經依法變更者，應更行公告、登報及送達通知書。

㈣破產之登記及通知

法院為破產宣告時，就破產人或破產財團有關之登記，應即通知該登記所，囑託為破產之登記（第六十六條）。所謂就破產人有關之登記，例如破產人為法人時，應囑託該管機關為法人破產之登記[26]。破產人有辦商業登記者，亦應通知主管官署為破產之登記。所謂破產財團有關之登記，例如屬破產財團之不動產、船舶、汽車、礦權、著作權、專利權、商標專用權等之登記是。此項破產登記，在於防止破產人任意處分應屬破產財團之財產，故如應屬破產財團之財產，在破產宣告後，未及辦理破產登記前，破產人將之移轉第三人，依第七十五條規定，破產人既已喪失對破產財團財產之處分權，其移轉即屬無權處分而不生效力（民法第一百十八條第一項），自不得對抗破產債權人（參照日本破產法第五十三條）。如已為移轉登記，破產管理人亦得訴請塗銷登記。惟第三人在破產人應行登記之財產上所有之權利，就其權利之處分行為，應不受此破產登記之影響[27]。

參、債務人毫無財產時之處理

破產固係對於債務人不能清償債務（或債務超過）者宣告之。惟如經法院依職權查明債務人確係毫無財產，則破產財團即不能構成，或以破產財團尚不足清償破產程序之費用，無從依破產程序清理其債務之場合，外國法例有規定除宣告破產外，並應同時為破產廢止之裁定（日·破產法第

---

[26] 參照司法行政部 53.3.14 臺五十三令民字第一二七七號令（附錄四②）。

[27] 參照司法行政部 53.12.10 臺五十三函民字第六八〇二號函：「查破產法第六十六條所定法院為破產宣告時，就破產財團有關之登記，應即通知該登記所囑託為破產登記，係為防止破產人處分應屬於破產財團之財產而設。至抵押權人將其就破產人所有不動產設定之抵押權移轉於第三人，係其自己之處分行為，而非破產之處分行為，核與上述目的無礙，除其抵押權有同法第七十八條及第七十九條第一款之規定情形外，其申請辦理抵押權移轉登記，似非不得准許」。

一百四十五條第一項）。本法對此未設任何之規定，但參照第一百四十八條規定之趣旨，此時法院應依同法第六十三條以裁定駁回其聲請❷。對此裁定，聲請人得提起抗告。

肆、破產裁定之廢棄

第一審宣告債務人破產之裁定，經抗告法院廢棄，不問係廢棄發回原第一審法院更為裁定❷，或廢棄原裁定並自為駁回破產之聲請之裁定，如該廢棄破產宣告之裁定業已確定時，破產法院應將其主文公告，對於已知之債權人、債務人及財產持有人亦應以通知書載明破產宣告之裁定業已廢棄之旨送達之❸。且就破產人或破產財團有關之登記，應即通知該管登記

---

❷ 參照司法院二十五年院字第一五〇五號解釋㈡。最高法院四十九年臺抗字第九六號裁定：「按破產固係對於債務人不能清償債務者宣告之。但法院就破產之聲請以職權為必要之調查，確係毫無財產，則破產財團即不能構成，無從依破產程序清理其債務，參照破產法第一百四十八條之趣旨，自應依同法第六十三條以裁定駁回其聲請，業經司法院院字第一五〇五號解釋有案。本件債權人陳德深係以再抗告人欠其與其他債權人陳華洲等債務二十餘萬元，經強制執行，除拍賣查封物抵償一成外，其餘發給債權憑證在案，認再抗告人已屬不能清償債務，為聲請宣告再抗告人破產之論據。臺灣臺北地方法院以再抗告人所有財產已經查封拍賣執行完畢，其餘未足清償之額，因無其他財產可供執行，並經執行法院發給權利憑證，爰以裁定駁回其聲請，依照上開解釋殊無不合。乃原法院忽於注意及此，遽以破產並不以債務人是否有財產可破為要件，如債權人經敘明債權之性質與數額及債務人不能清償其債務之事實，而聲請宣告債務人破產，尚非法所不許，因基於陳德深之抗告，將原駁回其聲請之裁定廢棄發回更為裁定，顯難謂合，本件再抗告非無理由」。破產法修正草案第七十五條第一項規定：「債務人之財產不敷清償破產程序之費用時，法院應為破產之宣告，並同時以裁定宣告破產中止」。係採破產中止說，而非駁回破產之聲請說。

❷ 縱將來第一審法院之更審裁定仍為破產宣告，此破產宣告為另一次之破產宣告，並非第一次破產宣告之繼續。（此為依實務上見解之結果）

❸ 日本民事訴訟法第二百十五條規定，此時應停止訴訟程序，由破產人承受訴訟。破產法及民事訴訟法均未設有明文規定，解釋上亦同。

機關囑託為塗銷破產登記之登記。又破產人脫離破產人之身份，其因破產所受公私法上之限制，亦均告解除，此乃理所當然。惟破產程序中，破產管理人所為破產財團之管理及處分行為，並不溯及的失效，此時破產管理人應將其管理之事務清理，移交債務人（破產人）。至於破產財團有關訴訟程序，如迄未由破產管理人承受者，固應由破產人續行訴訟，如已由破產管理人承受者，亦應由破產人依當時訴訟之程度，續行其訴訟。破產宣告後，由破產管理人起訴或訴訟者亦同。惟破產管理人依本法第七十八條規定所提起詐害之訴，或依第七十九條所為撤銷之意思表示，因均以破產為前提，破產宣告之裁定既經廢棄，亦即失所依據，自非破產人所得繼續援用或主張。

第二款　破產宣告之效果

依破產之宣告，一般的強制執行 (General od. Universalexekution) 之破產程序因而開始。此一程序以破產債權人為積極的當事人，破產人為消極的當事人，並以屬於破產財團之財產為對象而為公平分配之程序。換言之，因破產之宣告，成立破產財團，凡屬於破產財團之財產，破產人喪失其管理及處分權（第七十五條），而由破產管理人行使其權利，但其所有權並未因而喪失。其不屬於破產財團之財產，因破產人並不因破產之宣告喪失權利能力及行為能力，故對之仍保有所有權及管理處分權，自得以契約或其他法律行為處分該自由財產。同時在債權人方面，其對破產人個別權利之行使受到限制（第九十九條），且為破產清算之順利完成，對於未了或未決之法律關係及訴訟，亦作相當之變更（詳後述），破產效果不待破產宣告裁定之確定，即已發生。又為達成破產之目的，破產人在某程度範圍內，除自由受有限制外，身分上亦受有若干影響，分述如下：

壹、對於破產人之效果

一、對於人身之效果

㈠秘密通訊 (Briefgeheimnis) 自由之限制

　　法院於破產宣告後，認為必要時，得囑託郵局或電報局，將寄與破產人之郵件、電報，送交破產管理人（第六十七條）。破產人所以應受若是之限制者，無非為防止破產人有隱匿或毀損其財產，或為其他不利於債權人之行為。有無對破產人為此限制之必要，由法院就具體事件斟酌定之。又法院為限制時，可為全部之限制或一部之限制。所謂一部之限制，例如對某些人，或某方面寄與破產人之郵件應送破產管理人檢查，或限於郵包始送檢查是。此項對於破產人通訊自由之限制，關係破產人之基本自由至鉅，宜解為破產人對此項囑託將寄件送交破產管理人之處分得為抗告 ❸①。再破產人亦得隨時請求法院除去此項限制 ❸②。對於送交破產管理人檢查之郵件、電報，破產人應有請求閱覽之權利，且除與破產財團有關係者外，於檢查完畢後應發還破產人 ❸③。為確保破產財團之財產，奧・破產法第七十七條第二項規定，由鐵路或船舶運送寄與破產人之運送物，法院亦得命交破產管理人，此種法例，實有採摘之價值。至破產人寄與他人之郵件或電報，則無本條之適用。

㈡居住及遷徙自由之限制 (Wohnortszwang)

　　破產人非經法院之許可，不得離開其住居地（第六十九條）。此項限制之理由，一為預防破產人隱匿或毀損其財產，一為破產人對其財產情形知之最詳，不使隨意遷徙，以便破產管理人或監查人之詢問，而利破產程序之進行也。破產人違反本條之規定離開其住居地時，本法未設有處罰規定，不無疏漏。日本破產法第三百七十七條第二項規定，違反遷徙自由之規定

---

❸① 在德國法上認法院命將郵物交付破產管理人之命令，破產人得為即時抗告（參照齋藤編獨破產法第二五七頁）。

❸② 參照德・破產法第一百二十一條第二項。

❸③ 參照德・破產法第一百二十一條第一項，日・破產法第一百九十條第三項。

（亦即日‧破產法第一百四十七條），未得法院許可離開住居地者，處一年以下有期徒刑或五萬元以下罰金。德‧破產法第一百零一條第二項則規定得拘提破產人，並得經訊問而加拘留 (Haft)，可供參考。

㈢傳喚或拘提

法院認為必要時，得準用刑事訴訟法關於傳喚或拘提之規定，傳喚或拘提破產人（第七十條）。破產人雖非刑事被告可比，但為查詢破產人之債權、債務及財產起見，自有傳喚破產人之必要。破產人既陷於不能清償之狀態，難保無逃亡或湮滅財產等之情形，故本法特予法院以拘提之權。有無傳喚或拘提之必要，依法院之自由意見以決定之。本法關於傳喚或拘提既定為準用刑事訴訟法關於傳喚或拘提之規定，不僅關於傳喚或拘提之方法應準用刑事訴訟法之規定，即拘提破產人，亦須具有刑事訴訟法所定拘提被告之原因（參照刑事訴訟法第七十五條、第七十六條），始得為之。又法院為明瞭破產人之情形，並得依職權或因破產管理人或債權人之聲請，傳喚破產人之親屬，或其他關係人，查詢破產人之財產及業務狀況（第七十四條）。所謂親屬不問為直系或旁系，血親或姻親、配偶、家長及家屬均包括在內。所謂其他關係人，如破產人之受雇人及同居人等是。受傳喚之人，如無正當理由而不到場，倘其情形可視為違反說明或答覆義務時，則依法應負刑事責任（第一百五十三條）。

㈣管　收

破產人有逃亡或隱匿、毀棄其財產之虞時，法院得管收之。管收期間不得超過三個月。但破產管理人提出正當理由時，法院得准予展期，展期以三個月為限。破產管理人有管收新原因被發現時，得再行管收。管收期間不得逾六個月（第七十一條）。本條修正前，以破產人有逃亡或隱匿、毀棄其財產之虞為羈押原因，並規定羈押期間不得超過一個月，但經破產管理人提出正當理由時，得准予展期，每次展期以一個月為限。惟未設展期次數之限制。由修正前與修正後之規定，比較觀之，修正前係用刑事羈押之方式，修正後用民事管收，是比較進步之立法。但修正前，羈押期間原則上為不得超過一個月，修正後變為不得超過三個月，似乎對於人權之保

障更不利❸。吾人以為破產人於有逃亡或隱匿、毀棄其財產之虞時，固有妨礙破產程序之進行及損害債權人利益之虞，畢竟破產人尚未有積極之行為。故日本破產法第一百四十九條規定於此情形僅得對破產人命為「監守」（相當於監視之意）❸。由檢察官命管轄之警察機關之警官或警察執行「監守」（日本破產法第一百四十九條第二項）。此種立法似較尊重人權之保障。所謂破產人有逃亡或隱匿、毀棄其財產之虞，須有相當具體事實跡象，足以認定破產人有離開其住所逃匿他處，或有隱匿或毀棄其財產之危險及可能始可。且依修正第七十三條之一規定：「破產人之管收，除前三條規定外，準用強制執行法之規定」。則在行管收之前，似應準用強制執行法第二十二條第二項規定，先命其提出擔保，必無相當擔保者，始得管收之。此項擔保得為人之擔保或物的擔保。管收期間不得超過三個月。破產人如已提出相當擔保或管收期限屆滿時，應即釋放（準用強制執行法第二十六條，管收條例第十三條）。管收之原因不存在時，亦同（第七十三條）。雖管收期間屆滿，但經破產管理人提出正當理由時，法院得准予展期，展期以三個月為限。破產人因管收後釋放，如另有管收新原因被發現時，得再行管收，此項（第七十一條第二項）為新增之規定，惟法院管收破產人之期間，總計不得逾六個月（同條第四項）。故如法院已依第七十一條第一項規定，准予展期，其期間共計已達六個月者，縱另有同條第二項新管收原因時，亦不得再行管收，以保障人權。但如其行為如構成犯罪行為，而移送檢察官依法羈押者，則非管收問題。

二、對於財產上之效果

(一)破產人因破產之宣告，對於應屬於破產財團之財產，喪失其管理及處分權（第七十五條）

　　破產宣告之目的，在將債務人之總財產，平等清償於全體債權人。惟

---

❸　參照拙著司法院釋字第三〇〇號解釋與其後破產法相關規定修正之評釋　（載於司法院大法官釋憲五十週年紀念論文集第六五三頁、九十年十月版）。

❸　參照齋藤秀夫、鈴木潔、麻上正信合編注解破產法（昭和六十二年六月，青林書院）第七二四頁。

債務人既已陷於不能清償之狀態，如任其自行清理清償，難保不生流弊，故破產宣告後，舉凡破產宣告時屬於破產人之一切財產及將來行使之請求權，與破產宣告後終結前，破產人所取得之財產，均列為破產財團（第八十二條第一項）。歸破產管理人管理及處分。破產人對於此等財團喪失管理及處分權。茲須附帶說明者：

1.第三人對於破產人之此項屬於破產財團之財產，如須主張權利，須對破產管理人為之（最高法院十九年上字第二八一號判例參照，編按：本則判例無裁判全文可資參考，依據一○八年七月四日施行之法院組織法第五十七條之一第一項規定，應停止適用）。

2.破產人對於屬此項破產財團之財產之訴訟，亦喪失訴訟實施權。須由破產管理人出名起訴或應訴。否則即為當事人不適格（最高法院二十七年渝上字第二七四○號判例，五十年臺上字第五九二號判決附錄三②參照）。如已在訴訟繫屬中，而當事人受破產宣告者，該訴訟程序因破產之宣告而當然停止，應由破產管理人承受訴訟（民事訴訟法第一百七十四條）。惟所謂關於破產財團之訴訟，實務上認為係指訴訟之結果，於破產財產有積極的增加財團之利益，或消極的加重財團之負擔之影響者而言。如破產人所負之債務，經債權人起訴請求清償，亦屬關於破產財團之訴訟，應由破產管理人承受訴訟，似不認債權人此時應依破產程序行使其權利而終結原訴訟❸❻。

---

❸❻ 參照最高法院五十二年臺上字第八二七號判決：「上訴論旨謂：本件訴訟標的與破產財團無涉，原審命上訴人承受訴訟，列為當事人而為判決，顯非合法云云，但按當事人受破產之宣告者，關於破產財團之訴訟程序因而中斷，應由破產管理人承受訴訟而續行之。所謂關於破產財團之訴訟，指訴訟之結果足以影響破產財團範圍者而言，依破產法第八十二條規定，凡破產宣告時，屬於破產人之一切財產及將來行使之財產請求權，暨破產宣告後破產終結前破產人所取得之財產，均屬於破產財團之範圍。如破產人所負之債務，經債權人請求清償而獲勝訴之確定判決者，自應就屬於破產財團之財產受償，故此訴訟之結果，足以影響破產財團之範圍，即係關於破產財團之訴訟程序，上訴人謂本件訴訟標的與破產財團無涉，自屬誤解法意，殊無足取」。

3.債務人受破產宣告時，除強制執行之標的，為應屬破產財團之財產，而債權人又有別除權或取回權者，仍可以進行強制執行外，餘均屬破產債權，非依破產程序，不得行使其權利（第九十九條）。故如強制執行程序尚未開始者，不得開始，其已開始者，則應停止，其已為之強制執行或執行保全處分者，實務上即由執行法院移送破產法院作為破產程序之一部，俾免浪費已進行之程序。

4.法院書記官於破產宣告後，應即於破產人關於財產之帳簿，記明截止帳目，簽名蓋章，作成節略，記明帳簿之狀況（第六十八條）。其記明截止帳目 (Schiessung der Geschäftsbücher) 在利於劃分破產人在破產宣告前之行為與破產宣告後之行為，蓋破產人對於其財產之管理及處分權，既因破產之宣告而前後殊異，則破產人關於財產上之行為，究係何時為之，不可無明確之依據。所謂帳簿之狀況係指帳簿之分類、名目、記載是否連續，及有無殘缺之情形而言。

5.破產人對於應屬於破產財團之財產，雖喪失其管理及處分權，但其行為能力或訴訟能力及權利能力並未受有任何限制，故仍得享受或履行與破產財團無關之義務，或為與破產財團無關之其他訴訟。

㈡破產人就屬於破產財團之財產所為行為之效力

破產人因破產之宣告，對於應屬於破產財團之財產，喪失其管理及處分權。但其權利能力與行為能力或訴訟能力並未因之喪失，故不屬於破產財團之財產，即所謂自由財產，固得處分之，但就屬於破產財團之財產所為之處分，因依第七十五條規定，已喪失其管理權及處分權而屬無權處分行為，而不得以之對抗破產債權人，但如其處分行為有利於破產債權人，而經破產管理人承認時，其行為仍屬有效（民法第一百十八條第一項）。且破產法為保護善意之第三人設有例外，例如破產人之債務人，於破產宣告後，不知其事實而為清償者，得以之對抗破產債權人；如知其事實而為清償者，僅得以破產財團所受之利益為限，對抗破產債權人（第七十六條）。對於不知破產之事實，應由主張之破產人之債務人負舉證責任。

(三)破產人於破產宣告前與他人訂立之雙務契約

　　破產人於破產宣告前與他人訂立之雙務契約，其效力如何，本法僅對於承租人受破產宣告時，規定曰：「承租人受破產宣告時，雖其租賃契約定有期限，破產管理人得終止契約」（第七十七條）。租賃契約之未定期限者，於承租人受破產宣告時，破產管理人亦得終止之（民法第四百五十條第二項）**㊲**。反之，如出租人受破產宣告，破產管理人不得以之為終止租約之理由，應繼續其出租人之義務及收取租金。將來縱破產管理人將租賃物出賣與第三人，該租賃契約對於受讓人仍繼續存在（民法第四百二十五條）。又關於委任，經理權及代理權、合夥、隱名合夥，指示證券及保證人之先訴抗辯、船舶建造、海上保險、保險契約諸行為，民法第五百五十條、第五百六十四條、第六百八十七條第二款、第七百零八條第五款、第七百十五條第二項、第七百四十六條第三款，海商法第十條、第一百七十五條（編按：此指八十八年七月十四日修正前之海商法第一百七十五條：「要保人或被保險人於保險人破產時，得解除契約。但以保險人不提供擔保者為限。」，修正後已將此條移列第一百三十三條，並修正條文為：「要保人或被保險人於保險人破產時，得終止契約」），保險法第二十七條、第二十八條、第一百二十三條曾設有規定外，關於其他雙務契約之效力則付之闕如，就一般言：

1. **雙務契約於破產宣告時，破產人已履行完畢，而對方當事人未履行完畢者**

　　於此情形，對方當事人之債務不問係財產上之給付請求權，抑係債務不履行之損害賠償或違約金等請求權及其他從屬權利，均應歸屬破產財團（第八十二條第一項）。

2. **雙務契約於破產宣告時，對方當事人已履行完畢，而破產人之債務如為財產上之給付而未履行完畢者**

　　此時破產人所負之債務，如經對方當事人解除契約（不問在破產宣告前或宣告後），其因此破產人應返還已受領之對待給付（民法第二百五十九

㊲　參照錢國成著第九二頁、陳國樑著新論第一一四頁。

條），仍屬破產債權（最高法院五十四年臺上字第二〇九一號判決）**❸** 。或謂依據本法第九十六條第二款後段及第四款規定，對方當事人得以之為財團債務而行使其權利者。惟第九十六條第二款後段所謂因破產宣告後，應履行雙務契約而生之債務，係指破產宣告後至契約終了止之間繼續發生之債務而言。至因破產宣告後之解除而應返還對方已為之對待給付，係本於恢復原狀之義務，要亦無適用同條第四款之餘地，至於對方當事人因解除契約而生之損害賠償或違約金等請求權，乃因破產宣告後不履行而發生，則不得為破產債權（第一百零三條第三款）。

3.雙務契約於破產宣告時，雙方均未履行完畢者**❹**

⑴雙方應為之給付如均為財產上之給付時，破產管理人得履行破產人之債務，而請求對方當事人履行其債務，但其請求履行應得監查人之同意。而其履行破產人此等債務係以該債務為財團債務履行（第九十二條第八款、第九十六條第二款前段，日本破產法第四十七條第七款）。惟對方當事人於破產管理人未提出給付前，得依民法第二百六十四條第一項前段或第二百六十五條規定，拒絕自己之給付，自不待言。破產管理人請求其履行，而對方當事人不履行時所生之損害賠償請求權，或違約金請求權，暨其他從屬權利，均屬破產財團。至於對方當事人亦得履行其債務而以破產人應為之給付為財團債務而行使其權利。如因破產管理人拒絕其履行（例如監查人不同意其履行契約或破產管理人認為不宜履行契約），而經對方當事人解

---

❸ 　該判決內容詳本書第一八九頁**⑳**。

❹ 　對此破產法修正草案第九十三條第一項規定：「債務人受破產宣告之裁定確定時，其所訂雙務契約，當事人雙方均未履行或未完全履行，而破產人負給付財產上之債務者，破產管理人得終止或解除契約」。第三項規定：「前二項情形，他方當事人得定一個月以上期間催告破產管理人確答是否履行契約，破產管理人逾期不為確答者，視為終止或解除契約」。第九十四條規定：「依前條規定終止或解除契約時，他方當事人就其所受損害，得依破產債權行使其權利（第一項）。依前條規定終止或解除契約時，他方當事人所為之給付應返還者，得請求破產財團返還者；其不能返還者，得請求返還其價額（第二項）」。

除契約時，對方當事人因破產管理人解除契約所生之損害賠償請求權或違約金請求權，既非破產債權，亦非財團債權（第一百零三條第三款、第九十六條、第九十七條參照）**❹** 。

(2)雙方應為之給付，如均非財產上之給付，此固與破產管理人或破產程序無關,惟破產人因對方當事人不履行而生之損害賠償或違約金請求權，則應歸屬破產財團（第八十二條第一項第二款）。對方當事人因破產人不履行所生損害賠償或違約金請求權，則非破產債權**❹** 。

(3)破產人之債務為財產上之給付，而他方當事人之債務為非財產上之給付：破產人如請求履行，足以減少破產財團之財產，固應拒絕履行，而由對方當事人解除契約,對方當事人因此而生之損害賠償或違約金請求權，仍非破產債權，惟破產人因對方當事人不履行而生之損害賠償或違約金請求權，則應歸屬破產財團。

(4)破產人之債務為非財產上之給付，而對方當事人之債務為財產上之給付，破產人履行時，對方當事人應為之對待給付歸屬於破產財團，對方當事人拒絕對待給付時，其給付請求權或因不履行之損害賠償或違約金請求權，亦均歸屬破產財團。至於破產人因拒絕履行，以致發生之損害賠償或違約金債務，對方當事人不得以之為破產債權，參加分配。

㈣破產宣告前之保全處分

有破產聲請時，雖在破產宣告前，得因債權人之聲請或依職權拘提或羈押債務人或命為必要之保全處分（第七十二條）。前述對於破產人人身或財物上之效果，係破產宣告後對於破產人所加之限制，然破產人隱匿或逃亡，毀棄財產之危險，在破產聲請時，即已有發生之可能，如必限於宣告破產後，始得為之，亦有噬臍莫及之虞，故有本條之設。其要件如次：

1.保全處分之發動，或由債權人之聲請，或由受理聲請破產宣告之法院依職權為之，如何情形始依職權為之，應依具體案件之客觀上必要決定之。

---

❹ 有認係財團債權者，參照劉清波著第一三七頁、李肇偉著第一一二頁。日本破產法第六十條規定於此場合，相對人之給付若現存於破產財團者，得請求返還；不存在者，則就其債權額為財團債權。德國破產法第二十六條規定，以其損害賠償為破產債權。

❹ 參照錢國成著第一〇〇～一〇一頁。

2.保全處分之方法為(1)拘提(2)羈押及(3)其他保全處分，關於債務人執行拘提或羈押，必須有拘提或羈押之原因（參照刑事訴訟法第七十五條、第七十六條、第一百零一條，本法第七十一條）。羈押之方法及應遵守之程序，亦準用刑事訴訟法之規定。此項拘提、羈押於本法第三條各款所列之人或非法人團體有破產聲請時，其代表人或管理人（即準債務人）亦有適用。所謂其他保全處分即假扣押、假處分程序，由受理聲請破產之法院準用民事訴訟法第七編有關規定，以裁定方式為之。裁定後送民事執行處依強制執行法第七章之規定執行之。對於破產聲請時，已收案而未終結之強制執行程序亦得為假處分，而中止執行程序❹。

3.聲請之時期必在破產聲請至破產宣告時止之期間內，此即所謂保全處分之附屬性。在未有破產聲請前，不得先為本項保全處分之聲請。

4.受理法院為受理破產聲請之法院。

貳、破產法外之效果

破產宣告後，破產人之人身自由及財產，除依上述破產法之規定，備受限制外，其他公私權利，依其他法律之規定，並受種種限制。此種限制，非俟復權後不能解除。例如依律師法第五條第一項第六款及會計師法第六條第一項第三款規定，受破產之宣告尚未復權者，不得充任律師或會計師，其已充任者，律師停止其執行職務（律師法第四條第三項，編按：原條文修正後移列現行法第九條第三項第一款：「法務部核准發給律師證書後，律師有下列要件之一者，法務部應命其停止執行職務：一、第五條第一項第五款至第七款情形之一。」），會計師撤銷其會計師證書（會計師法第六條第二項）。又依合作社法第十三條第二款規定，受破產宣告者，不得為合作社社員（編按：現行法已刪除）。又依公司法第三十條第四款規定，受破產宣告尚未復權者，不得充任經理人，股份有限公司之董監事（公司法第一百九十二條第五項、第二百十六條第四項），其已充任者，並予解任。依商業團體法第十七條第一項第四款規定，受破產宣告尚未復權者，不得為

❹　參照陳國樑著研究第二五六頁。

商業會會員代表。此外散見於各種法令限制破產人之權利者甚多（詳第一篇第二章註❷說明）。前述破產法上所加諸破產人之限制，係由於破產程序上之必要，故破產程序一旦終結，其限制亦同時解除。此類破產法以外之法律對破產人權利之限制，則係基於公益上之理由，且非破產宣告之直接結果，故破產程序雖已終結，亦必俟辦理復權手續後，其限制始告解除（參照最高法院二十六年滬上字第四〇號判例，編按：本則判例無裁判全文可資參考，依據一〇八年七月四日施行之法院組織法第五十七條之一第一項規定，應停止適用）。

第二節　破產程序之特別機關

第一款　破產管理人

壹、破產管理人之選任與撤換

一、破產管理人之選任

破產管理人 (Konkursverwalter, trustee in bankruptcy) 為管理破產財團之人。破產人一旦宣告破產，即喪失其財產之管理及處分權，而構成破產財團，由破產管理人占有管理之。故法院於宣告債務人破產時，應即選任 (Ernennung) 破產管理人。

(一)破產管理人之資格

法院於選任破產管理人時，應就會計師或其他適於管理該破產財團之人中選任之（第八十三條第一項）。因會計師對於破產財團之管理具有特別學識。如非會計師，亦應於擅長會計或商業會人員中選任之，俾能勝任。實務上，法院大都選任會計師或律師充任❸。對於法院之選任行為，如不

---

❸ 法院選任律師、會計師為破產管理人時，應注意依八十八年十二月修正之「臺灣高等法院所屬各地方法院及其分院選任破產管理人注意事項」之相關規定辦理。該注意事項內容請參照附錄二。

願受任時，除法律有特別規定者（例如律師法第三十條）外，得加拒絕，故對法院之選任，不得聲明不服。又破產管理人執行職務之當否，於債權人關係至為密切，故法院雖已選任破產管理人，但債權人會議，亦得就債權人中另為選任（第八十三條第二項）。

㈡破產管理人之人數

　　破產管理人以選任一人為原則，如法院或債權人會議認為必要者，亦得選任數名❹❹。破產管理人有數人時，應如何執行職務，日本破產法第一百六十三條第一項規定，破產管理人有數人時，應共同執行其職務。但經法院許可，得分掌其職務。同條第二項又規定，破產管理人有數人時，第三人之意思表示，以對破產管理人中之一人表示為已足。本法對此未設明文規定，解釋上破產管理人關於事務之執行，當以其過半數之同意行之。惟執行方法決定後，關於其實際之執行，則不妨由其中之一人單獨為之，或由數人分別為之。法院於選任時，亦得分別指定其職務之範圍，各破產管理人在其受指定之職務範圍內，自有單獨執行職務之權。至對第三人為意思表示，或受領意思表示，則以一人為之為已足。其中一人所為之意思表示，縱令其內容未經過半數之同意，亦為有效。惟因此而致破產債權人受有損害時，則該破產管理人應負損害賠償之責❹❺。

㈢破產管理人之公告

　　法院為破產之公告時，應將破產管理人之姓名、住址及處理破產事務之地址等項列為公告事項之一（第六十五條），其變更時亦同。

　　本法關於破產管理人之產生定有二種方式，即法院依職權之選任與債權人會議之選任。其由債權人會議選任者，是否有本法第八十三條第一項資格之限制，應否受法院之指揮監督，其與法院選任之破產管理人間之關係如何，本法均疏未規定。學者有主張廢除由債權人會議選任破產管理人者❹❻。吾人亦表贊同。蓋在破產程序中，債權人會議已選有監查人代表債

---

❹❹　在德國，破產管理人原則上亦為一人。但其管理如包含各種事務時，得選任數名破產管理人。各破產管理人對其職務獨立行使其職權（德・破產法第七十九條）。

❹❺　參照錢國成著第一二一頁。

權人監督破產程序之進行（第一百二十條第一款），法院亦可因債權人會議之決議或監查人之聲請撤換破產管理人（第八十五條），已足以保障債權人之利益，似無再由債權人會議另選任破產管理人之必要。如認仍有保留債權人會議選任破產管理人之必要，上述諸關係即應加明文規定，以杜糾紛。又破產管理人經法院選任後，得依明示或默示之承諾 (Übernahme) 而就職。依德、日破產法之規定，法院選任破產管理人後，應付予選任之書面證書 ❹ (Bestellungsurkund, Beseheinigungsurkund)（德國破產法第八十一條第二項，日本破產法第一百五十九條第一項）。破產管理人於執行職務時，依利害關係人之請求，應出示選任證（日本破產法第一百五十九條第二項）。本法對此未設規定，亦嫌疏漏。

二、破產管理人之撤換

破產管理人之任務，因破產程序終結、辭職、死亡、改選、撤換等事由而終了。破產管理人於執行職務時，如有不稱職、不盡職，或違背法律上義務，或有損害債權人利益等情事，自當予以撤換。不問該破產管理人係由法院選任抑由債權人會議選任，法院均得因債權人會議之決議或監查人之聲請，或依職權予以撤換（第八十五條）。破產管理人經撤換時，應予公告。

貳、破產管理人之地位

關於破產管理人之法律上地位 (Rechtsstellung des Konkursverwalters)，學說甚多 ❹。有採代理說者，謂破產管理人為破產人或破產債權人之代理人，行使破產法上職務之權限。又依其所代理人不同，分破產代理人說、

---

❹ 參照陳國樑著新論第二一九頁。

❹ 此項證明書，並非代理權授與之證明，而係破產管理人選任之公的證明 (Mentzel §82 Anm. 3)。

❹ 陳國樑著研究第一五〇頁。宮脇編第八八頁以下。小野木著第三二頁，山田著第五八頁以下，山木戶著第八〇頁以下。

債權人代理人說及債權人團體代表說。有採職務說者，謂破產管理人基於法院之選任執行法律上之職務，以自己之名義行使有關破產財團之管理處分權能。又可分為公吏說，謂破產管理人為國家之執行機關，依法行使其職權之公吏❹。及私法上職務說，謂破產管理人係依法院之選任，基於破產程序上之法定權限，執行其職務，為一種受國家事務委託之私法上職務，此說為德國判例所採取（Jaeger-Henckel-Weber KO. 9 Aulf §6 Anm. 7），日本大審院判例亦曾採此見解　（大判昭和三年十月十九日民集七卷八〇一頁）。有採管理機構人格說者，謂破產管理人之意義可分為破產管理人為破產財團管理機構與破產財團管理機構之擔當者二重意義，由破產管理人為破產財團之管理機構言，破產管理人為破產財團之管理權處分權歸屬之主體，而具有法人格之地位。亦有採破產財團代表說者，謂破產財團為目的財產而有法主體性，破產管理人為其代表人或代理人。此說為德國近時有力之學說　（Jaeger-Henckel-Weber, a. a. O. §6 Anm. 9）。吾人亦贊同財團代表人說，蓋破產財團在破產法上係一目的財產，雖非財團法人可比，但其既有一定之機能在破產法上運作，自宜承認其為一破產程序上之法主體。而破產管理人則係法院選任之破產財團獨立之執行機關，代表破產財團，執行其法定職務。

　　破產管理人既具有公吏之身份，則其所為職務上之行為，自與法院執行人員或其他公務員所為者相同，如有妨害其職務之執行者，應構成妨害公務罪名。

參、破產管理人之權利義務

　　破產管理人就任以後，非有正當理由不得辭職，蓋一經更換破產管理人，對於破產程序之進行難免因此而受稽延故也。日本破產法第一百六十條明文加以規定，本法雖無明文解釋上亦應相同。又破產管理人應以善良管理人之注意，執行其職務（第八十六條），故如違反注意義務致使破產財

❹　我國採公吏說者，請參照錢國成著第一二一頁、劉清波著第二二一頁、李肇偉著第一二四頁、李傳唐著第一一七頁、陳國樑著研究第一五九頁、新論第二一五頁。

團受有損害時，即應對利害關係人負損害賠償之責。茲所謂利害關係人係指與破產程序有關係之當事人而言。例如破產人、破產債權人、別除權人、取回權人，及調協之保證人是。本法第九十六條第一款所定，因破產管理人關於破產財團所為行為而生之債務，是否包括因其不法行為之損害賠償請求權在內，如認破產財團具有得為權利義務主體之性格，而以破產管理人為其機關，則依民法第二十八條之規定，法人對於其董事或其他有代表權之人，因執行職務所加於他人之不法行為應負連帶賠償責任之類推解釋，即破產財團亦應與破產管理人連帶負賠償之責任。惟依代理說，不法行為係不許代理，又依公吏說，則祇有國家賠償之問題而已❺⓪。再破產管理人既由法院選任，且以管理破產財團為職務，故有應受法院監督之義務，必要時，並得命其提供相當之擔保（第八十三條第三項）。至以若何情形而命其供擔保，則由法院斟酌定之（司法院二十七年院字第一八一三號解釋）。惟其監督之範圍，僅以破產管理人行為之違背法律上義務者為限，不及於應屬破產管理人自由裁量之事項。蓋以破產管理人為獨立之破產執行機關，而非隸屬於法院之下級機關也。法院就屬於監督範圍內之事項所發命令，破產管理人如有不服者，應解為得提起抗告。

　　破產管理人有受報酬之權利：破產管理人之職務繁雜，自應予以相當之報酬，其數額由法院定之（第八十四條）。法院為此核定時，應斟酌破產事件之繁簡，破產事件價額，當事人所受利益程度，破產管理人就該事件所費時間，同業標準，破產管理人之地位及分配財團之多寡等一切情形而為裁定。對此裁定，得提起抗告。此項報酬為財團費用，先於破產債權而受清償（第九十五條第一項第三款）。

肆、破產管理人之職務

　　破產管理人之職務，除前述本法第七十一條第二項、第七十四條、第七十五條至第八十條規定外，尚有種種規定，其規定內容，有關於破產人應負之義務規定者，亦有關於破產管理人之權限規定者，茲分述如下：

---

❺⓪　參照兼子著第一七五頁。

一、關於破產人應負之義務規定

　　㈠破產人，經破產管理人之請求，應即提出財產狀況說明書及其債權人債務人清冊，此項說明書，應開列破產人一切財產之性質及其所在地（第八十七條）。蓋如前述，破產之宣告，有由債務人聲請者，有由債權人聲請或由法院依職權宣告者，前者債務人聲請時，固已附具財產狀況說明書及債權人債務人清冊；後者，則不一定具有此類文件，而破產管理人負有整理破產人之財產與擬定分配表之責，自需此類文件以為參考，破產人自有交付之義務，如拒絕交付，或故意於說明書漏列財產者，應受刑事處罰（第一百五十二條）。

　　㈡破產人應將與其財產有關之一切簿冊、文件，及其所管有之一切財產，移交破產管理人。但禁止扣押之財產不在此限（第八十八條）。破產管理人基於破產宣告裁定，得聲請法院執行交付，但如其為第三人占有者，除其任意交付外，須依通常之訴訟及執行解決之。

　　㈢破產人對破產管理人，關於其財產及業務之詢問，有答復之義務（第八十九條）。如無故不為說明答復，或為虛偽陳述者，應受刑事處罰（第一百五十三條）。

　　上述破產人應負義務之規定，對於本法第三條各款所列之人或非法人團體之代表人或管理人亦有其適用。

二、關於破產管理人之權限規定

　　㈠破產人之權利屬於破產財團者，破產管理人應為必要之保全行為（第九十條）。即破產人之權利屬於破產財團，如有減少滅失之虞，即應為保全之行為，所謂保全行為，例如中斷時效，聲請假扣押、假處分，撤銷詐害行為或偏頗行為等是。

　　㈡破產管理人於第一次債權人會議前，經法院之許可，得於清理之必要範圍內，繼續破產人營業。破產人之營業是否繼續，原應由債權人會議決定之（第一百二十條第三款），惟債權人會議開會期日，距破產宣告期日

甚久，破產人之營業倘有繼續之必要，破產管理人於第一次債權人會議前，經法院之許可，於清理必要範圍內，得繼續破產人之營業。所謂清理之必要範圍，係指該項營業之繼續，有利於債務之清理者而言。

㈢破產管理人為下列行為，應得監查人之同意（第九十二條）。在監查人未選出前，則應由破產管理人，呈經法院核定（司法院二十五年院字第一四二三號解釋）。

1.不動產物權之讓與。

2.礦業權、漁業權、著作權、專利權之讓與。

本款關於商標權之讓與未規定，舊商標法第二十八條第一項規定，商標專用權之移轉，應與其營業一併為之。而營業之讓與依本法第九十二條第三款規定應得監查人之同意，則商標權之移轉，自在監查人同意之列。惟九十二年商標法第三十五條已修正，商標權得單獨讓與，但未經登記不得對抗第三人。則商標權之處分，應否得監查人之同意即有疑問。司法院破產法研究修正委員會之修正草案第二稿已於暫編第一百十三條第一項第二款增列，修正為「礦業權、漁業權、著作權、專利權、商標權、營業秘密、電路布局權之處分」，均須得監查人之同意。

3.存貨全部或營業之讓與。

4.借款。

5.非繼續破產人之營業，而為一百元（係指銀元，折合新臺幣三百元）以上動產之讓與。

6.債權及有價證券之讓與。

7.寄託之貨幣，有價證券及其他貴重物品之取回。

8.雙務契約之履行請求。

9.關於破產人財產上爭議之和解及仲裁。

10.權利之拋棄。茲所謂權利拋棄係指私法上之權利拋棄而言，與民事訴訟法第七十條第一項但書所列各訴訟行為之特別代理權不相牽涉（四十一年臺上字第一五一五號判決附錄三①）。

11.取回權、別除權、財團債務及第九十五條第一款費用之承認。

12.別除權標的物之收回。

13.關於應行收歸破產財團之財產提起訴訟，或進行其他法律程序。茲有須特別說明者：

⑴本條係關於破產管理人與他破產機關內部關係之規定，如破產管理人違反此項規定，即未得監查人同意或未呈法院核定而為各該行為時，其行為之效力如何，本法對此未設規定，日本破產法第二百零一條規定：不得以此對抗善意第三人，以保護交易安全，可資參考。

⑵破產財團之財產，有變價之必要者，其依拍賣方法變價時，由破產管理人依通常拍賣方法為之（第一百三十八條）。雖拍賣前述 1.、 2.、 3.、 5.、 6.所列財產應得監查之同意，亦無須依強制執行法關於強制拍賣之方法辦理。

㈣法人破產時，破產管理人應不問其社員或股東出資期限，而令其繳納所認之出資（第九十三條），蓋社員或股東之出資義務之未履行部分係屬於法人破產財團故也。但除出資外，縱令社員或股東，對法人之債務係負無限責任或連帶責任，破產管理人亦無何請求權存在（司法院二十六年院字第一六五七號），反之，各破產債權人對於該社員或股東之出資亦不得逕行請求。又合夥或非法人之團體受破產宣告時，其合夥人或團員之出資，如有未繳納者，亦應解為有本條之適用。

㈤破產管理人於申報債權期限屆滿後，應即編造債權表，並將已收集及可收集之破產人資產編造資產表，此項債權表及資產表，應置於處理破產事務之處所，任利害關係人自由閱覽（第九十四條）。此項規定之目的，在明瞭破產人資產負債之情形，併供破產債權人、破產人、監查人等利害關係人閱覽，俾便提出異議（第一百二十五條），故除存置於處理破產事務之處所外，並應於債權人會議時提示（第一百十九條）。就資產表記載而言，應記載積極財產之種類、數額、價值及所在地等。由破產管理人簽名或蓋章，並記明作成日期。關於資產價值，由破產管理人參酌市價定之。惟為期評價之公平及變價方便起見，應解為得請求法院書記官、公證人或破產人等會同評定較為妥當（參看日本破產法第一百八十八條）。

㈥破產管理人之職權，除上述各種外，尚有聲請召集債權人會議（第一百十六條），在債權人會議報告（第一百十九條），聲請禁止債權人會議決議之執行（第一百二十四條），審查破產人之調協計劃（第一百三十二條），作成分配表（第一百三十九條第二項），分配破產財團（第一百三十九條第一項），向法院提出有關分配之報告（第一百四十五條）等。

第二款 債權人會議

壹、債權人會議之地位

債權人會議 (Gläubigerversammlung) 者，由破產債權人所構成，因法院之召集，在法院指揮下，議決法定事項，聽取破產管理人之報告，及享有其他權限之機關也。按破產程序雖由國家機關之法院，督導破產程序之進行，然因破產人之破產直接受影響者為破產債權人，故於破產程序進行中，有給予過問之機會，俾保障其權益。但破產債權人如單獨行使其權利，於破產程序之進行，將構成相當之妨害，故本法採各國法例，設債權人會議，使其成為破產法上之自治機關 (Organ der selbstverwaltung)，用以行使法定職權。

債權人會議之法的性質，學者有謂其為債權人團體之機關者❺❶，有謂其為依法院指定期日，於該期日內成立之組織❺❷。吾人認為債權人會議雖為債權人團體參與破產程序之私的機關，得選任破產管理人，但破產管理人為獨立之破產執行機關，對破產管理人並無指揮命令之權，難謂係債權人團體之執行機關，亦非繼續性之常設團體，而係因法院之召集，每次於該期日成立之組織，故應以後說為可採。

貳、債權會議之權限

在債權人會議中，凡與債權人己身之權利有利害關係而經列為應議事

---

❺❶　參照加藤著第三〇七頁、李肇偉著第一八九頁、陳國樑著新論第二二七頁。

❺❷　參照兼子著第一八五頁以下、山木戶著第八六頁、中田著第二〇五頁。

項者,當然均得加以討論。關於第一次債權人會議應行決議之事項,本法設有第一百二十條之規定。依該條規定,應決議之事項有三:

㈠選任監查人（第一款）

債權人會議可選任監查人一人至數人代表債權人監督破產程序之進行。其選任不必經法院之認可 ❸,更不得由法院逕為指派。其人數依事務之繁簡定之 ❹。

㈡破產財團之管理方法（第二款）

破產財團之管理,原為破產管理人之職務,其通常管理方法,自可由破產管理人本於善良管理人之注意義務,自由決定之。惟其管理得當與否,與破產債權人之利益至有關係,故本法規定,債權人會議得議決破產財團之管理方法。

㈢破產人營業之繼續或停止

破產人營業之繼續或停止,為破產財團管理上最重大之事項。破產管理人於第一次債權人會議前,經法院之許可,雖得於清理之必要範圍內,暫時繼續破產人之營業（第九十一條）,但破產人之營業究竟應否繼續或停止,於破產債權人之利益關係至鉅,自應由債權人會議議決之。

此外,債權人會議尚有下列職權:

1.選任破產管理人及聲請撤換破產管理人（第八十三條第二項、第八十五條）。

2.可決或否決調協計劃（第一百三十二條、第一百三十七條、第二十七條）。

3.指示拍賣以外變賣破產財團財產之方法（第一百三十八條但書）。

4.聽取破產管理人關於破產事務進行狀況之報告,及閱覽其所提債權表與資產表（第一百十九條）。

5.聽取破產人對詢問事項之答覆（第一百二十二條）。

---

❸　日‧破產法第一百七十一條第二項規定監查人經選任後,須經法院之認可。

❹　日‧破產法第一百七十一條第一項雖規定,監查人為三人以上,但在日本監查人並非必設機關,此點與我國不同。

　　保險業於監理程序中，經監理人報請主管機關核可，聲請法院宣告破產者，其破產事件，不適用本法有關債權人開會之規定。主管機關為全體債權人之利益，應按債權之性質及分布情形，指定適當之債權人七至十一人代行監查人之職權。是為關於破產程序之特別規定而應注意者。

參、債權人會議之召集及實施

一、召集權人

　　債權人會議，由法院召集之（第一百十六條）。故破產管理人、監查人或債權人均不得自行召集。法院召集債權人會議得因破產管理人或監查人之聲請或依職權為之。在德日法例上，法院亦得因一定人數而其所代表債權額在一定比率情形下之債權人之聲請召集債權人會議（參照德‧破產法第九十三條，日‧破產法第一百七十六條）。本法未設有此規定，惟法院對於破產債權人之請求認為有必要時，自得因該請求，促使其依職權召集債權人會議❺❺。除於宣告破產時，法院應召集第一次債權人會議，其期日應在破產宣告之日起一個月以內由法院指定外　（第六十四條），其召集之期間、次數及應否召集，法律均無限制，由法院酌情決定之。

二、召集方法

　　關於債權人會議之召集，除第一次債權人會議，其召集及應議事項，法律已有規定外（第六十四條第一項第二款、第一百二十條），其他債權人會議之期日及其應議事項，法院應預定並公告之（第一百十八條），俾債權人及其他關係人均能知悉，並作準備。關於應議事項之公告，應表明特定之事項，不可僅為概括之表示，期日如因有重大事由，得予變更，但亦應公告（第五條，民事訴訟法第一百五十九條），其公告方法可準用和解程序

---

❺❺　破產法修正草案第一百三十九條第二項規定：「如有申報債權總人數五分之一以上及其申報債權總額五分之一以上之破產債權人，以書面記明提議事項及召集理由，聲請召集債權人會議時，法院得召集之。」

中關於公告之規定。又債權人會議之延期或續行，已於當場經宣示者，為使未出席會議之債權人屆時仍可出席，宜解為仍應公告。至於會議之處所，本法未設規定，通常均在法院舉行。

三、債權人會議期日之實施

㈠主　席

債權人會議由法院召集，其主席由法院就其所屬法官中指派一人為主席（第一百十七條），目前各法院實務上即由承辦該破產事件之法官，自任主席 ❺❻。舉凡會議之開閉，發言之許否，會議秩序之維持，以及其他關於會議進行之事項，均由主席指揮之。在未設法院之縣司法處，應由主任審判官指派審判官一員為主席，如僅有審判官一員，則應由該審判官自為主席 ❺❼。

㈡出席人員

債權人會議應出席之人員，除主席外，為破產債權人、破產人（或準破產人）、破產管理人及監查人。惟破產債權人得不親自出席而委任代理人出席（第一百二十七條、第二十三條）。破產人（或準破產人）則必須親自出席會議，並答覆主席、破產管理人、監查人或債權人之詢問，如有違反，應受刑事處罰（第一百二十二條、第一百五十三條）。破產管理人於債權人會議時有提示本法第九十四條所定債權表及破產人資產表，並報告破產事務進行狀況之責，又破產人擬有調協方案時，亦應提示（第一百二十二條、第一百十九條），故有出席之義務。監查人原為債權人所選任以監督破產程序之進行之人，故亦應出席。

㈢會議之進行

債權人會議之進行，由擔任主席之推事指揮進行，並由法院書記官將會議進行之要領及決議事項作成會議記錄。債權人會議中之討論，並非訴

❺❻　參照 57.3.25 臺五七令民字第一九八三號令（參照附錄四③）。

❺❼　司法院二十五年院字第一四八七號解釋：「法院因債務人為和解之聲請經許可後，或為破產之聲請經宣告後，以何處推事進行各該程序，係屬法院內部事務分配，應由該法院就其所屬推事指定之」。同院二十七年院字第一八一三號解釋：「未設法院之司法處，祇有審判官一員，於和解聲請許可後，應由該審判官自為監督人」。

訟進行中之言詞辯論，自可不必公開，但主席如認為以公開為宜時，亦得為公開之諭知。

肆、債權人會議之決議

一、表決權

在債權人會議中，得為參加表決者，限於已申報之破產債權人。雖屬已申報之破產債權人，如未於債權人會議期日報到參加開會，亦屬無從行使其表決權。此外尚須注意者：

㈠破產債權人之債權，破產管理人或其他債權人對之無異議者，該破產債權人於債權人會議行使其表決權，固無問題，如有異議，則該破產債權人可否行使表決權及就如何金額行使其表決權，均應俟法院就該破產債權之異議為裁定後，以該裁定之結果為準（第一百二十五條第二項）。

㈡有擔保之債權人即為有別除權之債權人，非破產債權人，不得參加決議，其債權額亦不算入所謂總債權額內。惟別除債權人拋棄其別除權，以其債權，申報為破產債權；或預就其不能依別除權之行使而受清償之債權額並經申報者，自得以之為破產債權而行使權利，此時即有表決權。

㈢有優先權之債權人，仍屬破產債權人，有表決權固無疑問❸，即屬未確定之債權、附停止條件之債權，或將來之請求權之債權，均仍屬破產債權，應認有表決權，其債權額亦均應算入。

㈣對於債權人會議決議事項有特別利害關係之債權人，就該事項可否行使其表決權，本法未設規定。日本破產法第一百七十九條第二項規定：「對於債權人會議之決議有特別利害關係之人，不得行使其議決權」，解釋上，應認利害關係人不得行使表決權為宜❸。

---

❸ 有優先權之破產債權，在調協時之債權人會議時，有無表決權，頗值研究。日本破產法第二百九十三條規定：「一般之先取特權及其他一般優先權之債權人，於強制和議不視為破產債權人」，故可不參加調協（即強制和議）之表決，以便其不受調協之拘束而保障其優先權，本法未設特別規定，不無疏漏。

二、決議之成立

　　債權人會議之決議，除本法另有規定外，應有出席破產債權人之過半數而其所代表之債權額超過總債權額之半數者之同意（第一百二十三條）。所謂出席破產債權人係指有表決之出席破產債權人而言。所謂總債權額，係以申報之債權額為準❻。此項債權額不包括依別除權行使債權之債權額在內。本法關於債權人會議之決議，係採雙重之表決方式，即在人數上，須有出席破產債權人過半數之同意，在所代表之債權額，須達占一定比率之總債權額。二者缺一，其決議即為無效❻。惟關於債權人會議之決議，須有若干債權人出席始得為之，本法未設規定，解釋上祇須有二人以上破產債權人出席即可開會❻，但其決議時，須贊成之一方所代表債權占總債權額之法定比率始可成立。但僅有一人出席，縱其債權占無擔保總債權額三分之二以上，亦因無法開始，不得作成決議❻。又所謂「另有規定」係指關於調協計劃之可決與否，依本法第一百三十七條準用第二十七條之規定，應有出席債權人過半數，而其所代表之債權額占總債權額三分之二以上同意之規定。

三、決議之效力

　　有效成立之決議，對於未同意該決議之債權人及未出席之債權人亦有拘束力（參照德・破產法第九十七條）。破產管理人就法定事項之決議（例如破產財團之管理方法，關於破產財團之變賣方法，破產人營業之繼續或停止等，參照第一百二十條、第一百三十八條），亦受拘束。應經監查人同

❺　參照陳國樑著新論第二三一頁。

❻　參照司法院二十九年院字第一九九三號解釋。

❻　參照司法院二十五年院字第一五四八號解釋。臺中地院五十六年七月份司法座談會研究結果（民事法律問題彙編第三冊第一八〇〇頁以下）。

❻　破產法修正草案第一百四十九條第一項規定：「債權人會議，除本法另有規定外，應有得行使決議權之債權人過半數出席；其決議應得出席債權人……」。

❻　破產法修正草案第一百三十九條第四項設有「法院得以裁定代替債權人會議應議事項」之規定，以解決此類問題。

意之事項（第九十二條），亦得以債權人會議之決議代替。如其決議與監查人之意見不同者，應以債權人會議之決議為準（參照日·破產法第一百八十三條）。債權人會議之召集或決議如屬違背法令，法院得依職權禁止其決議之執行，其利害關係人亦得隨時主張其決議為無效，無待法院之判決❻❹。

四、法院之決議執行禁止權

債權人會議之決議雖合法有效，但既僅以逾過半數而成立，難保無違反破產債權人利益之情事。故法律規定，債權人會議之決議，與破產債權人之利益相反者，法院得依破產管理人、監查人或不同意之破產債權人之聲請，禁止決議之執行。此項聲請應自決議之日起五日內為之（第一百二十四條）。所謂債權人會議之決議，與破產債權人之利益相反者，係指與一般之破產債權人利益相違背，換言之，即違反共同平允之利益而言（參照德·破產法第九十九條，日·破產法第一百八十四條第一項）。故僅屬與少數破產債權人之利益相反者，即不得請求禁止決議之執行。決議是否與破產債權人之利益相反，由法院斟酌一切情形決定之。此項禁止決議執行之請求，應於決議之日起五日內為之，俾免延誤破產程序之進行。茲所謂不同意之破產債權人，不僅表決時不同意之債權人，即決議時不能行使表決權之破產債權人及未出席債權人會議之已申報破產債權之債權人均應包括在內❻❺。

法院對此聲請，應以裁定為裁判。其聲請經法院裁定駁回者，聲請人得提起抗告，其准許禁止執行者，利害關係人得為抗告。其抗告期間法律未明定其期間，依第五條準用民事訴訟法第四百八十七條第一項規定，應為十日不變期間，惟聲請之期間法律既限五日，抗告期間反為十日，實有未妥，宜定抗告期間為五日以相配合。

---

❻❹ 參照錢國成著第一五一頁、陳國樑著新論第二三二頁。

❻❺ 無議決權之破產債權人，例如除斥債權人（第一百零三條）原不得向法院聲請禁止債權人會議決議之執行，惟債權人會議之決議如與無決議權之破產債權人共同利益顯然相反時，因彼等無法於債權人會議表示反對，故修正草案第一百五十條第二項明定準用第一項裁定禁止決議之執行之規定。

第三款　監查人

壹、監查人之選任及更換

　　監查人為代表債權人監督破產程序進行之純屬債權人之機關，應由債權人會議選任（第一百二十條第一款）。法院不得選任，此與德國法制異（參照德‧破產法第九十二條）。所選監查人人數之多寡，可依事務之繁簡，由債權人會議決定之。但實務上認其為係必要機關，不得免設 ❻❻。此亦與德日法例不同，在德日監查委員會 (Gläubigerausschuss) 或監查人是否設置可於第一次債權人會議加以決議（德‧破產法第八十七條第二項，日‧破產法第一百七十條）。至監查人之選任，自應有出席破產債權人過半數，而其所代表之債權又超過總債權額之半數者之同意，始得當選（司法院二十五年院字第一五四八號解釋）。如第一次債權人會議未能選出，應再開會選任之 ❻❼。但在未選出以前，關於第九十二條所定應得監查人同意之行為，

---

❻❻　同說，錢國成著第一五四頁。司法院二十五年院字第一五二九號解釋：「監查人係代表債權人監督破產程序之進行，債權人會議選任監查人，其決議之結果未能得破產法第一百二十三條所定之同意，應再開會選任，同法並無免設監查人之規定，自不得免設。但在未選出以前，關於同法第九十二條所定應得監查人同意之行為，法院得本其監督權之作用，酌量核定，以促破產程序之進行」。反對說：劉清波著第二二五頁、陳國樑著新論第二三四頁。又依破產法修正草案第一百三十九條第四項第二款規定，於此情形，法院似可以裁定代替債權人會議應議事項之方法解。又依同草案第一百四十三條第一項第一款規定：「選任監查人一人至九人。監查人有三人以上時，至少應有小額破產債權人之代表一人」。依同條第二項規定：「前項第一款小額債權之金額及其代表之產生方法，由司法院定之」。

❻❼　臺南地院四十七年司法座談會討論結果：「查破產程序之意思機關即決議機關為債權人會議，而其執行機關，為破產管理人。至監查人則為代表債權人監督破產程序之進行而已（破產法第一百二十條第一款），此就破產法第八十五、八十九、一百二十二、一百五十三、一百十六、一百二十四、一百三十三各條規定：監查人行使監查權，暨與債權人會議，法院、破產管理人，或債權人並列而益明。至破產法第九十二條及第一

法院得本其監督權之作用，酌量核定，以促破產程序之進行。

監查人既由債權人會議選任，自亦得由債權人會議之決議改選更換。監查人有不稱職或其他重大事故，法院得否予以解任，本法未設規定，日・破產法第一百七十四條第二項規定：「有重大事由時，法院得因利害關係人之聲請，解任監查委員」。就法院對破產程序之進行負有監督之責任，宜認法院有解任權，但有待法律之增訂。

監查人在法律上之地位，有認係債權人團體之機關 ❻❽，有認係以債權人為受益人之破產財團之機關 ❻❾，有認係債權人會議之代表機關 ❼⓪。吾人認為監查人係與破產債權人團體間成立委任關係 (Auftragsverhältniss) 代表債權人監督破產程序進行之機關。監查人與破產債權人團體間係處於委任關係，故亦得隨時辭任（民法第五百四十九條第一項），此時監查人應聲請法院召開債權人會議（第一百十六條），於債權人會議時，向全體債權人為辭任之表示。

至關於充任監查人之資格，本法並未設有限制，解釋上祇須有完全行為能力之自然人即可，不以具有破產債權人之身分為必要。但破產人及破產管理人不得被選為監查人，蓋破產人與破產債權人之利害相反，而破產管理人又須受監查人之監督，自己監督自己則有失設置監查人之目的故也。

貳、監查人之職權

監查人代表債權人監督破產程序之進行，其職務至為重要，為達成其任務，法律賦予下列之權限：

百二十一條之監查事項，固屬監查人單獨行使之職權，惟依司法院院字第一四二三號解釋，法院非不得依其監督權之作用，核定處理辦法，以促破產程序之進行。原呈所敘情形（按即債權人會議對於監查人之選任不表示同意），依司法院第一五二九號解釋，應再召集債權人會議選任監查人，在未選出前，則仍應依上開院字第一四二三號解釋辦理」（民事法律問題彙編第三冊第一七九九頁以下）。

❻❽ 參照加藤著第三〇三頁、兼子著第一八一頁。

❻❾ 參照中田著第一八三頁。

❼⓪ 參照山木戶著第八四頁。

1.代表債權人監督破產程序之進行（第一百二十條第一款）。

2.得聲請法院撤換破產管理人（第八十五條）。

3.得向破產人或準破產人詢問關於其財產及業務之情形。破產人及準破產人各有答覆之義務，違答覆義務者應受處罰（第八十九條、第一百二十二條、第一百五十三條）。

4.破產管理人為重要之行為時，應先得監查人之同意（第九十一條）。

5.得聲請法院召集債權人會議（第一百十六條）。

6.得聲請法院禁止債權人會議決議之執行（第一百二十四條）。

7.得隨時向破產管理人要求關於破產財團之報告，並得隨時調查破產財團之狀況（第一百二十一條）。

8.得就關於調協之應否認可，向法院陳述意見，或就調協之決議提出異議（第一百三十三條）。

監查人行使上述職權時，如監查人有數人時，究竟可否單獨行使，本法未設明文規定，日·破產法第一百七十二條規定取決於過半數。有特別利害關係者，不得為表決。解釋上我國監查人之行使職權，亦應取決於過半數❼。

參、監查人之權利義務

監查人之職責甚為繁重，故本法採有酬制，應給予相當報酬，其數額由法院斟酌其工作之情形定之（第一百二十八條、第八十四條）。關於監查人之報酬，本法第九十五條未如破產管理人之報酬明列為財團費用，但既屬因破產財團管理所生之費用，應解為係第九十五條第一款之財團費用，應先於破產債權，隨時由破產財團清償（第九十七條）。

---

❼ 參照錢國成著第一五五頁、劉清波著第二二五頁、李肇偉著第一六九頁、陳國樑著新論第二三五頁。依破產法修正草案第一百四十四條規定：「監查人有數人者，除本法另有規定或債權人會議另有決議外，其職權之行使，應以過半數之同意行之」、「前項職權之行使，監查人有利害關係者，應行迴避」。

肆、監查人任務之終了

監查人與破產管理人同，因破產程序之終結，監查人之死亡、辭任、解任等事由而終了。

第三節　破產財團

壹、破產財團之意義

破產財團 (Konkursmasse, property divisible amonyst creditors) 由形式上意義言，為依破產程序供公平分配於破產債權人之破產人所有財產之總稱；由實質意義言，則為破產人在破產宣告時及在破產程序進行中，所有可得扣押財產之總稱。舉凡破產宣告時，屬於破產之一切財產及將來行使之財產請求權，及破產程序終結前破產人取得之財產，除專屬於破產人本身之權利及禁止扣押之財產外，均屬破產財團（第八十二條）。蓋本法採膨脹主義之故也。而此破產財團之範圍，為法律所規定，故亦稱為法定財團 (Sollmasse)。破產財團復可分為現有財團及分配財團二類。破產人於破產宣告後，破產管理人認定其為破產人之財產而占有管理之財團，稱為現有財團 (Istmasse)，或實在財團。惟破產人對於破產財團之認定未必無誤，其中有不屬於破產人之財產而應由權利人取回者，故現有財團之範圍與法定財團之範圍，事實上未必一致，自須加以整理，並剔除有別除權之財產（第一百零九條），清償財團費用及財團債務後，再就剩餘之財產，分配於破產債權人，此項分配與破產債權人之破產人財產，稱為分配財團。其範圍恆較法定財團及現有財團為小。

貳、破產財團之範圍

本法第八十二條規定：「下列財產為破產財團：
一、破產宣告時，屬於破產人之一切財產，及將來行使之財產請求權。

二、破產宣告後，破產終結前，破產人所取得之財產。

專屬於破產人本身之權利及禁止扣押之財產，不屬於破產財團」。準此分述如次：

一、破產財團須專屬於破產人之財產

破產財團應由破產人之財產構成。故如係第三人之財產，縱由破產管理人占有管理，該第三人仍可行使其取回權 (Aussonderungsrecht)（第一百十條），自不在破產財團之列。又財產有積極財產 (Aktivmasse) 與消極財產 (Passivmasse) 之分。茲所謂財產，係指破產人所有之積極財產而言，消極財產則不包括在內。

又別除權不過對於標的物有優先於破產債權及財團債權受其清償之權，非謂有別除權之財產，即不屬於破產財團而仍屬於破產人（參照最高法院十九年上字第二八一號判例，編按：本則判例無裁判全文可資參考，依據一〇八年七月四日施行之法院組織法第五十七條之一第一項規定，應停止適用）。

二、破產財團之財產，不限於破產宣告時屬於破產人之一切財產；且包括將來行使之財產請求權；及破產宣告後破產終結前，破產人所取得之財產。故

㈠凡前屬於破產人之財產，而在破產宣告時已不屬於破產人所有者，固不得列入破產財團，但破產財團並不以破產人現有之財產為限。即將來行使之財產請求權，亦應計算在內。所謂將來行使之財產請求權，即由於破產人宣告破產前之原因所發生之將來可以行使之請求權。例如連帶債務人為破產人時，對於其他債務人之求償權，或保證人為破產人時，對於主債務人之求償權是。此種將來行使之財產請求權，其行使雖須等待將來，然其原因係發生於破產宣告之前，雖非破產人現實之財產，然亦係其固有財產，自應屬於破產財團。

㈡破產宣告後破產終結前之期間內，破產人所取得之財產，即學者所

謂「新得財產」(Neuerwerb)，因我國破產法採膨脹主義之結果，仍屬於破產財團。按膨脹主義擴張破產財團之範圍，使「新得財產」亦列入破產財團，對於破產債權人之保護，似較周全。惟破產人一旦受破產之宣告，其經濟活動已受相當限制，可能獲得之「新得財產」未必很多，對於破產債權人所能分配之利益，至為有限，而因「新得財產」必歸破產財團，破產人對於獲得「新得財產」之努力，興趣勢必不高。不如採固定主義，使破產宣告後破產人努力所得之「新得財產」歸屬破產人，促其早日回復經濟活動，於社會較為有利。至於破產人因無償而取得之「新得財產」，例如破產宣告後終結前，因繼承或贈與而取得之財產，因非破產人之努力獲致者，如採固定主義，是可另以明文規定，歸入破產財團，增加破產債權人之分配，以資衡平，似較為優❼❷。

三、破產財團須非專屬於破產人本身之權利及禁止扣押之財產

所謂專屬於破產人本身之權利，例如終身定期金債權（民法第七百三十四條），或精神上損害賠償請求權（民法第一百九十五條第二項）等是。蓋其原為不可讓與之權利，因之不能列入破產財團❼❸。又所謂禁止扣押之財產，即依法律之規定，在民事強制執行時，不得查封或扣押之財產（強制執行法第五十二條、第五十三條、第一百二十二條）。蓋破產既為一般的強制執行程序，則凡個別的強制執行時，尚不能加以扣押之財產，在破產時，當然亦不許加以查封扣押，故應置於破產財團之外。

---

❼❷ 破產法修正草案第一百零一條第一項第二款已採折衷式的固定主義，規定：「破產宣告後，破產終結前，破產人因繼承或無償取得之財產」為破產財團。惟如被繼承人之債務超過遺產而破產人為概括繼承時，對於破產財團反為不利。故同草案第一百零二條明定：「繼承之開始，在破產宣告前六個月起至破產終結時止，破產人之繼承，對於破產財團僅有限定繼承之效力」。

❼❸ 配偶依民法第一千零三十條之一規定之剩餘財產請求權，原專屬破產人本身之權利。惟若該項權利不屬於破產財團，易被利用為脫產之途，顯失公平，故破產法修正草案第一百零一條第二項規定，該財產亦屬破產財團（參照該條修正理由）。

　　論者有謂破產財團限於破產人在中國之財產者。其論旨無非依據本法第四條規定之反面解釋，而謂在中國宣告破產者，對於破產人在外國之財產不生影響。就國際間平等互惠原則言，此種見解固屬有據。但如外國承認我國法院破產宣告之效力，或破產人願將其在外國之財產處分以供分配，亦無不得將該財產列為破產財團之理。故吾人寧解為所有法院得扣押之破產人財產，均屬破產財團。

第四節　破產債權

第一款　破產債權之意義及其行使

壹、破產債權之意義

　　破產債權 (Konkursforderung) 有形式與實質二義，由形式之意義言，破產債權係指在破產程序中，曾經申報債權，而可由破產財團受公平清償之債權而言。所謂破產債權人 (Konkursgäubiger) 即指具有此項債權之人而言。從實質之意義言，破產債權係指基於破產宣告前之原因，而對破產人所發生之具有得以強制執行性質之財產上對人請求權。本法第九十八條規定：「對於破產人之債權，在破產宣告前成立者，為破產債權，但有別除權者，不在此限」。即係就實質意義之破產債權所為之規定。可知破產債權之構成，須具備次述要件：

一、破產債權為對破產人財產上之請求權 (Vermögensanspruch)

　　破產債權為對破產人之請求權，自不待論。所謂財產上之請求權係指得依財產而獲滿足之請求權。亦即金錢債權及其他得依金錢評價之請求權。蓋破產程序乃以對於破產人之總財產為一般的強制執行，將破產財團變賣處分，俾破產債權人獲得金錢之滿足為目的。其因破產程序而獲滿足之破產債權，自必限於具有金錢價值之請求權，乃當然之理。從而不可代替性

之作為或不作為債權，不得認為破產債權。但此等債權如已因不履行而發生損害賠償請求權者，此項損害賠償請求權如發生在破產宣告以前者，即為破產債權（比較第一百零三條第三款）。至可代替性之作為債權，因可以債務人之費用而由他人代為履行（參照強制執行法第一百二十七條），債權人之債權可依債務人之財產而獲滿足，故亦屬破產債權。又民法上之扶養請求權 (Unterhaltsansprüche) 雖以親屬關係為原因，但由扶養義務所生之扶養請求權，仍不失為財產上之請求權，得為破產債權。惟須注意者，扶養權利人如在破產宣告前已對扶養義務人（即破產人）行使其扶養請求權，關於其扶養方法，其在破產宣告前，業已約定為一次給付而尚未給付者，固得以之為破產債權行使其權利，如係分次給付者，其在破產宣告前業已到期而未給付之部分，為破產債權亦無疑問。所生疑問者，為未到期之部分。按扶養關係，因扶養義務人之扶養能力喪失而免除其義務（民法第一千一百十八條），其扶養之程度及方法，得因情事之變更，請求變更（民法第一千一百二十一條）。破產人因破產之宣告已喪失其財產之管理及處分權。破產人及其家屬之必要生活費及喪葬費尚且須視為財團費用支應，則其除對於負有「生活保持義務」(Unterhaltspflicht) 之扶養義務外，對於其他扶養權利人（即破產人所負「生活扶助義務」 (Verwandtschaftliche Unterstützung)，自宜解為因受破產之宣告而免除❼。至於因侵權行為破產人對被害人所負對第三人之法定扶養義務之賠償（民法第一百九十二條第二項），及被害人因喪失或減少勞動能力或增加生活上需要之賠償（民法第一百九十三條第一項），如其賠償金額在加害人破產宣告前已確定者，固為

---

❼ 學者劉清波（見氏著第一六八頁）、陳國樑（見氏著新論第一六八頁）謂：扶養之義務，因權利人之需要而發生，在破產宣告前可得請求部分之扶養請求權，固得成為破產債權，但破產宣告後之部分，則與本法第九十八條所規定「破產宣告前成立」之要件不符，不得成為破產債權。其結論雖與本著相若，但理由不同。關於「生活保持義務」與「生活扶助義務」扶養之區分，請參照戴炎輝著中國親屬法第三三一頁以下，陳棋炎著民法親屬第三○三頁以下。關於「生活保持」之扶養義務，因本法第九十五條第二項規定，亦不得視為破產債權。

破產債權，如其損害行為發生於破產宣告前，而其結果在破產宣告後始發生或金額始確定者，仍應認係破產債權❼❺。

二、破產債權限於對破產人之人的請求權（即債權）(Persönlicher Anspruch)

破產係以債務人之總財產用來滿足請求權之手續，故破產債權為對人之請求權，且係由債務人之總財產獲得滿足之請求權。在此意義下，物權的請求權（例如基於所有權之所有物返還請求權，妨害排除請求權或占有回復請求權是）應作為取回權來行使，不能作為破產債權（第一百十條）。擔保物權自體亦非破產債權，破產人為第三人之債務提供擔保即所謂物上保證之情形，亦非破產債權。但有擔保權之債權則不妨為破產債權，如擔保為破產人以外之第三人所提供者，對於破產債權之行使固無影響；至以破產財團所屬財產為擔保者，因其同時為別除權，該債權人除放棄該擔保物外，只能就不能依別除權之行使而受清償之債權額行使破產債權。又有優先權之債權，係以破產人之總財產為對象，法律並未列為別除權（參照第一百零八條）。祇能認其為破產債權，但有優先其他一般破產債權受償之權利（參照日‧破產法第三十九條）。

三、破產債權限於得為強制執行之請求權

破產程序為強制實現請求權之程序，而屬一般的強制執行程序，已如前述，故參加破產程序而受清償之債權人，自須具有可以強制執行性質之請求權。至如自然債務 (Naturalobligation) 例如超過法定限制外之利息債務，因無請求權（參照民法第二百零五條，最高法院三十三年上字第三五〇號判例），自非破產債權。已罹於時效之債務，在債務人未為時效抗辯以前，尚非不得據以強制執行，即非不可依破產程序申報債權以求清償。然因債務人可主張時效抗辯而拒絕給付，故破產管理人自得對此項破產債權之加入提出異議（第一百二十五條），經法院裁定後，自債權表中剔除之

❼❺　Mentzel §3 Anm. 11.

（第一百二十六條）。破產人對於已完成時效之債權，拋棄時效抗辯權而加以承認者，即發生恢復時效完成前狀態，不得再以時效業經完成拒絕給付 **⑯**，自屬有損於其他債權人權利之情形，破產管理人對於破產人此種承認之詐害行為，自得依破產法第七十八條規定，訴請法院撤銷之。再所謂「得為強制執行之債權」，非謂在破產宣告時，須具有強制執行之形式要件（例如強制執行法第六條所定執行名義之證明文件）。祇須其債權之性質，適於強制執行即可。

四、破產債權以基於破產宣告前之原因而成立者為限

破產債權以基於破產宣告前之原因而成立者為限，其在破產宣告後所成立之債權，不得為破產債權，蓋如認其為破產債權，則破產債權之範圍隨時可能增加，破產程序將因破產債權之範圍無法確定而難以終結 **⑰**。故本法規定限於破產宣告前成立之債權，始得為破產債權（第九十八條）。所謂在破產宣告前成立之債權，係指其債權成立之必要原因事實，其基礎部分在破產宣告前已存在者而言 **⑱**。故凡在破產宣告前已有為其基礎之成立

---

⑯ 參照最高法院五十年臺上字第二八六八號判例。

⑰ 學者有謂「新債權人既非視債務人之財產為其債權之擔保，且新債權人繼續湧出，將不知伊於胡底」（參照劉清波著第一六八頁，陳國樑著新論第一六八頁）。惟所謂「新債權人非視債務人之財產為其債權之擔保」云云，其依據未見說明，如認破產財團為破產宣告前成立之「舊債權人」之債權總擔保，破產宣告後成立之「新債權人」，因債務人已無財產，故不視債務人之財產為其債權之擔保，然本法係採膨脹主義，破產宣告前破產人之財產為債權人之總擔保固無問題，其在破產宣告後破產終結前破產人所取得之財產，亦屬破產財團（第八十二條第一項第二款），此項破產宣告後破產人取得之財產，理論上並非不得作為「新債權人」之債權擔保，故對「新債權人」言，實不公平。立法上不如採固定主義為佳。

⑱ 破產債權之成立，有主張構成發生債權所必要之一切事實，須於破產宣告前全部具備，始為破產債權者，即所謂完全具備說。有主張只須具備債權成立所須必要事實之大部分即可者，即所謂一部具備說，後說為日本現時之通說（參照山木戶著第九〇頁）。

原因事實者，雖係附條件或期限之債權及將來行使之請求權，均不失為破產債權。例如承租人之押金返還請求權，於出租人受破產宣告時，即屬破產債權❼❾。繼承權在繼承開始前係一種期待權，又遺贈之請求權，與繼承權同，在遺贈人死亡前，不能謂其已成立確定，亦僅為一種期待權，不能為破產債權❽⓿。法條既規定為破產宣告前，則第一審宣告破產之裁定，依實務上之見解經抗告審廢棄發回後，未經再裁定宣告破產前，此段期間應解為與未經宣告破產同（即原破產裁定因被廢棄而回復未破產宣告狀態），故原裁定廢棄後，在未更為破產宣告之裁定前所發生之新債權，仍不失為破產債權❽❶。

五、例　外

破產債權，原則上固定為在破產宣告前成立之債權，但亦有例外，即破產宣告後成立之債權，經本法列為破產債權者，例如匯票發票人或背書人受破產宣告，而付款人或預備付款人不知其事實為承兌或付款者，其因此所生之債權，得為破產債權而行使其權利（第一百零七條）。又雖為破產宣告前成立之債權，有時亦被列為財團債權者，例如破產聲請之費用（第九十五條第一項第二款）是。

貳、破產債權之行使

破產債權非依破產程序不得行使（第九十九條）。蓋破產債權人於破產人受破產宣告後，倘仍許其各自行使其權利，勢必破壞破產制度公平分配之目的，而使破產程序無從進行。故破產債權人於債務人宣告破產後，不能對其提起民事訴訟，亦不能個別強制執行。其已提起民事訴訟，在訴訟

---

❼❾　司法院二十九年院字第二〇七五號解釋：「承租人因擔保租金債務所交付之押金，僅得向收受之出租人請求返還，業經院字第一九〇九號解釋有案。此項押金之返還請求權於出租人宣告破產時，自屬破產債權，祇能依破產程序，行使其權利」。

❽⓿　參照中田著第一九三頁，山木戶著第九一頁。

❽❶　臺北地院五十三年六月份司法座談會研究結果（見民事法律問題彙編第三冊第一七三頁）。

繫屬中債務人受破產宣告時，應停止其訴訟（民事訴訟法第一百七十四條）❷。如於強制執行中，債務人受破產宣告時，強制執行程序應即終止，將已進行之強制執行程序移交破產管理人，作為破產程序之一部，其債權人則只能依破產程序行使其權利。簡言之，在破產程序之外，（除法律另有規定外）任何行使權利之行為，均為法所不許。須注意者，茲所謂破產債權非依破產程序不得行使，係指對破產人之關係而言。若由保證人或其他共同債務人方面受償，或由第三人為清償（民法第三百十一條），則不在禁止之列。又破產人以其不屬於破產財團之自由財產為任意清償，亦非法所不許。但破產債權人於破產程序中既不得對破產人為請求，則其請求對破產人之自由財產為強制執行，亦應解為非法之所許。蓋以有背法律規定自由財產之精神也（參照德·破產法第十四條）。

　　至有別除權或抵銷權之債權人，其別除權或抵銷權之行使，則無須依破產程序（第一百零八條第二項、第一百十三條）。又有優先權之債權，除海商法第一項第二十四條第一款至第五款所定優先權，其優先之位次在船舶抵押權之前，實務上認其效力較抵押權為強，得不依破產程序優先抵押權行使其權利外，其他如工會法第三十八條（編按：此指九十九年六月二十三日修正前之工會法第三十八條：「工會於其債務人破產時，對其財產有優先受清償之權。」，修正後已將此條刪除）、礦場法第十五條（編按：礦場法已於七十五年十一月二十四日總統令公布廢止）、營業稅法第五十七條、本法第十一條第三項等優先權，並非對某特定財產有優先受償之權利，為債權之優先權，此項債權之行使，仍須依破產程序而受清償，僅在分配時，其債權得優先分配受償而已，不屬有別除權之債權。又於保險人破產時，受益人對於保險人得請求以保險責任準備金按訂約時之保險費率比例計算之保險金額（保險法第一百二十三條），此項債權對保險人為被保險人所提存之責任準備金，有優先受償之權利（保險法第一百二十四條）。為特別之優先權，解釋上仍應依破產程序行使權利，惟破產管理人在製作分配表時，應就此部分優先分配。

---

❷　參照拙著研究㈠第一四九頁以下「破產宣告與繫屬中之訴訟」。

參、多數當事人關係下破產債權之處理

一、於共同債務人破產之關係

㈠債權人與共同債務人間之關係

　　數人就同一給付各負全部履行之責任者，其全體或其中數人受破產宣告時，債權人得就其債權之總額，對各破產財團行使其權利（第一百零四條）。所謂數人就同一給付，各負全部之履行責任，例如民法第二百七十二條之連帶債務 (echte Gesamtschuldverhältnis)、第二百九十二條不可分之債，及所謂不真正連帶債務 (unechte Gesamtschuldverhältnis) 是。如其全體或其中一人或數人受破產宣告時，債權人應如何行使權利，在立法例上有三種主義：

　　1.債權人在未受全部清償前，縱令已受一部之任意清償或破產分配，仍得以其債權成立時之全額加入各破產財團之分配。採此主義者為瑞士法例（瑞·破產法第二百十七條）。

　　2.債權人所受領之一部任意清償可消滅其債權，而其所受領之一部破產分配，則不得消滅其債權。即將清償分為任意清償與破產分配之清償，前者有消滅債權之效力，後者無消滅債權之效力，債權人仍得以債權全額加入破產程序。採此主義者為法國法例（法·商法第五四二條以下）。

　　3.債權人受領一部清償時，不問其為任意清償或破產分配，一律就該部分消滅債權，而以破產宣告當時現存債權全額加入各破產財團之分配。採此主義者，為德日法例（德·新破產法第四十三條，日·新破產法第一百零四條）。

　　本法第一百零四條所定「債權之總額」究係指債權成立時之債權總額抑為破產宣告時所存債權總額，意義規定不明。通說皆謂所謂債權總額係指破產宣告時所存債權總額而言[83]。蓋在破產宣告前不論依任意清償或破

---

[83]　參照錢國成著第一三四頁、劉清波著第一七二頁、李肇偉著第一五〇頁以下、陳國樑著新論第一七五頁。破產法修正草案第一百二十七條規定：「⋯⋯債權人得就其債權於

產分配而受償，在清償範圍內，其債權已消滅，自不能於破產宣告時再回復而加入破產債權。故在立法主義上，可謂我國係採德日法例，為杜疑義，將來修正破產法時，宜仿德日法例定為「破產宣告時現有之債權總額」。

債權人固得就破產宣告時現存債權全額加入財團分配，但其所得受領之清償額，當然仍以實際殘存債權額為限，如有超過（例如因其他財團之分配或其他債務人之任意清償所致），其超過部分即為不當得利，自應返還於破產財團。其在未實行分配前，破產管理人亦得另行提起訴訟，排斥該超過部分之債權參加分配。若其債權全額已因其他破產財團之分配或其他債務人之任意清償而全部受償消滅，即不能再受分配，自不待言。

日本破產法第二十五條規定：「保證人受破產宣告時，債權人得以破產宣告時現有之債權總額為破產債權人而行使其權利」。本法對此未設規定，惟保證人與債務人對債權人所負債務，性質上為不真正連帶債務，故於保證人及債務人受破產宣告時，應解為有本法第一百零四條之適用。縱令僅保證人宣告破產而主債務人未宣告破產時，債權人亦得以其在破產宣告時現有之債權總額為破產債權而行使其權利。蓋保證人之檢索抗辯(beneficium excussionis) 或先訴抗辯 (Einrede der Vorausklage) 僅為一種延期抗辯（民法第七百四十五條），並無否認債權人請求之效力。債權人自得以其債權為破產債權而行使權利。又保證債務之期限，通常依主債務之期限定之。保證人受破產宣告時，適用第一百零四條之結果，雖主債務未到期，保證債務亦應視為已到期（第一百條）。若保證人為多數人，而其全體或其中數人受破產之宣告者，因各保證人係就同一給付各負全部履行之責（民法第七百四十八條），自亦有第一百零四條之適用。惟該債權就各連帶債務人或不可分債務之各債務人破產財團所受中間分配之分配額，如超過其應分擔部分之數額，則該連帶債務人或不可分債務之債務人即得就該超過部分，向他連帶債務人或不可分債務之其他債務人求償（民法第二百八十一條），該債權就各保證人破產財團受中間分配後，該保證人即就分配額得向主債權人求償。故此等破產人於破產宣告時，亦即有將來可以行使之

破產宣告時之現存額，對各破產財團行使權利」。

財產請求權，構成破產財團（參看第八十二條第一項第一款）。至其他對法人債務應負無限責任之人及該法人或合夥人及其合夥團體同時或先後受破產宣告時，亦有第一百零四條之適用。法人或合夥之債權人得就破產宣告時現存債權總額，對各破產財團行使其權利。

㈡共同債務人間之關係

　　數人就同一給付各負全部履行之責任者，其中一人或數人受破產宣告時，其他共同債務人，得以將來求償權之總額為破產債權而行使其權利，但債權人已以其債權總額為破產債權行使其權利者，不在此限（第一百零五條）。就同一給付負全部履行責任之共同債務人，因清償或其他行為，例如代物清償、提存、抵銷或混同，致他債務人同免責任者，得向他債務人請求償還各自分擔之部分，並自免責時起之利息（民法第二百八十一條、第二百九十二條），此時共同債務人若已為清償，其得以其現在求償權為破產債權而行使權利，固不待言。縱使未為清償，倘債權人未以其債權總額為破產債權而行使其權利，共同債務人即得以將來求償權之總額為破產債權而受分配。惟此種將來求償權原為不確定之債權，故如最後分配表公告後十五日內尚未為清償或其他消滅債之行為以行使該求償權者，即不得加入分配（第一百四十二條）。所謂將來求償權之總額，在連帶之債或不可分債務，即為超過其分擔部分，而應由破產人分擔之數額；在保證債務，其範圍則應與債權人對破產人之債權額相同。至為債務人提供擔保之第三人即所謂物上保證人，其提供之擔保經債權人行使權利後，該債務人受破產宣告時，亦有第一百零五條規定之適用，該提供擔保人亦得以將來求償權之總額為破產債權而行使權利❽❹（參照日・破產法第二十六條第三項）。

二、對於法人負無限責任者之破產

　　對於法人債務應負無限責任之人受破產宣告時，法人之債權人，得以其債權之總額，為破產債權而行使其權利（第一百零六條）。所謂對法人債

---

❽❹　破產法修正草案第一百二十八條第二項明定：「前項規定，於為債務人提供擔保之人及債務人之保證人準用之」。

務應負無限責任之人，如無限公司之股東，兩合公司之無限責任股東，及無限責任合作社之社員是。此等股東或社員，對於法人之債權人直接負責係以法人財產不足清償債務時為限（公司法第六十條、第一百十四條第二項，合作社法第四條第三款）。蓋法人之債權人與法人發生債權債務，由於信任其無限責任股東或社員者為事所恆有，故於此等股東或社員受破產宣告時，不問法人此時是否有資力，法人之債權人得以其債權之總額直接作為破產債權而行使其權利。故雖為法人債務且未到期，但由於適用第一百條之規定，亦應視為已到期，而得逕行參加分配。又法人之有限責任股東或社員受破產宣告時，如其出資尚未繳納，而法人或其股東或社員受破產之宣告時，該法人之債權人對有限責任股東或社員，不得行使其權利，但法人得以其未繳納之出資額為破產債權額對其行使權利（參照日·破產法第二十九條）**⑤**。至法人受破產之宣告，該法人之股東或社員，不能以其出資作為破產債權行使其權利，蓋股東或社員之出資乃構成破產財團之基礎故也。

合夥人於合夥財產不足清償合夥債務時，各合夥人對於不足之額，連帶負其責任（民法第六百八十一條），故合夥人受破產宣告時，宜解為有第一百零六條之適用，即合夥債權人亦得以其對合夥之債權總額直接作為破產債權而行使權利**⑥**。

---

⑤ 陳國樑著新論第一七七頁認公司之有限責任股東（股份有限公司除外）受破產宣告，若其出資尚未向公司繳納，公司之債權人得以其出資額為限度作為破產債權而行使其權利。但查有限公司、兩合公司股東，以其出資額為限對公司負責（參照公司法第二條第二款、第三款、第九十九條、第一百十四條第二項），並不直接對公司債權人負責，股份有限公司，就其所認股份對公司負其責任（參照公司法第二條第四款），亦不直接對公司債權人負責，似難解為公司債權人得對有限責任股東以其出資額為限，作為破產債權行使其權利。

⑥ 破產法修正草案第一百二十九條第三項明定：「對於非法人團體之債務，應負無限責任之人受破產宣告時，準用前項之規定」。即採此見解。

三、對於匯票發票人或背書人之破產

匯票發票人或背書人受破產宣告，而付款人或預備付款人不知其事實為承兌或付款者，其因此所生之債權，得為破產債權而行使其權利，此項規定，於支票及其他以給付金錢或其他物件為標的之有價證券準用之（第一百零七條）。匯票之付款人或預備付款人，若不知發票或背書人受破產宣告之事實而為承兌或付款者，其承兌或付款既在破產宣告以後所為，按諸破產債權限於破產宣告時之債權之原則，如付款人或預備付款人未由破產人受領其資金，此項債權係於破產宣告後所取得，原不應屬破產債權，惟如不認其為破產債權，則付款人或預備付款人於付款或承兌時，即難免有所顧慮，有礙於票據之流通與交易之安全，故本法仿外國法例（日・破產法第五十七條）特設此例外規定。對此種債權，仍許其例外，得列為破產債權而行使其權利。又由付款所發生之債權，固為現在之債權，其由承兌而發生之債權，則為將來行使之請求權，如於最後分配表公告後十五日內未為付款者，則其因承兌而生之債權，仍不得加入分配（參照第一百四十二條）。其次關於匯票以外之支票，及其他以給付金錢或其他物件為標的之有價證券，其簽發支票或有價證券之人受破產宣告時，對於該給付金錢或物件之人，或對於代為給付金錢或物件之人，不知其破產宣告之事實，為給付或代為給付者，亦可準用本條（第一百零七條第一項）規定，以其債權作為破產債權而行使其權利（第一百零七條第二項）。

肆、繼承財產之破產

遺產受破產宣告時，縱繼承人就其繼承未為限定之繼承者，繼承人之債權人對之不得行使其權利（第一百十五條）。遺產受破產宣告時，如繼承人為限定之繼承者，繼承人之財產與遺產毫無關聯，繼承人之債權人，固不得對遺產行使其權利，如繼承人未為限定之繼承者，則遺產應與繼承人固有財產混合而成為繼承人之債權人之總擔保，繼承人之債權人本可對之行使權利，加入分配，惟在遺產宣告破產之場合，必繼承人為限定繼承，

或繼承人全體拋棄繼承，或未拋棄繼承之繼承人全體有破產之原因（參照破產法第五十九條第一項），遺產（即被繼承人）之債權人，已不能由遺產獲完全之清償，若更使繼承人之債權人行使權利，則遺產債權人所能獲得之分配，自然更形減少，殊欠公平，故法律規定遺產受破產宣告時，遺產之債權人為破產債權人，而繼承人之債權人，則不得為破產債權人。茲所謂遺產債權人固包括受遺贈人在內，但參以民法第一千一百六十條規定，繼承人既非依同法第一千一百五十九條規定償還債務後，不得對受遺贈人交付遺贈，則不問是否為限定繼承，於遺產宣告破產時，應解為遺產債權人亦得先於受遺贈人而受清償。至繼承人本身，如對被繼承人亦有債權者，則不在上述限制之列，得以其債權作為破產債權。

在比較法制上，日本破產法規定，繼承人先於遺產而受破產之宣告時，繼承人之破產財團雖由繼承人之固有財產及遺產所構成，但破產管理人應予分別管理，被繼承人之債權人及受遺贈人均得以其債權為破產債權而行使其權利（日‧破產法第三十條），惟其繼承人之固有債權人分別就遺產及繼承人之固有財產優先受償（同法第四十三條），且如繼承人已為限定之繼承者，則被繼承人之債權人及受遺贈人，對於繼承人之固有財產不得行使其權利（同法第三十二條）。又雖為限定繼承，遺產之管理及處分，亦由破產管理人為之。破產管理人為前述之管理及處分（清償被繼承人之債務）後，對於其賸餘之財產應列入破產財團（同法第二百二十六條）。又遺產及繼承人均受破產之宣告時，繼承人之固有債權人固不得對遺產行使其權利（同法第三十四條），但對於繼承人之固有財產，則優先於被繼承人之債權人及受遺贈人而受清償（同法第四十四條），可供吾人參考。

第二款 破產債權之範圍及順位

壹、破產債權之等質化

破產制度係在使多數破產債權人依其債權數額與順位，平等獲得滿足之制度。但破產債權種類繁多，為期使其平等獲得滿足，自須使其等質化。

從而對於未到期之破產債權，須使其「現在化」，將其視為已到期（第一百條），對於非金錢債權或外國貨幣之破產債權，將其評價或換算為金錢，使其「金錢化」。對於金額或存續期間不確定或附條件之破產債權，以破產時之評價額，使其債權額「確定化」，以之為破產債權而行使其權利。須注意者，此所謂破產債權之「等質化」，即破產債權之現在化、金錢化、及數額之確定化，係限於破產程序關係之範圍內，始有其適用，故如同一債權尚有其他共同債務人時，破產債權人對該其他共同債務人行使其債權時，仍應受原債權性質之限制。

貳、破產債權之範圍

一、清償期之屆至

在破產宣告前成立，得以強制執行之財產上對人請求權，既均為破產債權，若以其附有期限，因期限尚未屆至而不許其行使權利，自不免有失公平。故法律規定，附期限之破產債權未到期者，於破產宣告時，視為已到期（第一百條），俾同受清理。

二、債權額之確定及評價

㈠一般債權評價原則

金錢債權而有券面額者，依其金額。給付之標的非金錢者，則應以破產宣告時之評價額為債權額。雖係金錢債權而無券面額或應以外國貨幣清償者，亦應以破產宣告時之評價額為債權額（參照日・破產法第二十二條）。

㈡附期限債權

1.有利息之債權

有利息之債權，其債權額於原本外，並應計入至破產宣告前一日止之利息。至破產宣告後之利息，則不得列為破產債權（第一百零三條第一款），應視為新債權。

2.無利息債權

未附利息之債權,在破產宣告時雖其期限尚未屆至,但因第一百條之規定視為已到期,如其與附利息且已到期之債權同受清償,顯然受有特殊之利益,故本法規定,破產宣告後始到期之債權而無利息之約定者,其債權額應扣除自破產宣告時起至到期時止法定利息(第一百零一條)。關於法定利息,我國民法設有第二百零三條之規定,利率管理條例第六條亦設有規定,二者利率不同,適用時應以何者為準?實務上從民法第二百零三條之規定按週年率百分之五計算❽。至於中間利息扣除之計算方法,向來有三種:

⑴加爾蒲佐式 (Karpzowsche Methode) 計算法,其計算方法即從原債權額中扣除破產宣告後到期前之利息。例如債權額為一百元,由破產宣告後至到期日為十年,則破產債權為 $100 - 100 \times 0.05 \times 10 = 50$ 即五十元。惟依此算法,如期限較長,其破產債權等於零,例如上例,如期間為二十年以上時,破產債權額即變為零,自不合理。

⑵雷布利智式 (Leibnitzsche Methode) 計算法,其計算法即以到期日止之本利和作為其債權額,而其利息之計算,係依複利計算,由債權額扣除依複利計算之中間利息作為破產債權,其公式如下:$x = \dfrac{A}{(1 + 0.05)^n}$

x 為扣除中間利息後之破產債權,n 為自破產宣告時起至到期日之年數,A 為破產宣告時之債權額。此種計算方法以複利計算中間利息,與日常生活習慣不合,且一般利息之債,民法亦限制複利之約定 (民法第二百零七條),故此方法亦未為實務上所採用。

⑶霍夫曼式 (Hoffmannische Methode) 計算法,此種計算方法與雷布利智計算法大致相同,僅其關於利息之計算係採單利之計算法,其公式如下:$x = \dfrac{A}{1 + 0.05 \cdot n}$ 實務上均用此方法扣除中間利息 (x、A、n 代表之意義與上述⑵同)。

---

❽ 參照最高法院四十七年四月二十日民刑庭總會決議。利率管理條例已於七十四年十一月二十七日公佈廢止而失效。已不再生二種不同法定利率問題。

㈢附條件債權

附條件之債權有附停止條件與附解除條件兩種。附解除條件之債權 (Fordernungen unter auflösender Bedingung) 在條件成就前，其債權有效存在（民法第九十九條第二項反面解釋）；附停止條件之債權 (Fordernungen unter aufschiebender Bedingung) 則於條件成就時始發生效力（民法第九十九條第一項），此種附條件之債權應如何處理，立法例上，有僅認附解除條件之債權視為無條件者（例如德・破產法第六十六條）❸❽。有不問停止條件抑解除條件，概許以全額為破產債權者（例如日・破產法第二十三條第一項）。本法仿日法例規定：「附條件之債權，得以其全額為破產債權」（第一百零二條）。換言之，即得以該附條件之債權加入破產程序行使其權利。惟條件是否成就尚未確定，如逕予分配，亦有未妥之處，故本法關於其分配之方法，另設特別之規定（第一百四十條至第一百四十三條）是應注意者。

㈣定期金債權 (Wiederkehrende Leistungen)

定期金債權，其金額及存續期間均確定者，應依霍夫曼式計算法，扣除中間利息 (Zwischenzins)，先求出各期之債權額，再將各期債權額合併計算，即得破產債權額之總額。依此計算之債權總額，如其期間甚長，有時其總額會超過原本，日本破產法第四十六條第七款規定，對其超過原本部分之金額，其請求權之順位在其他破產債權之後。我國舊破產法草案第十條第二項但書亦設有類似規定，現行法對此未設規定，為公平計，似宜採日本法例，認其超過原本部分之金額，不得列為破產債權。若金額不確定，或存續期間不確定，或兩者均不確定之債權，則祇能推定其可得存續之期間，及以破產宣告時之標準，評定其每期金額，而後扣除中間利息，算出各期之債權額，再合併計算以為債權總額（參照日・破產法第二十二條第二項）。

三、除斥債權

下列各款債權，不得為破產債權（第一百零三條），學者稱為除斥債權❸❾。

---

❸❽　德・破產法第六十七條規定：「附停止條件之債權，僅得為保全之請求」(Fordernung unter aufschiebender Bedingung berechtigen nur zu einer Sicherung)。

㈠破產宣告後之利息

利息係使用本金之代價，因時間之經過而發生，其在破產宣告後始發生之利息，既非破產宣告前成立之債權，自不得為破產債權，但別除權人或財團債權人對於破產宣告後之利息，則非不得受償，蓋此等債權之行使，並不依破產程序為之故也。惟關於民法第三百二十三條抵充之規定，別除權人應以擔保物先充迄破產宣告時之利息，次充原本，如有剩餘再充破產宣告後之利息。

㈡參加破產程序所支出之費用

參加破產程序所支出之費用，例如為申報債權而支出之費用、閱覽文件之費用、送達通知之費用等是。此類費用係各債權人為其個人單獨利益所生，自應由各該債權人自行負擔，不得算入破產債權而行使其權利。至在破產宣告前所生之破產聲請費用，債權人會議中所決議之種種費用，或因破產債權人為共同利益所需之審判上之費用，則為財團債權（第九十五條第二款），由破產財團受償，則非此之參加破產程序所支出之費用。

㈢因破產宣告後之不履行所生損害賠償及違約金

債權人對於因債務人債務不履行之損害賠償或違約金請求權，若在破產宣告前發生，其為破產債權，固無疑義，至債權本身雖發生於破產宣告前，但不履行之事實係發生於破產宣告後，則其因不履行所生之損害賠償及違約金請求權，自不得視為破產債權。惟破產人於受破產宣告時即喪失

---

❽❾ 德‧破產法第六十三條規定：「下列債權於破產程序不得主張之：一、程序開始後之利息，二、為參加破產程序各債權人所支出之費用，三、罰金，四、因破產人生前處分行為或死後處分行為所為恩惠行為而生之債權」。既定為於破產程序不得主張其債權，自非破產債權。日‧破產法第四十六條規定：「下列請求權，在他破產債權之後，一、破產宣告後之利息，二、破產宣告後之因不履行而生之損害賠償及違約金，三、參加破產程序之費用，四、罰金，科料（亦屬財產刑：一種以十角以上二十元未滿，見日‧刑法第十七條，但罰金等臨時措置法第二項規定，提高為五元以上千元未滿）、刑事訴訟費用、追徵金及罰鍰……」。則將其視為順位在後之破產債權，並名為「劣後的破產債權」。

對於構成破產財團之財產管理及處分權，則所謂破產人不履行債務，似僅就非財產上請求權之不代替作為義務始發生此所謂破產宣告後之不履行所生損害賠償及違約金問題。蓋破產宣告時未到期之財產上請求權，其為金錢債權視為已到期，其他金錢以外之債權，得予金錢之評價，以其評價數額作為破產債權，可代替性之作為義務，亦得以由他人代為履行所生費用額作為債權額，而在破產程序行使其權利，不致發生不履行之問題也。此種由破產人所負不可代替之作為義務之違反而發生之損害賠償或違約金，如將其列為一般破產債權，則極易因破產人之態度增加破產債權，於他破產債權人不利。故本法將其列為除斥債權。

㈣罰金、罰鍰及追徵金

罰金、罰鍰及追徵金屬公法上之債權，其性質係財產罰之一種，如將其列入破產債權，無異將此財產罰轉嫁於無辜之其他破產債權人，對破產人不能達處罰之目的，故法律規定不論破產宣告前或宣告後之罰金、罰鍰及追徵金均不得列為破產債權而行使其權利❿。至破產人於破產宣告前所欠之賦稅，依司法院之解釋，為破產債權（參照司法院二十五年院字第一五二〇號、三十六年院解字第三五七八號、三十七年院解字第四〇二三號解釋），其在破產宣告後所發生之賦稅，則為財團費用（稅捐稽徵法第七條）。

參、破產債權之順位

破產程序之目的，在使各破產債權人獲得公平之滿足，則在各債權人間本無順位之可言，是破產債權於同一順位，按其債權額依破產程序加入分配為原則，惟破產債權人之債權，如法律規定對破產財團之財產有優先於一般債權者，例如勞動基準法第二十八條第一項第一款：「本於勞動契約所積欠之工資未滿六個月部分」，工會法第三十八條：「工會於其債務人破產時，對其財產有優先受清償之權」（編按：此為九十九年六月二十三日修正前之工會法，修正後已將此條刪除），本法第十一條第三項（監督輔助人

---

❿ 參照 58.7.4 臺五八函民決字第四九七七號函。其範圍應包括所有關於以金錢為內容之行政罰在內（詳附錄四④）。

之報酬，由法院定之，有優先受清償之權）所定之債權，自應優先於一般破產債權受分配。優先權之位次有先後者，亦應依其先後，其位次相同或無從分別其先後者，則各按其債權額之比例而受清償（第一百十二條）。此等有優先權之債權，係就破產財團有優先權，而非就特定財產有優先權，自非別除權。在比較法制上，有設有「劣後破產債權之規定」者，其順位在一般破產債權之後，例如日本破產法第四十六條。本法未設有劣後破產債權之規定。

第三款 破產債權之申報

壹、破產債權申報期間 (Ammeldefrist)

法院為破產宣告時，應決定債權申報期間，其期間須在破產宣告之日起十五日以上三個月以下（第六十四條第一款）。其期間之長短由法院斟酌破產事件之大小，破產債權人之多寡，所在地方交通情形依自由裁量決定之。其債權申報期間應與其他所定事項一併公告，對於已知之債權人、債務人及財產持有人，更應以通知書送達之（第六十五條第一項第三款、第二項）。

貳、破產債權申報之方法

申報破產債權應於規定期間內，向破產管理人以書面或言詞，敘明債權額（金額或評價額），及債之原因及債之種類（即普通債權抑為有優先權之債權）等。其以言詞申報者，應由破產管理人予以記錄（第五條準用民事訴訟法第一百二十二條）。至於申報時，是否須提出其債權之證明文件，本法未如日本破產法第二百二十八條、德‧破產法第一百三十九條予以明文規定，解釋上仍宜於申報時提出債權憑證，以杜爭議，惟如未提出書面證據者，破產管理人仍應許其申報，將來於第一次債權人會議時，如有異議時，由法院裁定之（第一百二十五條）。有別除權之債權人，除上述申報事項外，更應敘明別除權之種類，標的物及可為破產債權而行使權利之殘

額，此項預料不能依別除權之行使而受清償之債權額，不得以在債權人會議無人異議而謂已告確定，仍須待別除權之實際行使後，算出殘額始得確定。

又申報債權時，債權人得委任代理人代為申報。惟由代理人代為申報時，應提出委任書於破產管理人（第五條，民事訴訟法第六十九條）。

參、債權申報之效力

破產人之債權人應於公告之債權申報期間內，向破產管理人申報其債權。其不依限申報債權者，不得就破產財團受清償。因不依限申報債權將發生除斥之效果，為促債權人之注意，法院宣告破產時之公告事項即應載明：「破產人之債權人，應於規定期限內向破產管理人申報其債權，其不依限申報者，不得就破產財團受清償」（第六十五條第一項第五款），對於已知之債權人，並應以通知書送達之（同條第二項）。蓋以破產程序係就破產人之總財產對總債權人為平均之分配，故規定相當期間使債權人申報債權，以為分配之準備，俾早日為公平分配，終結破產程序，從而倘有自行遲誤申報期限，自應拒絕其補為申報，以免使已定之分配計劃受到影響❾❶。惟法院為破產之宣告後，如債權人皆未於公告期間內為債權之申報時，法院對於就其所知之債權人及債權額，仍應依破產程序進行，此時法院不得終結破產❾❷。又已於破產宣告前取得執行名義之債權人，雖逾申報期間，依

---

❾❶ 新竹地院五十年二月份司法座談會：破產人之債權人，遲誤申報債權期限，於財團分配前，可否加入破產財團？結論：「破產人之債權人，應於規定期限內，向破產管理人申報其債權，其不依限申報者，不得就破產財團受清償，破產法第六十五條第一項第五款定有明文，以期破產程序能迅速終結，使破產人之債權人早日能獲得公平分配。如自行遲誤申報債權期限，顯見其急於行使債權，自不應准許其再行申報債權，以免已定之分配表受有影響」（參照民事法律問題彙編第三冊第一七八一頁）。

❾❷ 參照司法院二十六年院字第一六七三號㈡解釋：「有破產法第一百四十六條、第一百四十八條所定情形，始得為破產終結或終止之裁定。若法院為破產宣告，債權人於公告後雖均不依限申報債權，而法院對於其所已知之債權人及其債權數額，仍得依破產程序進行」。

司法院二十七年院字第一七六五號解釋，認不在本法第六十五條第一項第五款所定限制之列，故雖逾限，仍得就破產財團而受償❾❸。須注意者，本解釋之適用，必其取得執行名義之事件，在破產宣告前，已繫屬於法院者始可，若已逾債權申報期間，乃以起訴希圖取得執行名義，援引上開解釋，避免該款後段之限制，則顯與第六十五條之規定相反，自不應准許❾❹。然該未能加入分配之債權，因破產尚非債權消滅之原因，除該債權人有免除破產人債務之意思表示外，仍得於破產程序終結後，向破產人請求清償❾❺。

又債權之申報，在實體法上發生因債權申報而中斷時效之效力（民法第一百二十九條第二項第三款）。因債權申報而中斷之時效，自破產終結或破產宣告廢棄之裁定確定時重行起算。若債權人申報後又撤回其申報時，時效視為不中斷（民法第一百三十四條）。

---

❾❸ 依破產法修正草案第一百二十一條第二項規定：「債權人未申報債權者，不論其債權有無執行名義，均不得對破產財團行使權利」，不採司法院二十七年院字第一七六五號解釋之意旨。但該修正條文所稱執行名義，不包含有別除權之執行名義乃屬當然（參照該條修正說明三）。

❾❹ 最高法院五十年臺上字第二〇八九號判決：「查對於破產人之債權，在破產宣告前成立者，為破產債權。破產債權非依破產程序不得行使。為破產法第九十八條及第九十九條所規定。本件上訴人謝〇〇主張林〇〇於破產前訂立之買賣契約，請求返還已付之價金及違約金之加倍賠償，而林〇〇於本件起訴前之民國四十八年四月二十五日受破產之宣告，依上開規定，該上訴人自應依破產程序行使其權利，不得依通常程序起訴求償。至司法院院字第一七六五號解釋謂『已有執行名義之債權，不在破產法第六十五條第一項第五款所定限制之列，雖逾申報期限，仍得就破產財團而受清償』云云，觀於破產法第九十九條之規定，自係指其起訴在破產宣告前者而言。該上訴人以已逾破產法第六十五條第一項第五款之申報債權期間，乃以起訴希圖取得執行名義，援引上開解釋，避免該款後段之限制，顯與同法第九十九條之規定相違反」。

❾❺ 參照大理院十年上字第一五號判例：「破產並非債權消滅之原因，在債務人破產時，未經加入分配之債權，除該債權人有免除之意思表示外，不得以其未經加入分配，而謂其債權即應消滅」。

肆、申報之變更及撤回

債權人申報其債權後，如其申報之事項須變更時，例如增加債權額，或申報其債權有優先權之情形，應按新的申報程序辦理，須於債權申報期限內為之。惟關於減縮其申報債權之範圍，或放棄優先權之主張，因無影響於其他債權人及分配，應認為於分配前得隨時為之。至於申報之撤回，則於破產程序終結前，得隨時為之。如其撤回後，尚在債權申報期間內，債權人仍得就其已撤回之債權重為申報。

伍、債權表之編造

破產管理人於申報債權期限屆滿後，應即依此項申報之資料及破產人提出之債權人清冊，編造債權表 (Konkurstabelle)，存置於處理破產事務之處所（參照第六十五條第一項第二款），任利害關係人閱覽（第九十四條）。並應於債權人會議提示之（第一百十九條）。關於債權表之內容如何，本法雖未設規定，但宜記載債權人之姓名住址、債權額（金額或評價額），及債之原因暨債權之性質（有無優先權），以及別除權人所申報資料不能依別除權之行使而受償之債權額等（參照日‧破產法第二百二十九條）。破產管理人對於債權人債權之申報並無審查權，故應將申報之債權悉數列入債權表，如其對於債權之申報，不論其加入或數額有異議，應向法院提出異議，由法院裁定，再依裁定之結果改編債權表（第一百二十五條），不得逕自拒不列入或少列。如破產管理人對於申報之破產債權拒不列入債權表，或將其債權額少列，該債權人亦得向法院為異議（第一百二十五條）。

第四款　破產債權爭議之處理

壹、總　說

在比較法制上，德日法例對於債權之申報，須經債權調查期日調查債權是否真實，破產人應就申報之債權為說明（德‧破產法第一百四十一條

第二項），破產管理人、破產債權人對於債權之申報亦得異議，法院對各債權之意見調查後，就其調查結果記載於債權表，債權表之記載，關於確定之債權、數額及優先權，對全體破產債權人有與確定判決同一之效力（德・破產法第一百四十五條、日・破產法第二百四十一條、第三百四十二條）。本法並無如德日法例關於破產債權調查之特別規定。依本法之規定，破產管理人於申報債權期限屆滿後，應即按申報之資料及破產人所提出之債權人清冊等，編制債權表，存置於處理破產事務之處所，任利害關係人自由閱覽，並應於債權人會議時提示之（第九十四條、第一百十九條）。破產管理人對於已申報之破產債權，並無審查之權，故應將已申報之債權全數列入債權表。惟破產程序係就破產人之總財產處分平均分配予各債權人，故債權之真偽，應否令其加入，債權額多寡是否確實，於全體債權人之權利關係至為重大。故法律允許利害關係人向法院提出異議（第一百二十五條），且所謂對於破產債權之加入及數額之異議，不僅於債權表所列他債權人之債權可否加入其數額若干可為異議，即於破產管理人對申報破產債權拒不列入債權表，或將其數額少列時之情形，該債權人亦得對之為異議。此等異議由破產法院裁定之。裁定之結果如與原來債權表之記載有異者，破產管理人應即改編債權表。將來關於破產程序之進行，例如債權人會議之決議，破產財團之分配等，均應以該改編後之債權表為準。利害關係人對於破產管理人所製作之債權表，如無異議，則破產程序之進行，自以該債權表為準，固不待言。惟債權表，或法院對異議所為之裁定，均無實體上確定債權及其數額之效力，此與德日法例所定確定之債權表有與確定判決同一之效力者異。當事人自不妨另以訴訟請求確定，但破產程序之進行並不因而停止。僅於分配時，如該訴訟尚未終結，則破產管理人得就該有爭執之債權額，按比例將其相當金額提存，而暫不分配予該債權人，待訴訟之結果再為處理（第一百四十四條）。

貳、異議權人

本法第一百二十五條第一項僅規定：「對於破產債權之加入或其數額有

異議者，應於第一次債權人會議終結前提出之」。至何人得提出異議，法律並無明文規定。解釋上下列人員有異議權：

一、破產債權人

破產債權之加入與否及其數額之多寡，直接對其他破產債權人之分配額發生影響，自應許其提出異議。至遭破產管理人拒絕編入債權表之已申報債權人或其債權額被少列之債權人，因亦直接影響其權益，自亦得提出異議。

二、破產管理人

破產管理人受理破產債權之申報，管理破產財團並定其分配，且對於破產債權人申報之債權是否真實，數額是否正確，得知較易，自應認亦有異議權。

三、監查人

監查人代表債權人監督破產程序之進行，對於破產債權之加入及數額多寡，亦應負有監查之責，如發見有不實之情形，自應認其得提出異議。惟監查人係於第一次債權人會議時始行選任（第一百二十條第一款），故監查人之提出異議，當僅有於第一次債權人會議終結後知悉異議原因之情形下始能為之 **96** 。

四、破產人

破產人可否提出異議，學者間意見分歧，有謂：「破產人對於應屬於破

---

96 最高法院五十三年度臺抗字第二四八號裁定：「按對於破產債權之加入或其數額有異議者，應於第一次債權人會議終結前提出之。但其異議之原因，知悉在後者，不在此限。此為破產法第一百二十五條第一項所明定。而監查人係由債權人會議選任，在第一次債權人會議終結前，監查人尚未產生。故監查人之提出異議，祇能於第一次債權人會議終結後，知悉有異議之原因時為之」。

產財團之財產，既已喪失其管理及處分權，就破產債權之加入及數額，無異議之權，如有異議，僅得向破產管理人聲明，而破產管理人提出異議與否，仍由其自己決定」者。有謂：「破產人依清償或其他方法解免其全部債務時，始得向法院為復權之聲請（第一百五十條），則破產債權之多寡，於破產人亦不無重大關係，且破產人對於自己債務多寡知悉最詳，故亦可提出異議」者 ❼。吾人認為，破產債權之加入及數額多少，不僅影響其他破產債權人之利益，且亦可影響破產人將來調協計劃之提出或復權之聲請。況破產債權申報之債權是否確實，數額是否相符，例如債權人雖提出憑證申報債權，事實上破產人已為一部或全部之清償，僅破產人知之最稔，自以認破產人有異議權為宜。毗爭議之裁判，係由法院以裁定為之，其程序較為簡便，抗告中又不停止原裁定之執行（民事訴訟法第四百九十一條第一項），亦不致因破產人之異議而使破產程序拖延。

參、異議提出之時期 ❽

為使破產程序迅速進行起見，本法規定對於破產債權之加入或其數額有異議者，應於第一次債權人會議終結前提出之（第一百二十五條第一項）。惟第一次債權人會議召集之期日，通常在申報債權期間截止之前（參照第六十四條），對於第一次債權人會議後，債權申報期間屆滿前申報之債權，如對該債權之加入或數額有異議，而謂已不得再異議，自非事理之平，故本法復規定：「其異議之原因知悉在後者，不在此限」（第一百二十五條第一項後段），用資兼顧。

肆、法院對於爭議之裁定

對於破產債權之加入或其數額之爭議，由法院裁定之（第一百二十五

---

❼　參照錢國成著第一五二頁，陳國樑著新論第二三三頁，劉清波著第二三四頁。

❽　破產法修正草案第一百五十一條第一項規定：「破產管理人、監查人、破產債權人或破產人對於破產債權之加入、數額或其順位有異議者，應於債權表公告前或其後二十日內提出之。但異議原因知悉在後者，不在此限」。

條第二項)。茲所稱法院係指破產法院而言。法院對於爭議所為裁定,雖無實體上之確定力,但在破產程序中,對於該債權之可否加入及其數額多寡,應悉以此裁定為準。對此裁定,利害關係人如有不服,自得提起抗告 **❾❾**。經法院裁定後,破產管理人應據以改編債權表,提出於下屆債權人會議,俾一般債權人得知裁定之結果(第一百二十六條)。

第五節　財團債權

壹、財團債權之意義與性質

財團債權 (Masseforderung) 者,謂優先於破產債權,不依破產程序,由破產財團隨時受償之債權也(第九十七條,日新破產法第五章,德破產法第五十七條)。本法不採日本法例設財團債權之名稱,而將此優先於破產債權又不依破產程序可由破產財團隨時受償之債權,依其性質,分為財團債務 (Masseschulden) 與財團費用 (Massekosten) 二種(第九十六條、第九十五條)。蓋採德國法例(德破產法第五十七條),惟德國破產法第七章定名為財團債權人 (Massegläubiger),本法則未有此名稱。為討論之方便,本節將財團債務與財團費用,仿日本法例,合稱為財團債權。茲分述其性質如次:

㈠財團債權係就破產財團而受清償之權利,雖類似於別除權,但其性質與別除權不同。蓋別除權係由破產財團所屬特定財產中而受清償之債權;

❾❾ 最高法院五十二年臺抗字第四二五號裁定:「按破產法第五條規定:『關於和解或破產之程序,除本法有規定外,準用民事訴訟法之規定』。而民事訴訟法第四百七十九條規定:『對於裁定得為抗告,但別有不許抗告者,不在此限』。本件相對人蔡○○等對於債務人○○鹼業股份有限公司破產財團申報債權,再抗告人在第一審法院就其加入及數額聲明異議,第一審裁定駁回其異議,再抗告人向原法院提起抗告,此在破產法第一百二十五條、第一百二十六條既無不得抗告之特別規定,則依同法第五條準用民事訴訟法第四百七十九條之規定,自非不得抗告」。依破產法修正草案第二百十一條第三項規定:「對於前項(債權異議)裁定,得為抗告,但不得再抗告」。

財團債權,則從破產財團全體之中受清償。又財團債權與後述之取回權亦有不同。取回權之標的,原不應屬於破產財團,因偶然之事故而被包括於破產財團之中,而由破產管理人占有管理。故其所有人有將原物取回之權利。財團債權之性質,則全然與取回權不同。

㈡財團債權係不依破產程序而應先於破產債權受清償之權利,故財團債權人並不受破產程序之拘束,得隨時由破產財團而受清償。與破產債權較之,則居有優先順位受償之地位。且因財團債權不依破產程序受償,故關於破產程序所定,債權之申報,債權人會議之參加與表決,調協等規定,於財團債權無適用之餘地。

㈢財團債權原則上為破產宣告後,為破產債權人之共同利益而支付之費用或所負擔之債務,則其債務人應為何人?向來學說有爭執❿。

1.破產人說

此說謂財團債權之債務人為破產人。蓋以破產人雖因破產而喪失對破產財團財產之管理權,但並未因此喪失所有權,仍不失為所有人,而財團債權係由破產財團即破產人之財產受清償之權利,且與強制執行之費用相類似,故其債務人自為破產人。

2.破產債權人(團體)說

此說謂財團債權之債務人為破產債權人或債權人團體。蓋以財團債權係由破產財團受償,而破產財團之增減消長關係最密切者為破產債權人,破產財團之管理及處分係由破產債權人團體之機關——即破產管理人為之,則其費用及債務,自應由破產債權人團體負擔。

3.破產管理人說

此說謂財團債權之債務人為破產管理人。蓋以破產管理人係破產財團之受託人,則因其管理及處分所生之費用及債務,自應由受託人支付也。

4.破產財團說

此說認財團債權之債務人為破產財團自體。蓋以破產財團,雖不得視

---

❿ 參照李傳唐著第一三一頁以下、李肇偉著第一二九頁以下、兼子著第六十六頁以下、山木戶著第一四一頁以下、加藤著第一一〇頁、中田著第一三七頁以下。

為法人，認有權利能力，能獨立負擔債務，但此等財團之構成，原為類似法人之財產集合，於完成其目的範圍內，其所生費用及債務，自應由其自體負擔。

　　我國學者多數說似採破產人說 ❶ 。按破產財團雖由破產宣告時屬於破產人之一切財產及將來行使之財產請求權與破產宣告後破產終結前破產人所取得之財產所組成（第八十二條第一項），財產所有權固仍屬破產人，但破產人對其喪失管理權及處分權（第七十五條），而破產債權則僅能依破產程序受清償。故破產財團實係破產程序中，為達成破產清算而存在之獨立目的財產，而有相當人格性存在。依本法第九十七條規定，財團費用及財團債務，應先於破產債權，隨時由破產財團清算之。又依本法第一百四十八條規定：「破產宣告後，如破產財團之財產不敷財團費用及財團債務時，法院因破產管理人之聲請，應以裁定宣告破產終止」。準上規定，吾人以為破產財團，在破產程序存續中，係一有獨立目的之財產，雖不具財團法人之資格而無權利能力，但仍難謂非無權利能力之團體，在破產法上，為使其達成目的，不妨承認其有獨立之地位（類似民事訴訟法第四十條第三項之非法人團體） ❷ 。則財產債權之第一次（破產程序中）的債務人為破產財團 ❸ 。第二次（破產程序終止或終結後）的債務人始為破產人 ❹ 。

---

❶　我國學者採此說者有劉清波（見氏著第一六二頁）、陳國樑（見氏著新論第一五九頁）。日本學者有加藤正治（見氏著第一一〇頁），錢國成著第一一〇頁謂：至不敷清償財團債權之額，依通說，仍應由破產人負責，似採破產人說。

❷　參照最高法院二十七年渝上字第二七四〇號判例：「破產人因破產之宣告，對於應屬破產財團之財產，喪失其管理及處分權，關於破產財團之訴訟，即無訴訟實施權，其喪失之管理及處分權，既由破產管理人行之，自應以破產管理人為原告或被告，當事人始為適格」。

❸　我國學者採此說者有李傳唐（見氏著第一三二頁）、李肇偉（見氏著第一三〇頁）。

❹　本書第一版見解與此異（參照第一版第一七九～一八〇頁）。

貳、財團債權之範圍

財團債權，依本法之規定可分為財團費用及財團債務兩種，茲分敘述如次：

一、財團費用 (Massekosten)

依本法第九十五條規定，財團費用係指下列各款費用：

㈠因破產財團之管理、變價，及分配所生之費用（第一項第一款）

所謂管理費，係指因管理破產財團所支出之費用，例如倉庫費用、運送費用、保管費用[105]、保險費用等是。所謂變價費用，係指因處分破產財團之財產所生之費用，例如鑑定費、拍賣費等是。所謂分配費，係指分配破產財團（見本法第三章第六節）所生之費用，例如因公告而登報之廣告費、送達郵費等是。至於破產人應納之稅捐，例如房屋稅、地價稅等，在德國法例，認係破產債權（德·破產法第十一條第二款），日本法例則認係財團債權（日·破產法第四十七條第二款）。本法對此未設有明文。實務上依其發生之時期加以區分，稅捐發生於破產宣告前者，為破產債權，發生於破產宣告後者，列為財團債權[106]。六十五年十月二十三日公布施行之稅

---

[105] 最高法院五十五年臺上字第二五九一號判例：「強制執行法第二十九條第二項所定得就強制執行之財產優先受償者，以債權人因強制執行而支出之費用得求償於債務人者為限。上訴人以破產管理人之身分，因僱工看管破產人建地四筆房屋二棟所支出之費用，既係屬於破產財團管理所生之費用，依破產法第九十五條第一項第一款之規定，應為破產程序中之財團費用，而非強制執行費用。上訴人除得依破產程序而行使其權利外，無主張在被上訴人拍賣抵押物執行事件中，優先參加分配之餘地」。

[106] 司法院三十六年院解字第三五七八號解釋：「納稅義務人受破產之宣告時，其破產宣告時所欠之稅，由破產法第一百零三條第四款之規定推之，非不得為破產債權，此項破產債權，如法律別無優先受償之規定，自應與他破產債權平均分配」。同院三十七年院解字第四○二三號解釋：「來文所稱之欠賦於納稅義務人宣告破產時，自屬破產債權，除法律別有優先受償之規定外，應與其他破產債權平均分配」。司法行政部臺五二函民

捐稽徵法第七條則明文規定：「破產財團成立後，其應納稅捐為財團費用，由破產管理人依破產法之規定清償之」。「適用稅捐稽徵法辦理民事及財務執行事件注意要點」第一點復規定：「法院受理破產事件，應督促破產管理人注意本法第七條規定，將破產財團成立後，應納稅捐列為財團費用，依破產法第九十七條辦理❿」。故破產財團成立後，其應納之稅捐，縱有滯納之情形，應由法院督促破產管理人隨時清償即可，惟如破產管理人拒不履行時，仍應依財務案件處理辦法規定，對破產財團強制執行❿。至於因處分破產財團之財產而發生之稅捐，例如土地增值稅、證券交易稅、印花稅等，應屬變價費用之一部，而屬財團費用，應無疑問❿。

㈡因破產債權人共同利益所需審判上之費用（第一項第二款）

　　所謂審判費用，係指自破產程序開始時起至終結時止因破產債權人共同利益而所發生之一切審判上之費用而言。破產管理人依本法第七十八條行使撤銷權，或依第九十二條第十三款就應行收歸破產財團之財產提起訴訟或進行其他法律程序所支付之訴訟費、執行費、聲請費、提供擔保費等固屬之，即其他破產程序本身所需之裁判上費用，破產之聲請費用，破產

字第一四五三號函：「查公司破產宣告後，其財產構成破產財團，該破產財團應負擔之稅捐，係屬財團費用（參照破產法第九十五條第一項第一款），此項費用依破產法第九十七條規定，應先予破產債權隨時由破產財團清償之。如是項稅捐為公司宣告破產前所欠繳者，則屬破產法第九十八條之破產債權（參照司法院院解字第三五七八號及四〇二三號解釋），自與前述財團費用有異」。破產法修正草案第一百十六條第一項第四款已明定「破產財團成立後其應納之稅捐」為財團費用。

❿　65.11.10 司法行政部臺（六五）函民字第〇九八〇五號函公布。

❿　日本東京地方裁判所昭和三十五年十二月二十八日判例（行裁例集十一卷三三六七頁。齋藤‧櫻田編第二三七頁）曰：「滯納者於破產宣告後，關於其租稅債權，不得對屬於破產財團之財產為依滯納處分之扣押，應解為專對破產管理人請求交付，即可達其目的」。採反對說。

❿　參照司法行政部編，民事法律問題彙編（六十七年五月印行）第三冊第一七八頁～第一七九一頁。

宣告之公告費用，債權調查費用，拘提、羈押破產人之費用等亦包括在內。惟須為破產債權人共同利益所需者之支出，始足認為財團費用。故如破產之聲請為法院裁定駁回時，其所支出之聲請費用，或參加破產程序之費用及行使別除權之費用不得列為財團費用。

(三)破產管理人之報酬（第一項第三款）

破產管理人係採有給制，其報酬由法院定之（第八十四條）已如前述，此項報酬之支付，在日本認其為破產財團之管理費用而屬財團債權（日·破產法第四十七條第三款），且係共益費用，故優先於其他財團債權⑩。不另設明文規定為財團費用。本法則以明文規定，用以加強破產管理人之盡心職務也⑪。又經債權人會議選任有監查人者（第一百二十條第一款），依本法第一百二十八條準用第八十四條規定，監查人亦屬有給制，由法院定其報酬，因未規定準用本款之規定，應認係第一款之管理費用，而列為財團債權⑫。

(四)破產人及其家屬之必要生活費及喪葬費（第二項）

破產人及其家屬之必要生活費及喪葬費原非為破產債權人之共同利益而支出之費用，性質上本非財團費用，惟如為優先滿足破產債權人之債權，而置破產人及其家屬之生活及喪葬於不顧，或將其責任轉嫁於政府，就社會政策而言實有未妥，故本法亦仿外國之法例⑬，將其視為財產費用而優先於一般破產債權受償。本來破產法第八十二條第二項已規定禁止扣押之財產，不在破產財團之範圍，如破產宣告時，破產人及其家屬二個月內生

---

⑩ 參照山木戶著第七十五頁，中田著第一七三頁，兼子著第一七七頁。日本最高裁判所昭和四十五年十月三十日判例：「破產程序中，破產財團不足清償財團債權時，破產管理人之報酬，優先於為國稅或其他公課之財團債權受償」。（民集二四卷一一號一六六七頁）。

⑪ 參照劉清波著第一六二頁，陳國樑著新論第一六二頁。

⑫ 破產法修正草案第一百十六條第一項第三款已明定「破產管理人及監查人之報酬」為財團費用。

⑬ 例如日本破產法第四十七條第九款，德國破產法第五十八條第三款。

活所需之物品、職業所必需之器具物品，或破產人對於他人之債權，係維持其生活所必要之費用（參照強制執行法第五十二條第一項、第五十三條）以及公務人員之退休金（公務人員退休法第十四條，編按：依一〇六年八月九日制定之公務人員退休資遣撫卹法第九十五條第二項規定，公務人員退休法自一〇七年七月一日起不再適用，並於一〇七年十一月二十一日總統令公布廢止）等，皆由破產人自行管理及處分，不屬於破產財團，似不宜再有本項之規定，增加破產財團之支出。然破產人未必有上述不得扣押之財產用以維持生活，故仍有特別加以規定，以杜爭執，並保護破產人及其家屬之基本人權。惟本項所定視為財團費用之支出，限於破產人及其家屬之必要生活費及喪葬費。關於生活費及喪葬費之支付有無必要，數額若干，由破產管理人或破產人聲請法院裁定之❶❶❹。茲所謂家屬，如破產人本人為家長，自係指與破產人以共同生活為目的而同居之人而言（參照民法第一千一百二十二條、第一千一百二十三條第二項）。如破產人本人係家屬，學者有謂「當指其家長而言，至破產人以外之其他家屬，因家屬間不負扶養義務，故不包括之」者❶❶❺。惟民法關於家對於已成年之子女或已結婚之家屬，並未規定必須由家分離（參照民法第一千一百二十八條），故如三代同堂，家長為破產人之父，破產人下有妻子兒女，上尚有老母，若只因家長為破產人之父，即可置破產人之老母、配偶，及子女於不顧，亦與民法第一千一百十四條第一、二款規定之精神有背。似宜擴張解釋為受破產人扶養之家屬間亦有本項之適用，較為合理。

二、財團債務❶❶❻(Masseschulden)

依本法第九十六條之規定，財團債務係指下列各款之債務而言：

❶❶❹　日本破產法第一百九十二條第一項規定在第一次債權人會議集會前，由破產管理人得經法院之許可給付被扶養人扶養費，同法第一百九十四條並規定第一次債權人會議應決定扶養費之給與。本法對此未有規定。

❶❶❺　參照錢國成著第一〇八頁、陳國樑著新論第一六二頁、李肇偉著第一三三頁。

❶❶❻　破產法修正草案第一百十七條第二項規定：「遺產宣告破產者，下列各款亦為財團債

㈠破產管理人關於破產財團所為行為而生之債務（第一款）

破產管理人因管理或處分破產財團，得監查人之同意或法院之許可，每須與第三人間為各種法律行為，例如買賣、借貸、僱傭等，因此等行為所生之債務，即為財團債務。破產財團對於破產管理人因執行職務所加於他人之損害，此項損害賠償債務，亦應包括於本款之內（參照日‧破產法第四十七條第四款）⑰。

㈡破產管理人為破產財團請求履行雙務契約所生之債務，或因破產宣告後應履行雙務契約而生之債務（第二款）

本款所定財團債務可分兩類，惟均係指破產宣告時已成立之雙務契約而言。分述如下：

1.為破產財團請求履行雙務契約所生之債務

此項雙務契約在破產人受破產宣告時，雙方均尚未履行，破產管理人於接管破產財團後，得監查人之同意或法院之許可，不選擇解除契約，願受原契約之拘束，因請求他方履行契約而負擔之對待給付債務。至破產管理人終止租賃契約，請求承租人返還租賃物時，出租人所負返還押租金之義務，因非請求履行雙務契約所生之債務，自不得認為財團債務（最高法院二十七年渝上字第二二六五號判例參照）。

2.因破產宣告後應履行雙務契約而生之債務

關於因破產宣告後應履行雙務契約而生之債務，學說相當分歧，有解為係指該項雙務契約，在破產宣告前他方當事人已照約履行，而於破產宣告後，應由破產管理人為破產財團履行對待給付者⑱。有解為係破產宣告

務：一、被繼承人之必要喪葬費用。二、被繼承人宣告死亡之程序費用。三、破產宣告前管理遺產之費用或因此所生之債務」。

⑰ 日本最高裁判所昭和四十三年六月十三日判例，認因財團所屬物件不法占有他人土地而生之損害賠償請求權亦屬本款之財團債務（民集二二卷六號一一四九頁）。

⑱ 參照劉清波著第一六三頁，李肇偉著第一三四頁、李傳唐著第一三〇頁。實務上亦曾採此說，詳臺灣高等法院臺南分院五十一年六月份司法座談會（刊於司法行政部五十三年三月初版法律問題彙編第七輯第六十五頁以下）。

前已成立之雙務契約，於破產宣告後，他方當事人已照約履行，因而增加破產財團之財產，僅應由破產管理人履行其對待給付而言❶❶❾。按破產人於破產宣告時，他方當事人已照約履行，則該他方當事人對破產人之債權依本法第九十八條規定應屬破產債權，而非財團債權，實難因兩造間之契約為雙務契約，而謂破產人履行之對待給付於破產宣告後，仍為財團債務，應優先於破產債權而受清償，蓋破產人於破產時所負債務，通常以因雙務契約所發生者為多數。如將此債務列為財團債務，隨時由破產財團優先受償，則破產財團勢必無以構成，將導致破產之終止（參照第一百四十八條），自非破產制度之本旨。故此所謂因破產宣告後，應履行雙務契約而生之債務，應解為破產宣告時，該雙務契約雙方均尚未履行，破產管理人未解除或終止該雙務契約，同意對方當事人履行其債務，因使破產財團增加其積極財產，而應負之對待給付，或繼續性之雙務契約，在破產宣告後契約終了止之間繼續發生之債務而言❶❷❶。

❶❶❾ 參照錢國成著第一〇九頁及第一一〇頁註一，陳國樑著新論第一六三頁。及最高法院六十二年七月十六日第二次民庭庭推總會決議。

❶❷❶ 參照最高法院五十四年臺上字第二〇九一號判決：「破產人於破產宣告前，與他人訂立之雙務契約，於破產宣告時，破產人尚未全部履行，而對方當事人已全部或一部履行完畢者，學理上有謂依破產法第九十六條第二款後段及第九十七條規定，對方當事人得以破產人應為之給付為財團債務而行使其權利者。惟破產法第九十六條第二款後段，係指破產宣告前破產人所訂立之雙務契約，於破產宣告後至契約終了止之間，繼續發生之債務而言。例如破產人所租用之房屋，於破產宣告後至租約終止生效止之間所負租金給付是。至於本件破產人王少華所應履行之移轉所有權債務，如在破產前宣告前，被上訴人已依民法第二百五十五條或第二百五十六條解除契約，其已付買賣價款，僅得依破產債權行使其權利，而未於破產宣告前解除者，破產人所應履行之債務，雖非以金錢為標的，亦應以破產宣告時之評價額為其債權額，而依破產程序行使其權利」。同院五十七年臺上字第一〇五三號判決：「破產人於破產宣告前與他人訂立之雙務契約，於破產宣告時破產人尚未履行，而對方當事人已全部或一部履行完畢者，學理上有謂依破產法第九十六條第二款後段及第九十七條規定，對方當事人得以破產人應為之給付為財團債務而行使其權利。惟破產法第九十六條第二款後段係破產宣告前破產

　　至本款財團債權金額之計算，應準用關於破產債權金額計算之規定，以破產宣告時之評價額為其債權額（參照日‧破產法第五十二條）自不待言。

人所訂立之雙務契約，於破產宣告後至契約終了止之間繼續發生之債務而言。例如破產人所租用之房屋，於破產宣告後至租約終止生效止之間所負之租金給付義務是。本件破產人與上訴人訂立之買賣契約，係以移轉系爭土地之所有權為標的，雙方應為之對待給付，於契約成立時即已發生，非破產宣告後發生之債務，上訴人自無採用破產法第九十六條第二款後段規定請求履行其雙務契約義務之餘地。系爭土地現雖由上訴人占耕中，但其占有係以請求何來旺移轉所有權登記為權源。茲何來旺迄未辦理所有權移轉登記與上訴人，則其給付應認為仍未履行。至上訴人雖已給付與何來旺定金一千元，亦僅能以此證明契約成立而已，其價金既未全部予以給付，是上訴人之給付，同應認為尚未履行。本件雙務契約於宣告何來旺破產時，雙方均未履行，又係財產上給付，被上訴人就或得監查人之同意後請求對方履行契約並以該項給付為財團債務而履行之，以請求對方履行對待給付，或拒絕破產人應為之給付，本有選擇之權。茲被上訴人為全體債權人之利益選擇給付之方法，自屬法之所許。上訴人要難主張提出自己之給付後，被上訴人有履行移轉所有權登記之義務」。

同院五十九年度臺上字第一八七四號判決：「破產法第九十六條第二款後段規定，因破產宣告後應履行雙務契約而發生之債務者，係指該項雙務契約在破產宣告前已經成立，於破產宣告後仍照約履行時，方足認為破產管理人因此為破產財團所應履行之對待給付，與同款前段所定之債務均屬破產宣告後為增加破產財團之財產而應支付之對價，始應列為財團債務。本件破產人積欠上訴人貨款，在五十八年四月十一日破產宣告時，上訴人早已將該項貨物交付完畢，並非上訴人依雙務契約於破產宣告後仍為履行而生者，自屬破產法第九十八條前段之破產債權，而非同法第九十六條第二款後段所定之財團債務」。

最高法院六十二年七月十六日第二次民庭庭推總會決議：「破產宣告時已成立之雙務契約，在破產宣告前，他方當事人已照約履行者，破產人固負有為對待給付之義務，但此種債務，性質上與成立於破產宣告前之一般債權無異，當僅得依破產債權行使其權利，如認為此種債務係屬破產法第九十六條第二款下段所規定之財團債務，得優先於一般破產債權受償，殊欠公允，故該條款下段所謂財團債務，應以破產宣告後，他方仍照約履行，因而增加破產財團之財產而應由破產管理人履行之對待給付而言，應與同條款上段之規定立法理由趨於一致」。

(三)為破產財團因無因管理所生之債務（第三款）

　　所謂無因管理係指未受委任，並無義務，而為破產財團管理事務者而言（參照民法第一百七十二條），既係為破產財團管理事務，其事務之管理行為必發生於破產宣告之後。例如第三人未受委任，又無義務而管理屬於破產財團之房屋，破產財團自應返還其必要費用（民法第一百七十六條）是。蓋其管理行為既有利於破產財團，對管理人因而支出之必要費用、有益費用、負擔債務或損害，自應列為財團債務優先受償。

(四)因破產財團不當得利所生之債務（第四款）

　　所謂不當得利，謂無法律上之原因而受利益，致他人受損害之情形（參照民法第一百七十九條）。既係破產財團所受利益，自必為破產宣告後所發生者。例如破產管理人誤將他人之動產作為破產財團予以拍賣，由第三人善意即時取得該動產，致原所有人喪失所有權時，此項拍賣不屬破產財團之動產而獲得之價金，即係破產財團之不當得利，自應將該利益返還原所有人。故亦列為財團債務。

參、財團債權之行使及其順位

一、財團債權與破產債權之關係

　　財團債權應先於破產債權而受清償（第九十七條），財團債權人固隨時得請求破產管理人清償其債權，即破產管理人所已知之財團債權，在破產債權人未分配以前，亦應先予清償。惟破產管理人於分配時所不知之財團債權，嗣後始知之者，對於分配有無影響，本法對此未設有規定，日本破產法第二百八十六條規定：「分配率、分配額之通知發出前，為破產管理人所不知之財團債權人，不得就該分配之應分配金額受償」。解釋上財團債權人於分配表經法院認可公告確定前得提出異議（第一百三十九條），如業已公告確定，而財團債權人未為異議，似宜認為該財團債權人不得就該次分配之金額受償。

二、財團債權之清償

財團債權應隨時由破產財團清償之（第九十七條），換言之即可不依破產程序，得隨時逕向破產管理人請求清償。對財團債權之範圍如有爭執，自應起訴加以確定。至破產管理人對財團債權人請求清償為拒絕時，有認關於財團債權之實現，應以法院監督權之作用予以解決，不得逕行聲請強制執行者[121]。吾人則認為法院固有本於監督權之作用，督促破產管理人履行，如不履行亦得加以撤換（第八十五條），但仍不如認財團債權人可於取得執行名義後請求法院強制執行來得便捷。

三、財團債權之順位

財團債權有財團費用與財團債務之別，破產財團足以清償全部財團債權時，固無問題，如破產財團不足清償全部財團債權時，各財團債權受償之順位如何，在比較法制上，有採不平等主義者，例如德國法制[122]，本法對此未有規定，解釋上除有擔保權者外應採平等主義，按各債權額比例清償。此時破產管理人即應聲請法院裁定宣告破產終止（第一百四十八條）。

第六節　別除權

壹、別除權之意義及性質

別除權 (Absonderungsrecht) 者，乃就破產財團中之特別財產，優先且個別受償之權利也。此種權利係基於破產宣告前已存在於破產人特定財產上之擔保物權效力而來，並非因破產程序而創設之權利[123]。又別除權係基於破產財團中之特定財產上所存在之擔保物權作用而來，故破產債權人縱

---

[121]　參照[109]所引日本判例。

[122]　參照德國破產法第六十條。

[123]　參照兼子著第一一九頁以下、山木戶著第一六〇頁。

在破產財團外之財產享有擔保物權，例如由第三人對破產人提供為破產債權人設定擔保物權之情形，亦非茲所指別除權。至雖非破產債權人，而在破產財團中之特定財產享有擔保物權者，例如破產人為第三人提供特定財產設定擔保物權，即破產人為物上保證時，仍不失為別除權人。詳言之：

一、別除權係對於破產財團所屬財產而行使之權利

別除權係對於破產財團所屬財產而行使之權利，此與取回權不同，蓋取回權係對於本不應屬於破產財團之財產而行使之權利。又有別除權之財產，並非破產人之自由財產，應編入破產財團❷。經別除權人行使權利後，如尚有剩餘時，該剩餘財產仍應歸屬於破產財團以供分配。至第三人為破產人之債務提供物上擔保時，因其財產為第三人之財產而非屬破產財團之財產，自不發生別除權問題。

二、別除權係對於特定財產之權利

別除權係存在於特定之財產之上，故僅就該特定之財產有優先受償之權利。此與財團債權不同，蓋財團債權係就破產財團之全部而受優先清償之權利。又別除權須成立於破產宣告之前，與財團債權之發生於破產宣告後者，亦有不同。

三、別除權係優先於破產債權個別受償之權利

有別除權之權利，均係擔保物權，就該擔保物賣得之價金有優先受償之權利，故別除權有優先於一般破產債權之效力。惟此所謂有優先於一般破產債權之效力者，係指就擔保物拍賣所得價金部分而言。故如行使別除權之結果，倘有不足清償部分之債權，該不足部分之債權，只得作為破產

---

❷ 最高法院十九年上字第二八一號判例：「別除權不過對於標的物有先於破產債權及財團債權受其清償之權，非謂有別除權存在之財產，即不屬於破產財團，而仍屬諸破產人」（編按：本則判例無裁判全文可資參考，依據一〇八年七月四日施行之法院組織法第五十七條之一第一項規定，應停止適用）。

債權而行使其權利（第一百零九條）。又別除權人如自願拋棄其別除權之一部或全部時，就該拋棄部分所擔保之債權，自不妨作為破產債權而行使其權利。至所謂個別受償係別於一般清償而言，換言之指別除權人得不依破產程序，行使權利，以獲得其債權之滿足。此又與有優先權之債權不同，蓋有優先權之破產債權亦與一般破產債權同，必須參加破產程序，僅在破產程序中有優先受償之權利而已，不得於破產程序外個別行使權利受償。

貳、別除權之種類

依本法之規定：在破產宣告前對於債務人之財產有質權、抵押權，或留置權者，就其財產有別除權（第一百零八條第一項）。故別除權計有：

一、質　權

質權依民法之規定，有動產質權與權利質權兩種。稱動產質權者，謂因擔保債權，占有由債務人或第三人移交之動產，得就其價金受清償之權（民法第八百八十四條）。就可讓與之債權及其他權利為標的，所設定之質權為權利質權（民法第九百條）。此等質權所擔保之債權，就質物有直接取償之權利，故優先於一般破產債權。至習慣上存在之押當，其性質有類於質權，且依當舖業法第三條第四款規定：質當係指持當人以動產為擔保，並交付於當舖業，向其借款、支付利息之行為。又同法第二十一條規定：「當舖業之滿當期限，不得少於三個月，少於三個月者，概以三個月計之；滿期後五日內仍得取贖或付清利息順延質當；屆期不取贖或順延質當者，質當物所有權移轉於當舖」。自應認當舖對於質當物亦有別除權 ❿ 。

二、抵押權

稱抵押權者，謂對於債務人或第三人不移轉占有而供擔保之不動產，得就其賣得價金受償之權（民法第八百六十條）。抵押權人於債權已屆清償

---

❿ 九十年六月當舖業法公布施行前，最高法院六十四年臺上字第一三四九號判決採反對說，認依民法物權編施行法第十四條規定民法物權質權之規定，於當舖不適用。

期而未受償者，得聲請法院拍賣抵押物，就其賣得價金而受清償（民法第八百七十三條第一項），故抵押權所擔保之債權，就抵押物賣得之價金有優先於一般破產債權人之效力。至依動產擔保交易法而設定之動產抵押權（動產擔保交易法第十五條）及依民法第五百十三條之規定承攬人經登記之法定抵押權及船舶抵押權（海商法第三十三條、第三十四條），亦應包括於茲所謂抵押權範圍之內。

三、留置權

所謂留置權，乃法律規定，債權人合法占有債務人之動產，與其債權之發生有牽連關係者，於該債權已屆清償期而未能受償時，得留置該物藉以取償之權利（民法第九百二十八條、第九百三十六條）。留置權在本質上乃債權人（即留置權人）在其債權尚未完全受償以前，留置他人所有物之權利，權利人並無當然由留置物受償之權利，故德、日破產法並未將民法上之留置權列為別除權，日‧破產法第九十三條僅就依商法而發生之留置權視為特別之先取特權，而認其為別除權。德‧破產法第四十九條僅就第三款之「因物之利用而支出費用者，在不超過現存利益範圍內，得依留置物而受償費用之債權人」及第四款之「依商法對某標的物有留置權者」始認有別除權。但我國民法第九百三十六條規定：「債權人於其債權已屆清償期而未受清償者，得定六個月以上之相當期限通知債務人，聲明如不於期限內為清償時，即就其留置物取償」。「債權人得依關於實行質權之規定，拍賣留置物或取得其所有權」。故亦將之列為別除權。

一般有優先權之債權，其受償之順位雖優先於一般債權，但係就債務人之一般財產有優先權，與一般擔保物權之就特定財產有優先權存在不同，故一般有優先權之債權，非依破產程序行使其權利不可。但海商法第二十四條所定優先，其優先受償之標的物為同法第二十七條所列之標的物，並非債務人之一般財產，則海商法第二十四條之優先權可否認為有別除權，自不無疑問。實務上以海商法第二十四條第一項各款債權所列優先權之位次，在船舶抵押權之前（海商法第二十四條第二項），其效力較抵押為強，

債權人自得不依破產程序行使權利 ⑫ ，該債權人亦有別除權。至典權並非擔保物權，典價亦非債權，故典權非別除權 ⑫ 。承租人付與出租人之押租金，關於其押租金亦無別除權存在 ⑫ 。

在比較法制上，外國尚有所謂「共有人之別除權」者。例如德·破產法第五十一條規定：「與破產人有共有、合夥或其他共同關係者，就該關係所生之債權，對破產人因分割或其他財產分離確定分得之部分，得請求別除之清償」。日·破產法第九十四條規定：「數人共同所有財產權，於其中一人受破產宣告時，他共有人因該共有關係所生債權，對因分割而歸破產人之共有財產部分，享有別除權」。學者有依民法第八百二十二條之規定，認共有財產債權亦有別除權者 ⑫ 。惟按條文所定「按其應有部分分擔之」及「按其各分擔部分請求返還」，似係指應分擔比例而言，並非謂該負擔之

⑫ 最高法院五十五年臺上字第一六四八號判例：「海商法第二十四條第一項第二款所定有優先受償之債權為：『船長海員及其他服務船舶人員本於僱傭契約所生之債權，其期間未滿一年者』，係指服務人員本於僱傭契約而生最近未滿一年之薪資債權而言，該款規定旨在保障海員之生活，僱傭契約是否定有期限，均有其適用。同條第二項更規定該項債權所列優先權之位次，在船舶抵押權之前，即其效力較抵押權為強，債權人自得不依破產程序，優先抵押權行使權利，為當然之解釋」。

同院五十五年臺上字第二五八八號判例：「系爭停舶費、繫解纜費，係海商法第二十四條第一項第一款所定之港埠建設費，港務機關即被上訴人有優先受償之權，而同條第二項更規定，該項債權所列優先權之位次，在船舶抵押權之前，即其效力較抵押權為強，債權人自得不依破產法程序先於抵押權而行使，被上訴人據以之聲明參與分配，應為法之所許」。

⑫ 宜蘭地院四十八年二月份司法座談會研究結果：查典權既非債權，亦非擔保債權之物權，故典權人不能成為破產法第一百零八條所謂「有別除權之債權人」（民事法律問題彙編第三冊第一七九八頁）。

⑫ 司法院二十九年院字第二〇七五號解釋：「承租人因擔保租金債務所交付之押金僅得向收受之出租人請求返還，業經院字第一九〇九號解釋有案，此項押租金之返還請求權，於出租人宣告破產時，自屬破產債權，只能依破產程序行使其權利」。

⑫ 參照李肇偉著第一六四頁。

支出得就應分擔負擔共有人之持分所有權行使權利。尚難以該條之規定，作為有別除權存在之依據。

參、別除權之行使

一、破產程序外之行使

　　有別除權之債權人，不依破產程序而行使其權利（第一百零八條第二項）。所謂不依破產程序行使其權利，係指有別除權之債權人，依其所有別除權之種類，基於該別除權本身之效力，在破產程序外行使其權利而言 **⑬**。例如在破產宣告前，對債務人之財產有抵押權者，應依民法第八百七十三條第一項、非訟事件法第七十二條規定，聲請法院裁定准予拍賣抵押物，經法院為許可強制執行之裁定，即本此裁定為執行名義聲請法院為強制執行，由執行法院依關於不動產之執行規定變價受償，不必假手破產管理人拍賣抵押物 **⑬**。如有別除權之債權人於破產宣告前，業已實行別除權而經執行法院開始強制執行程序者，其執行程序不受影響，可繼續進行，自不待言 **⑬**。

---

⑬ 依破產法修正草案第一百三十一條第二項規定：「前項有別除權之債權，仍應依第七十七條第一項第五款（現行法第六十五條第一項第五款）規定申報之」。其未申報者，同條第三項但書規定：「破產管理人必要時，得將別除權之標的物拍賣或變賣，就其賣得價金扣除費用後清償之」。

⑬ 最高法院五十二年臺抗字第一六一號判例參照。

⑬ 最高法院四十九年臺抗字第一九八號裁定：「在破產宣告前對於債務人之財產有抵押權者，依破產法第一百零八條就其財產有別除權，即不依破產程序行使其權利。查債務人鄧○○於民國四十九年宣告破產，既在本件抵押權於四十七年十月二十八日設定之後，則執行法院不於鄧○○宣告破產時停止執行，不得謂為違法。又抵押物之拍賣固在宣告破產以後，惟拍賣通知則係民國四十九年三月二十七日送達與債務人鄧○○，有送達證書可稽，是縱使嗣鄧○○宣告破產，執行法院未對其破產管理人再為通知，亦難謂其執行程序與強制執行法第六十三條之規定有違」。

別除權標的之財產，亦屬破產財團之財產，破產人喪失對其管理及處分權，故別除權之行使，應以破產管理人為相對人❸。故別除權之債權人縱於破產宣告前已因其權利存在與否與債務人涉訟，則於破產宣告後，亦應由破產管理人承受訴訟。

破產管理人之承認別除權，應得監查人之同意（第九十二條第十一款），監查人未選出以前，則應經法院之核定❹，破產管理人否認債權人之別除權，不論基於破產管理人主動否認，或監查人之不同意或法院之不予核定，別除權之存在既有爭執，原則上自應由主張別除權存在之債權人提起確認之訴以為解決。例如承攬人主張法定抵押權（別除權）而為破產管理人所否認時，自應由承攬人起訴請求確認法定抵押權之存在❺。惟別除

❸ 同說：錢國成著第一三七頁、劉清波著第一八六頁，陳國樑著新論第一八七頁。日本判例及學說亦認別除權之行使應以破產管理人為利害關係人或相對人。日本大審院昭和四年八月二十一日民集八卷七四七判例、山木戶著第一六〇頁、齋藤、櫻田編第二三三頁。我國最高法院五十二年臺抗字第五七二號裁定意旨：「查破產人因破產之宣告，對於應屬破產財團之財產，固喪失其管理權及處分權，但依破產法第一百零八條之規定，有別除權之債權人，可不依破產程序而行使其權利，是債權人楊〇〇直接以原債務人為當事人請求拍賣提供擔保之抵押物，於法並無當事人不適格之情形，而原債務人亦非不得提起抗告。再抗告人雖為破產管理人，但非第一審裁定所列當事人，且係對不屬破產財團之財產提起抗告，顯非合法」。似認別除權之財產非破產財團之財產，而認別除權之行使，以破產人為相對人。但同院七十一年臺抗字第五〇二號裁定則謂：「按在破產宣告前，對於債務人有抵押權者，就其財產有別除權。有別除權之債權人，固可不依破產程序而行使其權利，但別除權之標的財產，仍屬於破產財團，故此項權利之行使，仍須以破產管理人為相對人。倘以聲請強制執行為行使別除權之方法，如不列破產管理人，而列破產人為相對人，其聲請，於強制執行之當事人適格，即有欠缺。執行法院應以此為理由，裁定駁回」（司法院公報第二十五卷第三期）。

❹ 司法院二十五年院字第一四二三號解釋：「破產管理人依破產法第八十三條規定，本應受法院監督，該管理人依同法第九十二條規定應得監查人同意之行為，在監查人未選出以前，倘法院因該管理人之呈請認有急須處理之情形，得本其監督權之作用，酌量核定，以促破產程序之進行」。

權中之一般抵押權，債權人行使抵押權聲請拍賣抵押物事件，因屬非訟事件性質，祇須其抵押權業已依法登記，且債權已屆清償期而未受清償，法院即應為准許拍賣抵押物之裁定，至抵押權及債權是否真實等實體上法律關係之爭執，在非訟事件程序中並不加以審查，故其裁定並無確定實體法律關係之效力，從而對此項法律關係有爭執之人，自須提起訴訟以求解決❿。此時債權人因已執有准許拍賣抵押物裁定之執行名義，可據以聲請法院強制執行，自應由破產管理人對之提起確認別除權不存在之訴，以謀解決。又別除權為質權或留置權之情形，質物及留置物係在質權人或留置權人占有之中，縱令破產管理人否認其別除權存在，亦無從自有別除權之債權人占有中回復占有，此時有別除權之債權人如不提起確認別除權存在之訴，破產管理人對之亦無可奈何，故事實上仍應由破產管理人對之提起確認別除權不存在之訴，並請求返還占有物之給付之訴，以為解決。

　　別除權之標的物仍屬破產財團之財產，且別除權之行使應以破產管理人為相對人，故別除權人宜於債權申報期間申報債權❿，並將其別除權之

❿ 最高法院五十五年臺抗字第六一六號判例：「承攬人就承攬關係所生之債權，對於其工作所附之定作人之不動產有抵押權，承攬人果有因承攬關係取得對定作人之債權，在未受償前，自得聲請法院拍賣定作人之不動產。惟承攬人有無因承攬關係取得對定作人之債權，非如設有抵押權登記之被擔保債權，得逕依國家機關作成之登記文件證明確有債權，則定作人有無債務自無從遽行斷定，從而如定作人就債權之發生或存在有爭執時，仍應由承攬人提起確認之訴，以保護定作人之利益，此與實行經登記之抵押權時，債務人就抵押關係有爭執者，應由債務人提起確認之訴，不能作同一解釋」（編按：本則判例與現行民法第五百一十三條規定之意旨不符，依最高法院民國九十一年八月二十日九十一年度第九次民事庭會議決議，不再援用）。

❿ 最高法院五十一年十月八日民刑庭總會決議：「聲請拍賣抵押權事件，准許與否之裁定既無確定實體法上法律關係存否之性質，要於債權及抵押權之存否並無既判力，故祇須其抵押權已經依法登記，且債權已屆清償期而未受清償，法院即應為准許拍賣之裁定，而對於此項法律關係有爭執之人，為求保護其權利，不妨提起訴訟，以求解決，不得僅依抗告程序聲明其有爭執，並據為廢棄拍賣裁定之理由」。

❿ 日破產法第一百四十三條第一項第四款規定破產公告應記載「屬破產財團財產之持有

種類及標的物一併列明。破產管理人於得監查人之同意承認其別除權時，應斟酌別除權標的物之價值。如其價值有超過別除權所擔保之債權額時，因其超過部分仍歸入破產財團以供分配，為一般破產債權人利益計，倘別除權標的物為別除權人所占有者，破產管理人應要求別除權人提出別除權標的物供其估價❶❸❽，如發現其價值高於所擔保之債權時，並宜促別除權人行使權利，若別除權人拒不行使權利，因本法未如日本破產法第二百零四條定有得請求法院限期命為處分標的物之規定，此時得經監查人之同意或法院之核定，清償該債務消滅其別除權，取回該別除權標的物，再予變價以供分配。別除權標的物不為別除權人占有之抵押不動產，於別除權人不行使別除權時，破產管理人雖得處分該不動產，然除非別除權人同意其處分，否則其處分因不影響抵押權之存在，其結果僅能於扣去被擔保債權之餘額範圍內處分抵押物，以供分配。

二、破產程序上之行使

有別除權之債權，與一般破產債權雖未盡相同，然一般破產債權享有

人有別除權時，應命於一定期間內將其債權向破產管理人登記之旨」。故學者有依此謂我國法上，別除權債權人仍應將其別除權標的物情形及債權額等向破產管理人申報（參照陳國樑著新論第一八七頁）。惟本法未有如日本破產法之規定，而別除權之行使，又有不依破產程序為之之規定，故如未為申報，並不生除斥效果，僅將來行使別除權後，其未能受清償之債權額，不能以之為破產債權而行使其權利而已（參照錢國成著第八四頁註四）。另參照本節註❶❸⓪。

❶❸❽ 日・破產法第一百九十五條規定：「破產管理人得請求別除權人提示其行使權利標的物之財產。破產管理人為使前項財產為評價時，別除權人不得拒絕之」。德・破產法第一百二十條規定：「債權人就其占有之財產得請求別除之清償者，因破產管理人為閱覽之請求，應呈示其財產，並使破產管理人得對之為評價」。本法對此未設規定，實屬疏漏，宜加補充規定，以杜爭議。破產法修正草案第一百三十一條第五項規定：「破產管理人於必要時，得請求別除權人交出其權利之標的物或估定其價額。別除權人逾債權申報期限仍未行使別除權或交出標的物者，法院得依聲請將該標的物取交破產管理人」。

之利益，有別除權之債權人仍然享有之。故有別除權之債權人，於擔保物非基於別除權之事由之滅失，或別除權人拋棄其擔保權者，有別除權之債權人仍得以其債權全部為破產債權而行使其權利。有別除權之債權人亦得以行使別除權後不能受償之債權，為破產債權而行使其權利（第一百零九條）。惟破產人為第三人之債務提供擔保而為物上保證時，其擔保權人則僅能對破產人之該財產行使別除權而已。蓋擔保權人與破產人間並無債之關係存在也。有別除權之債權人，欲與其他一般債權人同受分配者，亦應於申報債權期間內，將其預料不能依別除權之行使而受清償之債權額估計申報。此項債權額在未實行別除權前尚不確定，為不確定之債權，故於最後分配表公告後十五日內，應證明其已行使別除權，並釋明未能受償之殘額，否則應解為不得加入分配（第一百四十二條）。又關於行使別除權後未能受清償之債權額之計算，應注意破產宣告後之利息，不得為破產債權（第一百零三條第一款），故以擔保物變價之價金清償時，應先抵充破產宣告前一日止之利息，次充原本，必原本得全部受償而有餘，始得以該餘款抵充破產宣告後之利息。惟擔保物既足清償原本，即無所謂行使別除權後未能受償債權之利息得為破產債權者。至於該破產後之利息得否受償，則非所問 ❸。又因不可歸責於別除權人之事由致擔保物滅失之情形，除因民法第八百八十一條但書、第八百九十九條後段之規定，得就賠償金取償而滿足其債權外，其不足部分及別除權人拋棄其別除權時之債權，即變為一般破產債權，即應依破產程序行使權利，自不待言。

---

❸　最高法院二十八年上字第五〇六號（刑事）判例：「破產人以損害債權人為目的，在破產程序中為不利於債權人之處分者，固應成立詐欺破產罪。但依破產法第一百零八條規定，破產宣告前對於破產人之財產有抵押權者，就其財產有別除權，不依破產程序行使其權利。至抵押權所擔保之效力及於利息，又為民法第八百六十一條所明定。則被告某甲於宣告破產後，向其佃戶某乙收取租谷交付某丙，如果某丙對於該田有抵押權，而所交租谷又係某丙應得之利息，即不能謂其交租谷係不利於其他債權人之處分，自不構成詐欺破產罪」（編按：本則判例無裁判全文可資參考，依據一〇八年七月四日施行之法院組織法第五十七條之一第一項規定，應停止適用）。

第七節　取回權

取回權 (Aussonderungsrecht) 有一般取回權與特別取回權二類，兩者雖皆為第三人得就特定財產，由破產財團取回之權利，但其依據與要件則全然不同，茲分述如次：

壹、一般取回權

一、取回權之意義及其性質

取回權者，謂第三人主張破產管理人支配下之財產，不屬於破產財團財產，而得請求排除其支配之權利也。析言之：

(一)取回權之財產，非屬破產人之財產

取回權之財產，須不屬於破產人所享用之財產，換言之，該財產本質上原非破產財團所屬財產，因破產法以外之某種原因事實；由破產人占有或管理，於破產宣告後，一併由破產管理人占有管理；或破產管理人誤認其為破產人之財產而於破產宣告後加以占有管理者。因該財產原係第三人所有而不屬破產財團，該第三人自得不依破產程序而予取回。

(二)取回權係自破產財團取回其財產

得依破產程序而為執行之財產，應僅限於破產人所有而可供強制執行之財產，換言之，即為破產財團。惟破產管理人占有管理之現實財團 (Istmasse) 中，如因偶然有法定財團 (Sollmasse) 以外之財產在內時，自應許真正權利人取回，此項取回之權利，並非破產法上所創設之新權利，乃基於一般實體法而發生，其所以加上取回權之特別名稱，無非據以表示本不屬於破產人之財產，由於其所支配之關係，破產宣告後雖經編入破產財產，但真正權利人並不受任何影響，對於破產財團仍得行使其權利。可知取回權係自破產財團取回其財產之權利。

㈢取回權係第三人之權利

取回權係第三人對於主張應屬於破產財團之財產之異議權。此雖與在個別強制執行時，第三人對執行標的之異議相似（參照強制執行法第十五條），實則亦有不同。蓋破產管理人之占有管理並非執行處分行為，且若破產管理人承認此種權利，則由取回權人取回標的物，非如第三人異議之訴，必須以訴主張其權利也。

二、取回權之基礎

取回權乃第三人主張破產管理人支配下之財產不屬於破產財團，而請求排除其支配之權利。此項權利之發生，並非破產法所新創設，而係基於民法或其他實體法之規定，已如前述，茲再闡述其情形如次：

㈠取回權係由於破產宣告前，破產人已占有不屬於其自己之財產，致被誤編入破產財團之關係而來。故破產財團成立後，破產管理人借用或保管他人之財產，該他人之返還請求權，自非此所謂取回權。

㈡取回權人通常係其財產或權利之所有人或歸屬之人，但基於其與破產人間之租賃，寄託等契約而得請求返還租賃物，或寄託物等之債權的請求權，亦得為取回權之基礎 **[140]**。

㈢在破產人受破產宣告前取得之權利，如該權利之取得尚不得對抗第三人時，例如海商法第九條，積體電路電路布局保護法第二十二條等情形，亦不得作為取回權之基礎。蓋破產財團或破產管理人，並非破產人之一般繼承人，而仍屬第三人也。故雖自破產人取得權利，但於破產人受破產宣告時既尚未完成交付或登記之生效要件者，固不得基於其債權之請求權取回；即於不得對抗善意之第三人之情形，破產債權人中，既有不知情之第三人，不問其人數多少，即應解為不得對抗破產財團或破產管理人 **[141]**。

㈣依動產擔保交易法第二十六條所成立之附條件買賣契約，如其契約

---

[140]　參照山木戶著第一四五頁。

[141]　參照山木戶著第一四五頁。日本大審院昭和八年十一月三十日判例（民集一二卷二四號二八七一頁）。

已經登記，在買受人未付清約定之一定價金，或全部價金或完成特定條件時，買受人破產，因其所有權仍屬出賣人所有，破產人或破產管理人固得付清價金，取得所有權，如破產人或破產管理人不履行契約之約定，致解除契約時，出賣人自得行使取回權。反之，於出賣人破產之場合，我國民法未如日本民法第三百十一條第六款定有先取特權（優先權之一種）之規定。於此情形，如破產管理人不接受買受人之支付全部價金由買受人取得所有權，亦宜解為買受人就其占有之買賣標的物有擔保權❶，而得行使別除權。蓋在附條件之買賣，係出賣人為擔保其債權之受償，在受償完畢前，約定由出賣人保留其所有權，但買受人同樣為擔保其已支付之價金不致落空，故由出賣人移轉其買賣標的物，由買受人占有，雖不用通常所稱「質權」之擔保物權用語，其實質，應含有該用意在內故也。

㈤信託關係 (Treuhandverhältnis)，依信託法第一條規定：「稱信託者，謂委託人將財產權移轉或為其他處分，使受託人依信託本旨，為受益人之利益或為特定之目的，管理或處分信託財產之關係」。可知信託財產 (Treugut) 在法律上雖係屬受託人，但其對受託財產之處分，負有受信託契約拘束之義務。故該財產實質上及經濟上應屬於委託人或受益人。從而信託法第十一條規定，受託人破產時，信託財產不屬於其破產財團。此時委託人或受益人得聲請將受託人解任，由委託人指定新受託人，如不能或不為指定者，法院得因利害關係人或檢察官之聲請選任新受託人（信託法第三十六條第二項、第三項）；此時原受託人任務終了（同法第四十五條），依信託法第四十七條規定，信託財產視為於原受託人任務終了時，移轉於新受託人。因之，新受託人對該信託財產有取回權。

㈥作為取回權行使標的物之財產，如在破產宣告前由破產人將其出讓，或於破產宣告後由破產管理人出讓時，德日法例，取回權人得請求移轉該對待給付請求權，謂之「代償的取回權」(Ersatzaussonderung，德·破產法第四十六條，日·破產法第九十一條)。本法對此未設規定，立法上，德日

---

❶ 此種擔保權之理論，最近在日本相當有力，謂為「非典型擔保之理論」，其詳請參照山木戶著第一五三頁以下。

立法值得仿效。但在我國因無相當之規定，解釋上難以作相同之解釋⓭。吾人認為，在破產宣告前，由破產人出讓之場合，如其出讓行為已使受讓人取得權利，而受讓人已付清對價者，取回權人自得以其對破產人之損害賠償請求權作為破產債權，行使其權利。如受讓人尚未付清對價，破產管理人將其列入破產財團，即為破產財團之不當得利，取回權人得依第九十六條第四款、第九十七條規定，隨時由破產財團清償之。如其出讓行為係由破產管理人為之者，因係破產宣告後，由破產管理人之行為而發生之債務，取回權人得依第九十六條第一款、第九十七條以其為財團債務，由破產財團隨時受償。至破產人或破產管理人之出讓未使受讓人取得所有權者，則取回權人仍得本其所有權之追及效力對受讓人主張其權利。但此已與破產事件無關，自不待言。

㈦破產人之自由財產，如被破產管理人誤列為破產財團時，此時就自由財產言，破產人對破產財團或破產管理人之地位，有類似於第三人，故應解為破產人就其自由財產，亦得對破產管理人主張其取回權⓮。

三、取回權之行使

不屬於破產人之財產，其權利人得不依破產程序，由破產管理人取回之（第一百十條）。可知取回權之行使，得不依破產程序在訴訟上或訴訟外，對破產管理人主張之。其以訴訟方法行使者，可提起給付之訴，亦可提起確認之訴，甚至亦不妨依抗辯行使⓯。破產管理人對取回權人權利之行使，亦得據破產人所有一切抗辯權，對抗取回權人。惟破產管理人承認取回權時，應得監查人之同意。其監查人尚未選出時，則應經法院之核定。

⓭　破產法修正草案對此已增訂，草案第一百三十三條第二項規定：「破產人於破產宣告前或破產管理人於破產宣告後，將前項財產讓與第三人，而未受領對待給付者，取回權人得請求破產人讓與其請求對待給付之權利」。同條第三項規定：「前項情形，破產管理人受有對待給付者，取回權人得請求交付之」。

⓮　參照山木戶著第一四五頁、第二三二頁以下。陳國樑著新論第一九一頁。

⓯　參照中田著第一一九頁。

貳、特殊取回權

一、特殊取回權之意義

出賣人已將買賣標的物發送，買受人尚未收到，亦未付清全價，而受破產宣告者，出賣人得解除契約，並取回其標的物，但破產管理人得清償全價而請求標的物之交付 （第一百十一條），是為隔地交易之出賣人取回權 ⑭⑥。此一制度肇始於英國，當時英國衡平法院認為在隔地買賣，出賣人將標的物發送喪失占有，而買受人尚未付清價金即陷於支付不能之情形時，如不准出賣人將運送中之貨物停止送交買受人，將來出賣人僅能按一般破產債權受償，無異於以出賣人之財產，清償買受人對他人之一般債務，有失公平，故衡平法賦予出賣人停止續送權 (right of stoppage in transitu)。後普通法 (common law) 亦採用之，彙集多數判例之結果，而定為成文法，即 Sale of goods Act. 1893。其後為法國法所繼受 （法·商法第五百七十六條，法·民法第二千一百零二條第四款），稱為取回權 (revendication)，旋為大陸法所廣泛採用，謂之追及權 (Verfolgungsrecht)。本法亦仿德、日法例，設此出賣人取回權之規定。

二、特殊取回權之要件

此項取回權之發生，係因出賣人解除買賣契約之結果，而其得行使解除權及取回權。其要件如下：

㈠須為隔地之買賣 ⑭⑦

出賣人取回權，須於動產之隔地買賣始能發生。此徵諸條文有發送與

---

⑭⑥　在德國破產法，除就出賣人取回權設有規定外，對行紀人（第四十四條）、破產人之妻（第四十五條）亦設有取回權，並另定有代償的取回權之規定（第四十六條）。日本破產法亦設有行紀人之取回權（第九十條）及代償的取回權之規定（第九十一條）。現行法對此未設規定，但修正草案第二百三十四條第二項已明定「於行紀人將其受託買入之標的物，發送於委託人之情形」，亦準用關於隔地交易之出賣人取回權之規定。

收到等文字即明。且只有隔地買賣，貨物始須有長時間之運送，在此運送期間，買受人之資產狀況難免發生變化以至於破產，故始有此項特殊取回權設置之必要。若同地買賣，或現物交易，則相互受授時間甚短，銀貨兩訖，均極方便，且對買受人之情況極易掌握，自無特設取回權之必要。又依本法之規定，此項特殊取回權，須以出賣人發送後，買受人受破產之宣告為必要，如買受人僅屬財產有顯然減少致不能清償債務之情形而未受破產宣告，仍不發生取回權之問題，此與英國之停止續送權之情形有異。

㈡須買受人尚未付清價金全數或未經破產管理人清償全價

買受人如已付清全部價金，或破產管理人清償全價時，於出賣人並無任何不利益之情形，出賣人原即有按契約履行交付買賣標的物之義務，自不能認出賣人有取回權。茲所謂未付清全價，包括價金之一部或全部未付之情形。至該價金債權有無擔保，是否已屆清償期則非所問。又價金之付清，不以現金之支付為限，其依抵銷、混同、免除等債之消滅方法，使價金債權消滅者，亦屬此所謂付清全價。

㈢須於買受人受破產宣告當時，買賣標的物尚在運送中

出賣人在發送前，如買受人受破產之宣告，出賣人在破產管理人未付清全部價金以前，原可拒絕自己之履行（民法第二百六十四條、第二百六十五條）。如出賣人發送後，買受人已受領買賣標的物後，始受破產宣告，其財產權已歸買受人所有而變為破產財團之一部，出賣人均無行使取回權之可言。條文所謂買受人尚未收到，係指買賣標的物尚未由買受人或其代理人現實占有之情形而言。法律上視同貨物交付之場合，例如提單，載貨證券之交付，均非茲所謂之收到，故民法第六百二十九條等規定，無適用之餘地。本法第一百十一條規定為「買受人尚未收到」，與日·破產法第八十九條第一項所定「未於到達地受領物品」，德·破產法第四十四條第一項所定「其商品在程序開始前尚未到達交付地」之情形不同，惟學者咸認出賣人在標的物未到達目的地前，買受人受破產之宣告，即構成取回權之要

---

⑭　同說：劉清波著第一九三頁、李傳唐著第一四九頁、陳國樑著新論第一九五頁。反對
　　說：李肇偉著第一六八頁。

件，故在未達到目的地前，買受人親自或派員在中途收受，仍不影響出賣人行使取回權 **148** 云云，似欠法律上之依據，有待將來修訂法律補充之。在未修訂法律以前，似不宜解為如德日法例之情形，以到達目的為準。又須注意者，僅須買受人於受破產宣告時，買賣標的物尚未由買受人或其他代理人受領即可構成取回權，其後縱由破產人受領，仍不影響取回權之行使，此亦與英國之法制不同。

㈣須出賣人解除契約

德·破產法第四十四條第一項及日·破產法第八十九條第一項均僅規定「出賣人得請求取回」而已，其取回權之行使，並無先解除契約之必要。本法則規定「出賣人得解除契約，並取回其標的物」。蓋認出賣人取回權之行使，乃行使法定解除權當然之結果。貨物發送後，買受人尚未收到且未付清全價而受破產之宣告，為行使其法定解除權之原因。因解除權行使之結果，當事人有回復原狀之義務，自應返還由他人所受領之給付。故規定行使取回權前，應解除買賣契約。

三、解除權及取回權之行使及其效果

㈠出賣人解除契約取回標的物，應對破產管理人為之。因本法規定，出賣人行使解除權時，並應為解除契約之意思表示，故不發生買賣當事人雙方均未履行完畢之情形，亦不發生第九十六條第二款前段規定之問題。

㈡出賣人之行使取回權，應於買受人尚未收到標的物之前，對破產管理人表示解除契約及為取回標的物之意思。其後破產管理人雖收到標的物，亦僅處於保管人之地位，不能視同出賣人之履行行為。故出賣人得對破產管理人取回其發送之標的物。該標的物如仍存在於破產財團，破產管理人固應將其交還出賣人；如已不存在，出賣人只得以其為第九十六條第四款，主張其為財團債務而行使其權利。又於出賣人受領一部分價金，而主張解除契約行使取回權之場合。出賣人應將已受領之價金附加利息一併返還於破產財團，自不待言。

---

148 參照劉清波著第一九三頁、李肇偉著第一六八頁、陳國樑著第一九五頁。

　　㈢出賣人雖有解除契約及收回買賣標的物之權，但破產管理人得斟酌利害，於認為取得買賣標的物為有利之情形時，得付清價款請求交付標的物，於此場合，出賣人不得拒絕，其價款債務，變成財團債務（第九十六條第二款），得隨時由破產財團受償（第九十七條）。不論取回權之承認或付價請求交付買賣標的物，破產管理人均應得監查人之同意，如監查人尚未選出，則應經法院之核定。

　　茲須附帶說明者，在行紀人為委託人購買物品，且已將標的物發送，委託人尚未收到，亦未付清全價而受破產宣告時，行紀人是否得解除契約而將標的物取回，本法未設規定，通說皆認得準用第一百十一條之規定❿。

第八節　抵銷權

壹、抵銷權之意義及其效用

　　抵銷權 (Aufrechnungsrecht) 者，乃破產債權人於破產宣告時，對於破產人負有債務，不問給付種類是否相同，亦不問破產債權人之債權是否附有期限或解除條件，均可不依破產程序而為抵銷之權利也 (第一百十三條)。析言之：

一、與民法上抵銷之比較

　　抵銷之制度，原為民法所規定，於二人互有債權互負債務情形下，使彼此債權債務同歸消滅之行為（民法第三百三十四條）。此為消滅債務最簡便之方法，可免去不少麻煩。在債務人受破產宣告時，此種抵銷制度，尤有其特殊之意義。蓋在二人互負債務之相當期間或長期交易關係下，因可隨時以抵銷來了結雙方債務關係，彼此均具有安全感。倘一旦一方受破產之宣告，他方即不得主張抵銷，其對破產人之債務，須對破產財團完全履行，而自己對破產人之債權，只能作為破產債權，依破產程序行使，則其安全感盡失，而於當事人間造成極度之不公平，故於破產法尤須有抵銷之

❿　參照劉清波著第一九五頁、陳國樑著新論第一九六頁。

規定，使債權人得不依破產程序，而為抵銷。惟民法所定抵銷之要件相當嚴格，如僅於有民法上得抵銷之情形始得為破產法上之抵銷，對於破產債權人之保護，則甚為薄弱。故破產法擴張抵銷權行使之範圍，不限其須為同種類之給付，亦不限於均須屆清償期，使給付種類不同、附有期限或附解除條件之債權，亦得主張抵銷權。然抵銷權之行使，可使破產財團之範圍縮小，於一般破產債權人不利，且破壞破產制度破產債權人應平等受償之理想，為保護一般破產債權人及防止抵銷制度之不適運用，本法關於抵銷權之範圍，於民法之規定外，復設有限制之特別規定。

二、破產法上抵銷權之效用

破產法上抵銷權之效用，在於債權人可不依破產程序逕將自己對於破產財團之債務與自己之債權抵銷，而使自己之債權優先受償。此與別除權之行使，債權人可不依破產程序逕自破產財團中之特定財產而優先受償相似。雖兩者之標的，一為自己之債務，一為特定之財產，其實抵銷之作用遠大於別除權。蓋在別除權，權利人常因擔保標的之特定財產之價值低於其所供擔保之債權總額，或因擔保之順位在後，仍未能受到十足之清償。反之，在抵銷權，則權利人既係以自己之債務抵銷自己之債權，恆可就抵銷額而受十足之清償。

貳、抵銷規定之適用範圍

破產宣告時，破產人之總財產，可分為破產財團與自由財產（非破產財團）二大類，債權人對破產人之債權，亦可分為破產債權與非破產債權二大類，茲將其相互間所生抵銷關係，分述如次：

一、非破產債權與屬於非破產財團之債權之抵銷

非破產債權，其債權之行使，不依破產程序為之，而非屬於破產財團之債權，既非破產財團之財產，亦不依破產程序處分分配，故兩者之抵銷關係與破產無關，應依民法之規定為抵銷。

二、非破產債權與屬於破產財團之債權之抵銷

　　非破產債權可分為財團債權之非破產債權與非財團債權之非破產債權。關於財團債權之非破產債權，依本法第九十七條之規定，「應先於破產債權，隨時由破產財團清償之」，故應認為可為抵銷。至非財團債權之非破產債權，因不得依破產程序行使其權利，無從由破產財團受償，故不得相互主張抵銷。

三、破產債權與屬於非破產財團之債權之抵銷

　　破產人以其不屬於破產財團之自由財產為任意清償，法律並未禁止，從而破產人自得以屬自由財產之債權與破產債權抵銷。反之，破產債權人於破產程序中，不得對破產人為請求，自不得以其破產債權對破產人所屬自由財產之債權主張抵銷。

四、破產債權與屬破產財團之債權之抵銷

　　本法所定抵銷，即以此二種債權之抵銷為主要目的而設。蓋以此種抵銷與破產債權人間之公平及破產財團之增減關係密切。更分述之如次：

㈠抵銷權之行使僅破產債權人可得主張

　　本法有關抵銷之規定，限於破產債權人主張抵銷時，始有其適用。破產人及破產管理人均不得主張。此與民法上之抵銷雙方皆得相互主張抵銷者不同（參照民法第三百三十四條）。蓋抵銷使破產財團減少，於他破產債權人有害，故不許破產管理人主動主張抵銷。惟破產管理人以破產債權人確定之分配額為受動債權，主張抵銷時，因無害於破產財團，應予准許（參照日本大審院昭和九年九月十七日判例、民集十三卷一九號一七〇五頁）。至破產人因破產宣告後，已對屬於破產財團之財產喪失管理及處分權，自更不得主張抵銷。

㈡抵銷權之行使，須在破產繼續中

　　所謂須在破產繼續中，即破產債權人行使抵銷權，必須在破產程序終

結以前。蓋在破產程序終結以後，已無所謂破產財團、破產債權人之破產法上抵銷權，亦應不存在。又破產債權人於破產程序中所為抵銷之效力，於破產程序終結後仍繼續存在，自不待言。

參、抵銷權之範圍

一、抵銷權之擴張

破產債權人於破產宣告時，對於破產人負有債務，依民法之規定，雖不具抵銷要件，但依本法之特別規定而得主張抵銷者，即為本法對於民法上抵銷之擴張。其情形如下：

㈠附期限債權（第一百十三條第二項）

依民法規定，須兩債務均已屆清償期，始可主張抵銷（民法第三百三十四條），而依本法規定，附期限債權，在破產人受破產宣告時，視為已到期（第一百條）已如前述，則此種債權，自應許其抵銷。

1.附期限之自動債權（即破產債權人之債權）與未附期限之受動債權（即破產債權人對破產財團所負債務）

得互相抵銷，但前者如為無利息之金錢債權，應扣除破產宣告後至清償期前之中間利息，如有利息，則以原本及至破產宣告前一日止之利息合計其數額而為抵銷（第一百條、第一百零一條、第一百零三條第一款）。

2.未附期限之自動債權與附期限之受動債權

得互相抵銷。其受動債權如為無利息，亦不必扣除中間利息，蓋破產債權人知受動債權尚未屆清償期，竟願抵銷提前清償，應認其拋棄自己債務之期限利益也。其定有利息者，則與自動債權同，得以其原本及至破產宣告前一日止之利息合計之數額而為抵銷。

3.自動債權與受動債權皆附有期限

自動債權與受動債權如皆定有利息，均以其原本及至破產宣告前一日止之利息合計之數額而抵銷。如自動債權定有利息而受動債權未定有利息時，受動債權不必扣除中間利息，以其債權額全部與自動債權（原本及至

破產宣告前一日止之利息總額）抵銷。如自動債權未定有利息，受動債權定有利息時，自動債權應扣除破產宣告後至清償期前之中間利息，以其扣除中間利息後之數額與受動債權（原本加至破產宣告前一日止之利息總額）抵銷。如自動債權與受動債權均未定有利息時，自動債權應依前述方法扣除中間利息，而受動債權則不必扣除中間利息，自動債權以扣除中間利息後之債權額與受動債權之原債權額抵銷。

㈡附解除條件之債權（第一百十三條第二項）

附解除條件之債權，在條件成就前，其債權之效力仍然有效，自適於抵銷，其抵銷情形分述如次：

1.附解除條件之自動債權與未附解除條件之受動債權得為抵銷

惟日後如條件成就時，破產財團雖仍可請求破產債權人返還，但為顧慮破產債權人於條件成就時變為無資力，發生求償之困難，自應類推適用第一百四十條及第一百四十三條之規定，破產管理人在破產債權人主張抵銷當時，得請求該破產債權人就抵銷額提供擔保，或將該部分金額提存。惟最後分配表公告後十五日內，解除條件尚未成就時，擔保責任即歸消滅，破產管理人應將擔保物或提存金額返還於該破產債權人。該附條件之債權將來如於破產終結後三年內條件成就者，該債權額仍應歸破產財團，作追加分配。其已逾三年者，則應歸屬破產人（參照第一百四十七條）。

2.未附條件之自動債權與附條件之受動債權亦得抵銷

惟日後如解除條件成就時，破產財團即成為不當得利之受益人，學者謂破產財團應就其抵銷額，負返還不當得利之財團債務（第九十六條第四款）❶⓹⓿。吾人認為此種見解尚有商榷之餘地。蓋受動債權其解除條件如在破產程序終結後成就者，其受益者固為破產財團，然破產財團業已分配完畢，已無破產財團可供清償此項債務，而破產人又受免責之保護，此時宜解為自動債權之破產債權人於主張對附解除條件之受動債權抵銷時，自願負擔此項危險。在受動債權於破產程序終結前條件成就者，破產財團固受

---

❶⓹⓿　參照錢國成著第一四三頁、劉清波著第一九九頁、李肇偉著第一七八頁、陳國樑著新論第二〇三頁。

有利益，但其利益似非與自動債權抵銷之全部金額，因受動債權如其條件在為抵銷時成就，自動債權不過為一普通之破產債權，僅能依破產程序受一定比例之分配，故破產財團所受利益，僅屬該分配額，如依通說解為財團債務，則該破產債權人因其有一附解除條件之債權反變為可受全數之清償，對一般債權人顯然不公平。故於此情形，宜解為在自動破產債權依破產程序應受分配範圍內，作為財團債務，將其利益返還予該自動破產債權人。

3.自動債權與受動債權均附有解除條件者亦得主張抵銷

惟其後如自動債權之解除條件成就，應依 1.之說明處理，如係受動債權之解除條件成就，則依 2.之說明處理。

㈢附停止條件之債權

德、日破產法規定附停止條件之債權，為使其條件成就時得為抵銷，債權人得請求其日後能抵銷之金額範圍內提供擔保（德・破產法第五十四條第三項） 或將其金額提存 （日・破產法第一百條）。 本法對此未設規定❺，茲試討論如次：

1.自動債權附停止條件受動債權未附條件，自動債權為附停止條件時債權人雖得以其全額為破產債權 （第一百零二條），究其債權尚未發生效力，自不得主動與未附條件之受動債權主張抵銷。惟如其破產程序進行中，條件成就時，該破產債權既已發生效力，自得主張抵銷。但在主張抵銷前，破產債權人已清償其對破產財團之債務（即受動債權）者，受動債權已因清償而消滅，即不再發生抵銷問題，自不待言。

2.自動債權未附停止條件，受動債權附有停止條件者，受動債權附有停止條件其債權之效力原尚未發生，今破產債權人願以其未附條件之自動債權與之抵銷，應解為破產債權人放棄其條件不成就之利益，其抵銷應認為有效。

3.自動債權與受動債權皆附停止條件者，依 1. 2.之說明，於此情形在破產程序終結前，自動債權停止條件成就時，得主張抵銷，否則不得主張抵銷。

---

❺ 破產法修正草案已於第一百三十六條第三項明定：「附停止條件之債權，其於債權表公告後二十日內成就者，得為抵銷」。

㈣將來行使之請求權

所謂將來行使之請求權，如不可分之債之債務人，連帶債務人，或主債務人破產時，他不可分債務人、連帶債務人、保證人或提供擔保之第三人，將來可行使之求償權，及保證人中有人破產，他保證人對之將來可行使之求償權等均是。此種情形，其將來求償權能否行使，尚未確定，是否可以抵銷，日‧破產法第一百條規定與附停止條件之債權同，債權人可請求在其將來可得抵銷之金額範圍內，將其金額提存，本法對此未設規定，吾人認為：在自動債權係將來行使之請求權時，可比照前述附停止條件之債權情形辦理。在受動債權係將來行使之請求權時，因將來是否發生求償權未定，應認為不得抵銷。惟受動債權如在破產程序中已變為可得行使時，自動債權自得主張抵銷。

㈤異種類之債權與數額不確定之債權

依民法抵銷之通則，雙方債權之抵銷，須以債權之標的種類相同者為限，本法則並無此種限制。債權為金錢以外之債權且給付種類不同，亦得互相抵銷，即數額不確定之債權亦同。不問自動債權或受動債權，如為金錢以外之債權或其數額不確定或以外國貨幣定之者，均應以破產宣告時為標準，評定其價額或數額，以其評定之價額或數額為其抵銷額。

二、抵銷權之限制

依民法抵銷之原則，凡當事人雙方互有債權，而其債權均已屆清償期者，即得為抵銷。至於雙方債權成立之時期則未設有限制。破產制度之目的，端在使破產債權獲得公平之滿足，准許破產債權人主張抵銷原與破產制度之目的不符，若許債權人在債務人瀕臨破產時或在破產宣告後，取得新債權或為新債權之設定，使其得為抵銷之主張，實為抵銷制度之不適當運用，有礙公平之原則，故本法以明文規定限制其抵銷。茲分敘如下：

㈠破產債權人在破產宣告後，對於破產財團負債務（第一百十四條第一款）

破產債權人在破產宣告後，對於破產財團（非自由財產）負債務者，該債務即構成破產財團財產之一，而供一般破產債權人之公平分配，如許

抵銷，破產債權人勢必爭購破產財團之財產，使其對破產財團負債務，俾用以主張抵銷而使其債權獲十足之滿足，自有背破產債權公平受償之原則，故應禁止。縱令繼續性之債務，例如租金債務，亦不得因租賃契約訂定在前，而主張對破產宣告後所發生之租金債務主張抵銷❿。至破產債權人以其因分配所得受償之金額而與其對於破產財團所負債務主張抵銷，則純屬民法之抵銷，應不受本款之限制，自不待言。

㈡破產人之債務人在破產宣告後，對於破產人取得債權或取得他人之破產債權（第一百十四條第二款）

破產人之債務人在破產宣告後，對於破產人取得之債權，其債權既係破產宣告後所成立者，即非破產債權（第九十八條前段）。而破產法上抵銷權之行使，限於破產債權人（參照第一百十三條），自不得主張抵銷。至破產人之債務人於破產宣告後，取得他人之破產債權，如許抵銷，因通常情形破產債權不能獲得十足之清償，破產人之債務人可乘機以低價買入破產債權作為十足之抵銷，破產債權人亦可因得以較分配額為高之代價出售其破產債權，如此勢必影響他破產債權人之受償，有失破產債權人公平受償之原則，故應禁止之。

㈢破產人之債務人已知有停止支付或聲請破產後而取得債權者（第一百十四條第三款前段）

停止支付及聲請破產，表示債務人（破產人）之財產狀況已具破產原因，則破產債權之價值，自必低落，如由破產人之債權人取得，而得以之與對破產財團所負債務相抵銷，則破產人之債務人必以低價收購用以作抵銷之用，破產財團之財產勢必減少，此種以惡意取得之破產債權，自無加

---

❿ 最高法院四十一年臺上字第一一三一號判例：「房屋承租人以現金為租賃之擔保者，其金額不得超過二個月之總額，超過其限度者，承租人得以超過部分抵付租金，固為土地法第九十九條所明定，惟出租人受破產之宣告時，破產債權人在破產宣告後，對於破產財團所負之債務不得抵銷，破產法第一百十四條第一款既設有特別規定，則土地法第九十九條關於承租人得以超過二個月租金總額之擔保金抵付房租之規定，其適用，自應受破產法第一百十四條第一款之限制」。

以保護之必要。但破產債權之取得，係基於法定原因，例如繼承、侵權行為、不當得利益等，或基於知悉停止支付或聲請破產宣告以前所生之原因者，此時破產人之債務人其破產債權之取得顯非出於惡意，故法律例外准其抵銷（第一百十四條第三款但書）。又關於本條款之解釋及適用，尚有下列五點值得討論：

1.本款既規定破產人之債務人已知有停止支付或破產之聲請後取得債權者，不得抵銷。故其已知有不能清償或停止支付（第一條第一項、第二項）之情事後，而取得債權者，為貫徹保護破產債權人之精神，自應解為不得抵銷❸。

2.本款係規定破產人之債務人，乘破產人財產危殆時取得債權，故禁止於破產宣告後主張抵銷。然破產人之債務人如於破產人受破產宣告前即已為抵銷之意思表示時，該抵銷之效力，於破產宣告後有無影響，因抵銷權之行使，只須破產債權人以意思表示為之即可成立，不須破產人之同意行為，從而並非行使撤銷權之對象❹。但破產人之債務人（即破產債權人）之取得債權係乘破產人財產危殆之時，顯有惡意，如僅因其為抵銷之意思表示係在破產宣告之前，即謂合法有效，實與公平正義之原則相背，宜解為其抵銷於法院宣告破產時，溯及的失其效力❺。

3.破產人之債務人，已知有停止支付或聲請破產後，在破產宣告前取得他人對破產人之債權者，不得抵銷固如前述，本款所謂「取得債權」尚包括自行取得債權之情形，例如於債權人（破產人）瀕臨破產宣告之際貸

---

❸ 參照陳國樑著新論第二○七頁。德‧破產法第五十五條第一項第三款但書，日‧破產法第一百零四條第四款亦規定「知有停止支付」時，不得主張抵銷。破產法修正草案已加明定，於第一百三十七條第二款規定：「破產債權人已知有停止支付或聲請破產後而對破產人負債務者。但其負債務係基於法定原因或基於其知悉以前所生之原因者，不在此限」。

❹ 參照日本昭和九年一月二十六日民集十三卷一號七四頁判例。

❺ 同說參照日本大審院昭和十年十月二十六日判例，民集十四卷二○號一七六頁。山木戶著第一七二頁、中田著第一四三頁註㈡、兼子著第一三三頁、陳國樑著新論第二○七頁。

與金錢者，不得以貸與金錢之債權為主動債權主張抵銷 ⑯，其因清償代位而取得之債權亦同 ⑰。

4.破產法上之抵銷權之行使，僅破產債權人始得為之已如前述，惟破產人在其已知有破產原因或聲請破產，而於破產宣告前，為抵銷行為時，如破產人之債務人之取得受動債權有本款之情形時，因其行為有害於破產債權人之權利，破產管理人得聲請法院撤銷債務人（破產人）之抵銷行為。

5.違反第一百十四條第三款所為抵銷，縱由破產管理人與破產債權人合意為有效，其合意因違反法律強制規定，仍屬無效 ⑱。

肆、抵銷權之行使

破產法上之抵銷權之行使，須在破產程序中，以破產管理人為相對人，以意思表示為之。蓋其所負之債務，在破產人受破產之宣告後，已歸屬於破產財團故也。惟行使抵銷權與否，係破產債權人之權利，如破產債權人不為抵銷，則破產人所有此項債權，為破產財團之財產，破產管理人應向其收取，不得主動以之與破產債權主張抵銷 ⑲。又關於抵銷權行使之期間，本法未設規定，在破產程序終結前，破產債權人隨時得以行使。惟如破產債權人已先清償其對破產財團之債務（即受動債權），因受動債權已因清償而消滅，即無受動債權可得主張抵銷，乃理所當然。

---

⑯ 參照山木戶著第一七〇頁、兼子著第一三五頁、陳國樑著新論第二〇七頁。

⑰ 參照山木戶著第一七〇頁、日本大審院昭和十六年六月十一日判例、民集第二〇卷十四號八六三頁。

⑱ 參照日本最高裁判所昭和五二年十二月六日判決（最高裁民集三一卷七號九六一頁）。

⑲ 最高法院二十七年滬抗字第五一號判例：「破產債權人於破產宣告時，對於破產人負有債務者，依破產法第一百十三條第一項之規定，固得不依破產程序而為抵銷。惟破產債權人不為抵銷時，破產人所有此項債權，依破產法第八十二條第一項第一款之規定，為屬於破產財團之財產，破產管理人自應收取之，以充分配之用，不得以之與破產債權抵銷」（編按：本則判例無裁判全文可資參考，依據一〇八年七月四日施行之法院組織法第五十七條之一第一項規定，應停止適用）。

破產法上之抵銷權，得不依破產程序而行使（第一百十三條第一項），即不為破產債權之申報而逕對破產管理人為抵銷之意思表示即可。如就抵銷之效果有爭執者，除可提起確認之訴以為解決外，亦可於其與破產管理人間關於受動債權（即屬於破產財團之債權）之訴訟中以之為抗辯。

第九節　撤銷權

壹、撤銷權之意義

撤銷權 (Anfechtungsrecht) 係破產管理人對於破產人在受破產宣告前，與他人所為有損於債權人權利之行為加以否認，而聲請法院予以撤銷或以意思表示逕予撤銷之權利。破產人於破產宣告後，已喪失其對於自己財產之管理及處分權。事實上已不能為何等不利於債權人之行為，縱或有之，亦不得以之對抗破產債權人。但在破產宣告前則不然，蓋我國不採遡及主義，萬一破產人明知其破產難免，而任意與他人為無償行為，或為有名無實之有償行為，或專對有交情之債權人特別提供擔保或提前償還債務，影響所及，其他債權人必受損害。如果任其有效成立，實有背於誠信公平之原則，並足以削弱破產程序之功能，故法律授權破產管理人於破產宣告後，出而否認訴請法院予以撤銷，或得以意思表示逕予撤銷。

民法債編原有債權人撤銷權之規定（民法第二百四十四條），即學者所謂廢罷訴權 (action paulienne) 其目的與性質，與本法並無二致，惟在破產程序更須維持衡平及保護債權人，故本法所定關於破產管理人撤銷權之範圍，則較民法上債權人撤銷權之範圍為廣。分述之：

貳、撤銷權之性質

撤銷權為實體上之私權，且因權利之行使，可將破產人於破產宣告前所為不利於破產財團之處分行為歸於消滅，故屬於形成權 (Gestaltungsrecht) 之一種❿。

參、撤銷權之主體

撤銷權為實體上之私權,則其權利應歸屬何人,向來有四種學說[160]:

一、破產管理人說

認為撤銷權係因法律之規定,而賦予破產管理人,故撤銷權之主體屬於破產管理人。然撤銷權為實體法上之私權,而撤銷權行使之結果,其利益並不直接歸屬於破產管理人,其非權利主體至為明顯。

二、破產人說

此說以破產財團所有權之主體為破產人,破產管理人僅為破產人之代理人,撤銷權行使之結果,歸復之財產屬破產財團,故撤銷權之主體為破產人。惟撤銷權行使結果,破產財團之增加,其利益係直接歸屬於破產債權人而非破產人,且撤銷權行使之結果,在破產程序上固因而使其行為對破產財團失其效力,然在破產程序外,破產人本來之責任並未因而絲毫減輕,故此說不足採。

三、破產債權人說

此說認為撤銷權與民法上債權人撤銷權同,係同為保護破產債權人之利益而制定之一種權利,故其主體為債權人。此說在採承認破產債權人團體 (Gläubigerschaft) 存在之學者,則認為撤銷權屬於破產債權人團體,破產管理人為破產債權人團體之機關,由其行使撤銷權。在採不承認破產債

---

[160] 參照井上著第二七三頁以下。破產法修正草案,對於得撤銷行為之範圍(草案第九十五條,撤銷權行使之方法亦已不採詐害行為應以訴為之之方法,一律採用以意思表示為之之方法),對轉得人之撤銷(草案第九十七條),撤銷之效果(草案第九十六條),撤銷權行使之除斥期間(草案第九十八條)均作全盤修正之規定。值得觀察。

[161] 參照加藤著第一五三頁以下,兼子著第八九頁以下,陳國樑著研究第一三八頁以下,山田著第一〇八頁以下,石川著第二四一頁,石原著第一六三頁。

權人團體存在之學者，則認撤銷權係全體破產債權人共有之權利，破產管理人基於其法定權限，行使撤銷權。惟本法雖有關於債權人會議之規定，但無破產債權人團體之設置，撤銷權人難認係破產債權人團體，倘認撤銷權人為破產債權人全體，而由破產管理人行使，惟破產債權人中，有受破產人之清償債務或提供債務擔保之人，依本法第七十九條規定，係撤銷權行使之相對人，則撤銷權何能存在於對立之破產債權人間而謂為破產債權人之權利？破產管理人又如何代理某部分破產債權人而撤銷破產人對他破產債權人有利之行為？是此說亦有瑕疵。

　　通說咸認為撤銷權應屬於破產債權人，但基於法定管理權，獨破產管理人得為全體破產債權人行使，各破產債權人不得行使之。惟依司法院院字第一六七三號第三項解釋，債務人在破產宣告前所為之無償行為或有償行為，有損害於債權人之權利，依民法之規定得撤銷者，如於破產宣告後，破產管理人未訴請撤銷前，債權人仍可依民法之規定訴請撤銷。

四、破產財團說

　　此說認破產財團有法主體性，破產財團為破產法上之一法主體，撤銷權歸屬於破產財團，由其代表機關即破產管理人行使之。

　　此外尚有破產債權人團體說與管理機構說。在日本現在學者通說，咸認撤銷權之主體為破產財團❶❻❷。在我國則多採破產債權人說❶❻❸。吾人以為破產財團在破產程序上係一目的財產，獨立於所有人（破產人）之外，有其一定之機能 (function)，宜認其為破產程序上的一個主體，撤銷權行使之目的，在維護破產財團之財產，其權利之主體自屬破產財團，而由破產財團之執行機關破產管理人代表破產財團行使❶❻❹。

---

❶❻❷　參照山田著第一〇九頁，石原著第一六三頁。

❶❻❸　參照陳榮宗著第二五四頁。

❶❻❹　同說參照陳榮宗著第二五四頁。

肆、得撤銷行為之範圍

一、詐害行為之撤銷

債務人在破產宣告前所為之無償或有償行為，有損害於債權人之權利，依民法之規定得撤銷者，破產管理人應聲請法院撤銷之（第七十八條）。所謂依民法之規定得撤銷者，即民法第二百四十四條所定：「債務人所為之無償行為，有害及債權人者，債權人得聲請法院撤銷之。債務人所為之有償行為，於行為時明知有損害於債權人之權利，以受益人於受益時，亦知其情事者為限，債權人得聲請法院撤銷之」。此項得撤銷之行為，稱為詐害行為。於破產宣告前，如未經債權人訴請撤銷，於破產宣告以後，即得由破產管理人為之。其要件為：

㈠須破產人在破產宣告前所為之行為：若在破產宣告後，則破產人對於應屬破產財團之財產，已喪失其管理及處分權，其所為之無償或有償行為，不生效力〔最高法院五十一年臺上字第一九八五號判決（參照附錄三④）認此等行為為自始無效，似值商榷〕，當不生聲請法院撤銷之問題。此項行為，不問其為無償行為或有償行為，不以法律行為 (Rechtsgeschäft) 為限。其他發生法律效果之行為 (Rechtshandlung) 以及公法上之行為（例如訴訟行為之自認、認諾、捨棄、和解及訴之撤回等）皆包括之。法律行為亦不問其為單獨行為或契約行為，為債權行為或物權行為，為積極行為或消極行為（例如時效之中斷、執行異議、票據保全手續等）❻。

㈡須有損於債權人之權利，即因債務人之清償資力減弱，致不能或甚難履行一般之債務，如僅使特定債權之直接履行不能或困難者，不包括之。債務人之行為有無害及債權，應由破產管理人舉證。

㈢有償行為須以惡意為要件，而無償行為則否（最高法院五十一年臺上字第三六三五號判例）。即債務人之有償行為，不僅須有害於債權人之債權，並須債務人與受益人均係惡意，而所謂債務人於行為時，明知有損害於債權人之權利者，謂債務人明知自己行為足以發生債權清償不能或困難

---

❻ 同說：加藤著第一五五頁，兼子著第九二頁。

之結果也。故僅明知為已足，不必有希望使其發生之意思。所謂受益人通常在契約及有相對人之單獨行為，即指債務人之相對人而言。但在為第三人利益所締結之契約，則該第三人為受益人。又其惡意在民法定為：「受益人於受益時，亦知其情事者」（民法第二百四十四條第二項），故亦僅須明知債務人之行為足生有害債權人之債權之結果，即為惡意，債務人及受益人之惡意，均應由破產管理人負舉證責任，至於無償行為（例如贈與及債務免除），則不以惡意為必要，僅具備有害債權之客觀要件時，即得撤銷。

此外，破產管理人行使撤銷權時，須破產人之行為，具有「不當性」❻。倘破產人之行為不含有「不當性」，則該行為仍不得加以撤銷❼。破產人之行為是否含有「不當性」，應就破產債權人之利益與受益人之利益加以衡量，並就其行為之動機、目的、破產人與受益人之主觀狀況，行為時之情況，依誠信原則及公平理念加以綜合的判斷❽。

二、偏頗行為之撤銷

債務人在破產宣告前六個月內所為對於現有債務提供擔保，或對於未到期之債務為清償之行為，破產管理人亦得撤銷之，但債務人對於該項債務已於破產宣告六個月前承諾提供擔保者，不在此限（第七十九條）。學者謂此為特別破產否認 (besondere Konkursanfechtung, Konkurs pauliana)，又因係對於危殆時期行為之否認，故亦稱危殆行為之否認 (Krisenanfechtung)。誠以債務人在將近宣告破產之六個月內（即危殆時期），既無事先之承諾，而突對現有債務提供擔保，或對未到期之債務為清償，其行動不僅顯有偏頗，其居心亦屬可疑，故可將其撤銷也。分述其要件如下：

㈠債務人對於現有債務提供擔保或對於未到期之債務為清償，均須發生於破產宣告前六個月內，以破產宣告時為計算之標準，至於其於何時聲請宣告破產，則非所問（司法院院字第一七〇六號解釋）。

---

❻　關於撤銷權與「不當性」問題，請參照拙著研究㈠第一七九頁以下。

❼　參照山木戶著第一九〇頁，伊東等著第一一二頁，林屋等著第一七〇頁。

❽　伊東等著第一一二頁，石川著第二一八頁。

　　㈡須對現有債務提供擔保，所謂對於現有債務提供擔保，乃指先有債權後加擔保而言（參照最高法院四十一年六月二日民刑庭總會決議）。申言之：債務人在破產宣告六個月內所為之提供擔保行為，須以對於原已存在並無擔保之債務為之者，破產管理人始有撤銷權。原已存在並無擔保之債務，其發生係在破產宣告六個月以前或六個月以內均非所問。至於負擔債務同時提供擔保則否（最高法院四十八年臺上字第一二三八號判例），且債務人對於現有債務已於破產宣告六個月以前承諾提供擔保者，亦不在此限（第七十九條第一款但書）。蓋其承諾時，距破產宣告時為時甚遠，不能謂其有意偏頗故也。又其供擔保須為自己之債務，如為他人所欠債務供擔保（即為物上保證人）時，亦不在本條撤銷之列，破產管理人，祇能依本法第七十八條提起詐害之訴　（最高法院五十三年二月廿五日民刑庭總會決議）。至破產人於破產宣告六個月以前，就現有債務提供擔保，或承諾提供擔保等，如有害及債權者，破產管理人仍可依本法第七十八條行使撤銷權。（司法院院字第一六七三號解釋）

　　㈢須對於未到期之債權為清償，至於清償現已到期之現存債務，一面固積極減少財產，一面亦減少所負債務，其結果並不減損債務人之資力，自非詐害行為，即不得撤銷。但破產人於破產宣告六個月前，對未到期之債務提前清償，如其結果使其他債權不能受滿足之清償，亦不能謂非詐害行為，破產管理人得依本法第七十八條之規定，行使撤銷權。

伍、對轉得人之撤銷

　　撤銷權不問為對於詐害行為之撤銷，或對於偏頗行為之撤銷，對於惡意轉得人，於轉得時知其有得撤銷之原因者，亦得行使之（第八十條）。所謂轉得人係指由撤銷標的之行為之相對人直接或間接取得該標的財產之人而言。不以一次及一人為限。各次轉得人均包括之，但以於轉得時，知其有得撤銷之原因為限。關於轉得人於轉得時，知有得撤銷之原因，亦應由破產管理人負舉證之責任。

陸、撤銷權之行使

撤銷權雖屬於破產債權人，但破產債權人不能自己行使，而由破產管理人行使之（第七十八條、第七十九條）。關於行使之方法，因得撤銷行為之不同而異，茲分二點述之：

一、詐害行為（第七十八條）

破產管理人為本法第七十八條之聲請，應以訴訟為之。故須依民事通常程序繳納裁判費，其裁判並須以判決為之（司法院二十五年院字第一五五九號、二十六年院字第一六七三號解釋）。但破產管理人訴請撤銷之行為，如係單方行為，自僅須以破產人為被告，如為雙方行為，實務上認僅以行為相對人為被告為已足，其理由謂破產管理人提起此項訴訟，依民事訴訟法第四百零一條第二項之規定，其所受判決對於破產人亦有效力，故不以破產人同一被訴為必要也（參照最高法院三十八年臺上字第三〇八號判例）。惟如同時請求返還利益，而另有受益人者，則自亦應以受益人為被告❽。破產管理人對轉得人行使撤銷權，亦應以訴為之，並與上述訴請撤銷詐害行為一併提起。

二、對於偏頗行為

破產管理人行使本法第七十九條之撤銷權，不問係對行為相對人抑對惡意轉得人，皆得以其意思表示，逕自撤銷之，即可發生效力，毋庸訴請法院為撤銷之判決，惟因破產人此項行為而受益之人或轉得人，如有異議時，自可訴請法院確認其撤銷權不存在，或於破產管理人請求返還之訴，資為抗辯（最高法院五十年臺上字第二三三八號判決附錄三③）。

---

❽ 破產管理人提起撤銷之訴，似非為破產人為原告，能否謂有民事訴訟法第四百零一條第二項之適用，非無疑問。

柒、撤銷之效果

一、對於詐害行為之撤銷

其效果與民法第二百四十四條之撤銷同。債權人一經行使撤銷權,該詐害行為即自始無效(民法第一百十四條第一項),債權人得請求受益人將債務人交付之物返還,債務人如尚未交付,受益人即不得再請求債務人給付,倘受益人因此受有損害時,得請求債務人損害賠償。

二、對於偏頗行為之撤銷

其結果:

(一)撤銷擔保之結果如債務人前所提供之擔保物係由債權人或轉得人占有者,破產管理人得請求返還,如不動產抵押,破產管理人得請求塗銷抵押權設定登記,如債權人已取得法院許可其拍賣之裁定者,破產管理人自須提起確認抵押權不存在之訴或債務人異議之訴,如已拍賣者,則得提起返還不當得利之訴,以求解決❿。

(二)撤銷清償之結果,破產管理人則得請求返還債務人前因清償所為之給付,使歸於破產財團,而債權人之債權則回復存在,應依破產程序受平等之清償,但應其先返還破產財團後,其原有債權始回復,故不許其提出抵銷或同時履行抗辯。

捌、撤銷權之消滅

撤銷權自破產宣告之日起,二年間不行使而消滅(第八十一條),此項期間為除斥期間,故法院應依職權適用之。

---

❿　參照最高法院五十四年臺上字第二三九一號判例。

第十節　破產財團之分配

壹、總　說

按債務人之財產為其一般債權人之總擔保。故於債務人陷於不能清償其債務時，為使多數債權人獲得公平之滿足，並使債務人有復甦之機會，乃有破產制度之產生。可知破產制度機能之一，在於以債務人之財產分配於債權人，使其獲得公平滿足。從而破產財產之分配成為終結破產程序之最主要且最通常之原因。茲就破產財團之變價、分配及分配之效果分別論述之。

貳、破產財團之變價

破產債權 (Konkursforderung) 為有金錢價值，且可就破產人財產取償之對人的請求權 (Persönlicher Anspruch)。故為清償破產債權而為分配時，原則上自以金錢分配較為便捷。破產財團中之財產，原即為金錢者，固即可以之分配，但如非金錢，又不能以之折價抵償時，自應先予變價而後始能分配。金錢債權雖可由破產管理人對之收取以供分配，但有時收取困難，倒不如以之變價較為有利於債權人之分配。附條件或期限之債權，有時更有變價之必要。可知財團財產之變價實為破產財團實施分配之前提。

一、變價之時期

關於變價之時期，外國立法例有規定：在一般債權調查尚未終了前不得變賣者。例如日本破產法第一百九十六條第一項規定是。本法對此未設限制規定，解釋上祇須有變價之必要，破產管理人即得隨時將其變價。但破產人已提出調協計劃，並經破產管理人審查而提出於債權人會議時，在債權人會議否決調協計劃以前，為期調協計劃能夠順利通過，宜解為此期間暫不變價❼。

二、變價之方法

變價之方法除債權人會議另有決議指示，應從其決議指示外（第一百三十八條但書），原則上應依拍賣方法為之。其依拍賣方法為之者，因我國拍賣法尚未公布，是否應依強制執行法關於拍賣之規定辦理，實務上曾採肯定見解❶，嗣改採否定說，謂「破產財團之財產，依拍賣方法變價時，由破產管理人依通常拍賣方法為之。其拍賣第九十二條第一款至第三款第五款第六款所列之財產，雖應得監查人之同意，究無須依強制執行法關於強制拍賣之規定辦理」❶。揆諸本法第五條僅有準用民事訴訟法之規定，而未規定準用強制執行法，否定見解自較妥當。又破產管理人於變價時，亦可照市價變賣，但應經法院公證人、警察官署、商業會或自治機關之證明（參照民法債編施行法第十四條）。

破產管理人對於第九十二條第一款至第三款、第五款、第六款所列財產為變價時，無論依拍賣或其他方法變價，均須獲得監查人之同意始得為之，否則即屬無權處分，應不生效力。破產管理人對此無權處分行為所生之損害，應負賠償責任。

三、別除權標的物之變價

別除權標的物之價值，如超過其所擔保債權之債權額者，其超過部分仍應屬破產財產。破產管理人為評估其價值，如別除權標的物在別除權人

---

❶ 日・破產法第一百九十六條第一項以明文加以限制，值得參考。

❶ 司法院二十五年院字第一四八七號解釋㈡：「拍賣方法，在破產法既無特別規定，自應由該管法院依照民事執行各法規予以執行」。同院二十六年院字第一六七三號解釋㈥：「破產法第一三八條所稱拍賣破產人之財產，固應依民事執行法規執行，若經三次減價拍賣尚無人承買，而破產債權人又皆不願承受權利移轉之書據，自可再行減價拍賣」。

❶ 最高法院二十九年渝抗字第一二六號判例：「破產財團之財產，依拍賣方法變價時，由破產管理人依通常拍賣方法為之。惟拍賣破產法第九十二條第一款至第三款第五款第六款所列之財產，應得監查人之同意，究無須依強制執行法關於強制拍賣之規定辦理」。

占有中者（例如質物或留置物）得請求別除權人提示標的物，供其評估，並請求別除權人行使其權利。評估結果如認別除權標的價值超過其所擔保債權額，而別除權人尚不能或不願行使其別除權時，破產管理人得經監查人之同意，清償該債務而取回別除權標的物（第九十二條第十二款），以供拍賣分配。

參、破產財團之分配

破產財團之分配，為終結破產程序最主要及通常之原因。所謂分配 (Verteilung) 係指破產管理人將破產財團之財產分配予破產債權人，使破產債權人各按其順序及債權額之成數而受清償之程序。分配依其分配之階段，可分為中間分配、最後分配及追加分配三種。茲分敘如下：

一、中間分配

所謂中間分配 (Abschlagsverteilung) 係指全部破產財團換價終了前，有可分配之財團時，所為之分配（第一百三十九條）。可知：

㈠分配之時期

本法第一百三十九條規定：在第一次債權人會議後，破產財團之財產可分配時，破產管理人應即分配予債權人。準此，似可解為在第一次債權人會議後，一有破產財團之財產適於分配，即可為中間分配。實則不然。蓋第一次債權人會議期日，通常定於破產債權申報期間屆滿之前（參照第六十四條）。破產債權申報期間尚未屆滿，其債權總額及種類尚未明瞭、確定，實際上無法分配，故必待債權申報期間屆滿並確定後，有可分配之情形時，始得為中間分配。

㈡分配表之作成、認可及公告

破產管理人於分配之先，應作成分配表 (Verteilungsliste)，經法院之認可並公告之。

1.分配表之作成

分配表應記載分配之比例及方法（第一百三十九條第二項）。此外並應

記載應受分配之債權人姓名、住所，其參與分配之債權額及其得受分配之金額（參照日本破產法第二五八條）。應受分配之債權如有屬於有優先權之債權者，則分配表更應按其順位而為記載、分配，自不待言。

2. 認可及公告

破產管理人作成分配表後，應即送請法院審查。法院如認其分配公平、無誤，即應予認可並公告之 ❼❹，俾使破產債權人知悉，查對有無錯誤以便異議，並於異議期間屆滿後前來受領分配金。至其公告方法，破產法未設有特別規定，似可準用第十三條之規定辦理。

3. 應受分配表之債權

在製作分配表之際，得列入分配而應受分配之債權人如次：

⑴ 已無異議之破產債權人，其情形有：

①破產債權人之債權，破產人、破產管理人、監查人及其他債權人對該債權自始均無異議者，此項毫無爭議之債權，自屬應受分配之債權。

②破產債權人之債權，雖經破產人 ❼❺、破產管理人、監查人或其他債權人異議，但經法院就該異議裁定，確定可以加入或其數額為若干者，此項經法院裁定得加入之債權或其數額，雖無實質上之確定力，仍應列入分配表而受分配。如就實體上債權之存在與否仍有爭執，應提起確認之訴解決之 ❼❻。

---

❼❹ 日・破產法第二百六十七條規定：「有調協計劃之提出時，法院以破產管理人尚未發分配率之通知為限，得因提出人之聲請命中止分配」。本法雖無中止分配 (Aussetzung) 之規定，惟法院如認調協計劃有經可決之希望時，似可暫緩為分配表之認可。

❼❺ 學者有謂破產人對於應屬破產財團之財產，既喪失處分及管理權，自應解為就破產債權之加入及數額，無向法院提出異議之權（參照錢國成著第一五二頁）。惟破產債權是否真實，數額有無錯誤，破產人知之最稔，且破產人原即為債務人，並可能影響破產人復權之聲請，似不能僅因破產人對破產財團喪失管理及處分權，即認其無異議之權。

❼❻ 同說：錢國成著第一五三頁註三。最高法院五十六年臺抗字第五八號判例：「法院依破產法第一百二十五條第二項規定，對於破產債權之加入或其數額有異議所為之裁定，在破產程序中該債權是否可以加入及其數額若干，專以該裁定為準。但該裁定並無實

(2)異議未決之破產債權

　　破產債權人之債權，經破產人、破產管理人、監查人或其他債權人異議，而於破產管理人製作分配表時，其異議（無論就其加入或數額之異議）未經法院裁定者，仍應按其申報數額列入分配。至將來如何實行分配，則應視其異議結果而定，在未有確定結果以前，自應將其分配額予以保留或提存（參照日本破產法第二百七十一條）。

(3)已提起確認之訴，並經為起訴證明之債權

　　破產債權人之債權，經破產人、破產管理人、監查人或其他債權人異議，並經法院認其異議為有理由，而裁定不得加入或其債權額被削減確定者，此項裁定本無實質上確定債權或其數額之效力，當事人如有不服，自得另行提起確認債權存在之訴以謀救濟。故如債權人不服裁定，已提起確認債權存在之訴，並向破產管理人為起訴之證明者，破產管理人在製作分配表時，仍應將其起訴請求確認債權存在範圍內之債權額列入分配表。至將來如何實行分配，則視其訴訟結果而定，在訴訟未確定前應將其分配額保留或提存。

(4)有別除權之債權

　　有別除權之債權人，本得不依破產程序而行使其權利（第一百零八條第二項）。但如行使別除權後，仍有不能受償之債權，此項未能受償之債權，不失為破產債權（第一百零九條），如別除權人於債權申報期間，預就此不能受償部分之債權申報，自得列為應受分配之債權。惟別除權人在破產管理人製作分配表時，倘尚未行使其別除權，事實上其未能受償之金額若干即不確定。外國立法例於此情形有規定別除權人應於分配前二星期不變期間內釋明，其已著手實行別除權及依其實行別除權後可能不能受償之金額，始能列入分配，並待其金額確定後，始能受領分配者⓱。本法對此未設明文規定，但依第一百零九條規定旨趣觀之，別除權人於申報債權時，

　　體上確定債權及其數額之效力。故當事人對實體上有爭執者，非另行訴請確定無由解決，在訴訟中並可依同法第一百四十四條之規定，以謀救濟」。

⓱　參照日・破產法第二百六十二條，第二百七十一條第三款之規定。

即應釋明其實行別除權後可能不能受償之金額，由破產管理人列入債權表，且依表列金額而予列入分配表，並待其金額確定後，始能受領分配。更須於最後分配表公告後十五日內已實行其別除權始可（準用第一百四十二條規定）。又如別除權人願意拋棄其別除權時，即可按一般破產債權之情形辦理，自不待言。

(5)債權申報期間屆滿後，申報之有執行名義之債權

債權人不於債權申報期間內申報債權者，本不得就破產財團受償（第六十五條第一項第五款）。惟依司法院二十七年院字第一七六五號解釋：「已有執行名義之債權，不在破產法第六十五條第一項第五款所定限制之列，故雖逾申報期限，仍得就破產財團而受清償」。從而於債權申報期間屆滿後申報之有執行名義之債權，仍屬應受分配之債權。

4.分配表之更正及異議

(1)分配表之更正

分配表在法院認可公告前，破產管理人如發現有誤算或其他類似之顯然錯誤，或有已撤回債權申報之債權列入分配表等情事，固可隨時將情形報告法院而予更正。惟如分配表一經法院認可並公告後，是否得予更正，本法未如日本破產法設有明文規定（日·破產法第二百六十二條），自不無疑問。吾人認為分配表經法院認可公告後，如發現有誤算或其他類似之顯然錯誤，或已撤回申報之債權列入分配，或行使別除權後未受清償之債權額與原申報債權額不符之情形時，破產管理人仍得隨時更正之。惟更正後之分配表仍應送法院認可公告，俾有利害關係之債權人得以異議。惟在更正前，如債權人已在公告期間就該更正部分異議時，似即不必再作更正分配表，而由法院逕依異議程序辦理。

(2)分配表之異議

分配表雖經法院認可而公告，但為防止疏漏有礙債權人之公平受償，故第一百三十九條規定，對於分配表有異議 (Einwendung) 者，應自公告之日起十五日內，向法院提出之。此與對於債權表之異議（第九十四條、第一百二十五條）不同。後者係對於破產債權之是否可以加入或其數額若干

所為之異議，而前者則係就分配表記載事項所為之異議，例如漏未將異議人申報之債權列入分配表，或將不得受分配之債權列入分配，或分配比率、債權額，或順位有錯誤等情形之異議。

破產債權人為異議權人固無疑問，而破產人因其對於債權人之應受分配無爭執之權利，且財團之處分權又屬破產管理人，故破產人對於分配表應無異議之權 **❿**。至監查人雖學者間有主張亦得為異議者 **❿**。惟按監查人雖為代表破產債權人監督破產程序進行之機關，但分配表既經法院認可公告，而又可由破產債權人直接行使權利表示異議，實無再准監查人以監查人地位異議之必要，且分配表之內容如何，於監查人亦無利害關係，似應解為監查人不得異議為宜。

對於分配表異議之期間為十五日。此異議期間 (Einwendungsfrist) 雖非不變期間，但屬於除斥期間 (Präklusivfrist) 之一種。故此期間一經經過，分配表即告確定，各破產債權人之分配比率，即依此分配表定之。縱分配表有不當之記載，分配較少之人，亦不得對分配較多之人主張不當得利 **❿**。至破產管理人對此項不當之記載，是否應負故意過失責任，則屬另一問題。

5.分配之實施

異議期間屆滿後，如無破產債權人提出異議，分配表即為確定，此時破產管理人應即按分配表實施分配。如有異議，破產管理人亦得於破產法院對異議裁定後，不待其確定而隨時分配。下列破產債權分配之實施，法律有特別規定，分配時應特別注意：

(1)附解除條件債權受分配時，應提供相當之擔保，無擔保者，應提存其分配額（第一百四十條）：附解除條件之債權，於條件成就時，其債權即將失其效力（民法第九十九條第二項）。為確保破產財團於該附解除條件之債權人，於條件成就時迅速返還其已受領之分配額，故規定應供相當之擔保，如無擔保者，則提存其分配額。所謂相當之擔保，通常係指與分配額

---

❿ 參照錢國成著第一七六頁，加藤著第三八八頁，兼子著第二一八頁。

❿ 參照錢國成著第一六七頁。

❿ 參照錢國成著第一六七頁，加藤著第三八九頁。

相當之擔保。惟在最後分配表公告後十五日內，條件尚未成就時，其已供擔保者，免除擔保責任，自應將其所供擔保物返還（第一百四十三條）；其將分配額提存者，則應准該破產債權人領取提存物。破產程序終結後，倘遇條件成就時，破產人自可依不當得利之規定，請求返還其分配額。但此項分配額，如係在破產終結之裁定公告日起三年內返還者，則應由破產管理人為追加分配（第一百四十七條）。蓋以該分配額原屬破產財團之財產故也。

⑵附停止條件之債權之分配額，應提存之（第一百四十一條）：此項債權雖已成立，但尚未生效，惟因債務人業已破產，為保護該債權人之利益，故暫認為破產債權而列入分配，自應將其分配額提存。又關於將來行使之請求權之分配額（第一百零五條、第一百零七條），因其權利是否得以行使，亦屬不確定，應解為亦應將其分配額提存。此等債權，如於最後分配表公告後十五日內尚不得行使其權利者，依第一百四十二條規定，不得加入分配。因之，提存之分配額，即當編入分配財團而分配於其他破產債權人。反之，在最後分配表公告後十五日內，條件成就或得行使權利者，該破產債權人應即得受領該提存之分配額。至於破產程序終結後，始條件成就或得行使權利者，學者有謂基於破產法採免責主義，主張仍不得對破產人請求償還者❶。但查破產債權人於最後分配表公告後十五日內其條件尚未成就，或不得行使其權利，而不得依破產程序受償，即與未申報債權無異，且係於破產程序終結後始得行使其權利，應解為仍得對破產人請求❷。又有別除權之債權人得以行使別除權後未能受償之債權，為破產債權而行使其權利。惟其預料不能依別除權之行使而受償之不足額，在未提出證明確定其數額以前，亦屬不確定之狀態，故宜解為亦應將其分配額提存（參照日本破產法第二百七十一條第三款）。如於最後分配表公告後十五日內尚未能確定者，不得加入分配於其他債權人（參照日本破產法第二百七十七條）。

⑶關於破產債權有異議或涉訟，致分配有稽延之虞時，破產管理人得按照比例提存相當金額，而將所餘財產分配於其他債權人（第一百四十四

❶ 參照李肇偉著第二三五頁。

❷ 同說：錢國成著第一六八頁，李傳唐著第二〇六頁。

條）：所謂關於破產債權有異議，係指對於破產債權之加入或數額有異議（第一百二十五條）而言。又所謂關於破產債權涉訟，係指當事人就破產債權已經提起確認債權之訴訟而言。此等異議或訴訟中之債權，必待其裁判確定後始行實施分配，則恐稽延時日而影響其他破產債權人之利益。故於分配有稽延之虞時，破產管理人得將其債權所應受分配之金額提存，對於無爭議部分先實施分配。其有異議或涉訟之部分，則俟異議或訴訟之結果，如債權人全部勝訴，即受領該提存之分配額。如係部分勝訴者，即按勝訴之債權比例受領其比例應得之提存分配款。其敗訴者（包括一部敗訴及全部敗訴），則應將該敗訴部分之原提存分配額，再分配於其他債權人。惟須注意者，在提起確認破產債權存在之訴訟，債權人須於破產管理人製作分配表前，向其為起訴之證明，蓋此乃屬破產程序外之情事，有時非破產管理人所得知悉也。

二、最後分配

所謂最後分配 (Schlussverteilung) 係指全部破產財團換價終了後，就破產財團現有之財產分配無餘所為之分配。破產財團中之財產如有因毫無價值致無從換價而有賸餘，亦無妨為最後分配（參照日本破產法第二百八十一條）。又如破產程序較為單純，亦得不經中間分配階段，逕為最後分配。惟關於破產財團所屬財產之訴訟尚繫屬中者，應俟其訴訟之結果，始得為最後分配，此與關於破產債權之異議或涉訟之情形不同，非俟其訴訟之結果，不能認定涉訟中之財產是否確屬破產財團，自無從為最後分配。

最後分配亦應作成分配表，並應經法院之認可及公告。對於分配表有異議者，破產債權人亦得於公告之日起十五日內向法院提出，由法院裁定之（第一百四十二條、第一百四十三條、第一百四十七條）。均與前述中間分配時之情形相同。惟於實行分配時應注意：

㈠附停止條件之債權或將來行使之請求權及預定行使別除權後未能受償之債權，雖應列入最後分配表，但於最後分配表公告後十五日內條件尚未成就，或權利尚不能行使者，不得加入分配（第一百四十二條）。

㈡附解除條件之債權，在最後分配表公告後十五日內尚未成就時，該附解除條件債權之債權人，不必提供擔保即得接受分配（第一百四十三條）。將來如解除條件於破產程序終結後成就，其在破產程序終結之裁定公告日起三年內返還者，則由破產管理人另為追加分配，如係於破產程序終結之裁定公告日起三年後返還者，則歸破產人。其以附解除條件之債權抵銷者（第一百十三條第二項），如解除條件最後分配表公告前成就者，該債權因條件成就而消滅，原被抵銷之債權回復，應列入破產財團分配；如於最後分配表公告後成就時，則由破產管理人，將該回復之債權作追加分配；惟如於破產程序終結之裁定公告後三年始解除條件成就者，則歸破產人，由其行使權利。

㈢關於破產債權有異議或涉訟者，破產管理人得按照分配比例，將其相當之金額予以提存（第一百四十四條），俟其異議或訴訟之結果，決定由破產債權人領取或作追加分配。

三、追加分配

追加分配 (Nachtragsverleilung) 係指最後分配後，發現復有可分配之財產，所為之分配（第一百四十七條）。按破產程序雖因最後分配而終結，但如最後分配表公告後，發現復有可分配之財產，例如因破產債權之異議或涉訟；而經裁判確定該債權不存在時，原提存之分配額，如因破產程序終結而不為分配，自有不當，故法律規定，破產管理人經法院之許可，應為追加分配。惟其財產於破產終結裁定公告之日起三年後始發現者，不得分配。故法院為許可裁定前，應審查該財產是否係在破產終結裁定公告日起三年內所發現者。此項裁定，如係駁回者，可由破產管理人提起抗告；如係許可者，因與破產人利害關係至大，應解為破產人得為抗告。

追加分配之財產，約有下列幾種 ❿：

---

❿　參照加藤著第四〇五頁、錢國成著第一七〇至一七一頁、李傳唐著第二〇七頁。學者有謂破產財團中之債權，於最後分配表公告前未能收取，又不能變為金錢，而於最後分配表公告後收取者，亦屬追加分配之財產者。然該財產既於最後分配表公告前未能

　　1.新發現之破產終結前存在，屬於破產財團之財產。

　　2.附解除條件之破產債權，於最後分配表公告後，條件成就，債權人所返還之抵銷額或提存之分配額。

　　3.對於破產債權有異議或涉訟，於債權人敗訴時，前就其債權之分配額所提存之金額，或提存多於分配額之餘款。

　　4.因破產管理人之錯誤等償還於財團債權人或分配於破產債權人，而經返還之金額。

　　追加分配之程序，係依最後分配之分配表所載比例及方法以為分配。且亦應作成分配表並經法院認可而公告之。破產債權人對於分配表如有異議，應於公告十五日內向破產法院提出，而由法院裁定之。

肆、破產財團分配之效果

　　破產財團之分配，如前所述，有中間分配、最後分配及追加分配三種。其在分配過程中，對於各種不同性質之破產債權所生之效果，已於各該分配程序中論述，無庸贅述，茲所討論者，為破產程序因分配而終結之效果。

　　按破產管理人於最後分配完結時，應即向法院提出關於分配之報告，法院接到此項報告後，應即為破產終結之裁定，對於此項裁定，不得抗告。此項裁定應予公告，一經公告破產程序即告終結（第一百四十五條、第一百四十六條）。破產程序終結後，發生下列效果：

一、對於破產人之效果

　　破產程序終結後，破產人回復其對於財產之管理及處分權。故如破產財團於破產程序終結時，尚有剩餘之財產時，則歸破產人管理、處分，破產人之人身自由限制（第六十九條至第七十二條、第六十七條），亦因而解除。惟其他公私法上權利之限制，則非經復權程序不能回復❿。又破產管

　　收取，又未能變為金錢，則該次分配，似應不得認為最後分配，則即無最後分配之可言。惟如法院未加調查，認係最後分配表而予認可並公告確定，復為破產程序終結之裁定時，自應將該財產列入追加分配之財產。

理人起訴或被訴或承受停止之訴訟程序後，訴訟繫屬中破產程序終結者，除不能由破產人續行之訴訟（例如由破產管理人依第七十八條提起之撤銷之訴）者外，當然由依破產人按當時訴訟程序之程度，續行其訴訟。破產人如為法人，經清償債務後仍有剩餘之財產時，應由破產管理人將該剩餘財產分配於社員或股東，法人人格，並於清算終結時歸於消滅。

二、對於破產機關之效果

破產程序既經終結，破產管理人、監查人及債權人會議之任務，亦因而終了。惟破產管理人有時尚有繼續其異議訴訟或為追加分配之任務，故在其履行任務之範圍內，其任務繼續存在，破產人在此範圍內，仍不能回復其財產上之管理及處分權。

三、對於破產債權之效果

破產債權人依破產程序已受清償者，其債權未能受清償之部份，我破產法係採免責主義 (Discharge)，規定其請求權視為消滅（第一百四十九條），各債權人自不得因破產人嗣後續行獲有財產而再為給付之請求❶⑧⑤。但破產人（或破產法第三條各款所列之人或非法人團體之代表人或管理人）因犯詐欺破產罪（第一百五十四條）而受刑之宣告者，不論其刑執行與否，即不得享有免責之利益（第一百四十九條但書）。惟免責所免除者為債權之請求權，並非債權本身，故破產人對於未受償部分之債權如為任意給付，而債權人予以受領者自不發生不當得利問題。又免責之效力，僅及於破產

---

❶⑧④　參照最高法院二十六年滬上字第四〇號判例（編按：本則判例無裁判全文可資參考，依據一〇八年七月四日施行之法院組織法第五十七條之一第一項規定，應停止適用）。

❶⑧⑤　參照司法院二十八年院字第一九二七號解釋㈢：「按現行破產法，係採免責主義，故破產債權已依破產程序受減成清償者，未能受清償之部分，依同法第一百四十九條之規定，其請求權既應視為消滅，各債權人自不得因破產人嗣後續行獲有財產，而再為給付之請求」。破產法修正草案第一百九十條、第一百九十一條將現行法所採當然免責主義改採為裁定免責主義。

人，至破產人之共同債務人或保證人，均不受何影響，不得援用該條規定而主張免除責任 ⑱。對於法人或非法人團體之債務應負無限責任之人，如無限公司之股東、兩合公司、無限責任股東、無限責任合作社之社員及合夥人，因係於公司、合作社或合夥之財產不足清償債務時，始對於公司、合作社或合夥之債務直接負其責任(參照公司法第六十條、第一百十五條，合作社法第四條第三款，民法第六百八十一條)，從而此等公司，合作社或合夥受破產之宣告，其債權人依破產程序受分配後，其未能受清償之部分，應解為仍得向該無限責任股東、社員或合夥人請求，而非免責效力之所及。

第十一節　調　協

壹、調協之意義

調協者謂以代替分配而予破產債權人以特定之滿足，並終結破產程序為目的，於破產財團分配未經認可前，破產人與破產債權人團體間所締結之強制契約，且經法院之認可而生效力者也。析言之：

一、調協以代替分配而予破產債權人以特定滿足，並終結破產程序為目的

破產程序開始後，原應將破產財團變價，並因破產財團最後分配完了而告終結 (第一百四十五條、第一百四十六條)。然破產管理人就破產財團變價，並作成分配表分配予破產債權人，往往須費相當時日與支出多額費用，且破產財團變價時，每用拍賣方法為之，賣價恆有偏低之現象，於債

---

⑱　參照最高法院五十一年臺上字第二二四三號判例：「破產法第一百四十九條規定免責之效力僅及於破產人，至破產人之共同債務人及其保證人，並無引用該條之規定主張免責之餘地」。破產法修正草案第一百九十二條第一項明定：「免除破產人債務之裁定確定時，對已申報及未申報之破產債權人均有效力。對於破產人之保證人，為破產人設定擔保物權之第三人及其他求償權人亦同」，與上述判例見解不同。

權人與破產人均屬不利，對社會經濟亦有不良影響，故各國法律，多有有關調協之規定 ❿，不用分配財團之手段，由破產人提出調協計劃，於債權人會議中互相讓步，達成協議，予破產債權人特定之滿足，終結破產程序，俾債權人獲得較多之清償，並使破產人有重整旗鼓之機會。本法亦然。

二、調協須於破產財團分配未經認可前為之

調協雖係破產宣告後之和解程序，但係以代替分配終結破產程序為目的，故應於破產最後分配 ⓫ 未經法院認可以前為之（第一百二十九條）。蓋破產財團分配如業經法院認可（第一百三十九條第三項），則各破產債權人受償之情形業已確定，破產人之財產業已處分完畢，破產程序即將終結，縱令提出調協計劃，實際上亦毫無裨益，反致延誤破產程序之終結，故調協必於分配未經認可前為之。又因其係在破產程序中所成立之和解，故學者有謂其為破產上或破產內之強制和解 (Zwangsvergleich im Konkurse od. innerhalb des Konkurses)，並將破產程序前之和解稱為破產外之強制和解 (Zwangsvergleich ausserhalb des Konkurses) ⓭。調協與和解不同，前者以代替分配終結破產程序為目的，後者則以預防破產為目的。然其間許多程序大體相同，故本法第一百三十七條規定：第二十五條、第二十七條、第二十九條、第三十三條、第三十四條、第三十八條、第三十九條、第五十一條至第五十三條及第五十六條關於和解之規定，於調協準用之。

---

❿ 德國破產法第六章強制和解 (Zwangsvergleich)、日本破產法第九章強制和議，即與我破產法之調協相當。

⓫ 德國破產法第一百七十三條規定：「在一般之債權調查期日終了後，最後分配未認可前，得因破產人之提出，由破產人與非優先債權人間，締結強制和議」。日本破產法第三百零三條規定：「強制和議於一般之債權調查終了前或最後分配認可後，不得為決議」，均有關於最後分配認可前之規定，本法雖未用最後分配之用語，解釋上宜解為最後分配。詳本節貳、一、㈡。

⓭ 參照齋藤編獨破產法第三二二頁。

三、調協係破產人與破產債權人團體間所締結之強制契約

　　調協為破產內之和解，其本質與破產外之和解相同。關於其法律上之性質，亦復如破產外和解，學說上有判決說 (Urteilstheorie)、混和或結合行為說 (Theorie der gemischten od. kombinierten Handlung) 及契約說 (Vertragstheorie) 三說 ⑲⓪，吾人仍採契約說。蓋調協計劃係由破產人提出之調協要約，經破產債權人團體 (Gläubigergemeinschaft) 即債權人會議之可決，對調協要約為承諾而成立，自屬契約之一種（民法第一百五十三條）。至法院之認可 (Bestätigung) 則為調協效力發生之法定要件 (juris condicio)，並非其成立要件。調協承諾之意思表示係透過債權人會議之議決，而債權人會議之表決係採多數決原理，經多數決通過後之承諾，經法院認可後，有拘束未申報債權，與已申報債權而未出席債權人會議，或出席而反對決議之債權人之效力（第一百三十六條），故此種契約與民法上之和解或訴訟上和解不同（民法第七百三十六條，民事訴訟法第三百七十七條以下），而與本法第二章所定和解同屬強制契約同 ⑲①。

四、調協須經法院之認可而生效力

　　調協係以破產人之調協計劃為要約，債權人會議之可決為承諾而成立之和解契約，已如前述，惟債權人會議之承諾意思表示，係採多數決原理，對未申報債權，或已申報債權而未出席債權人會議及出席而反對調協計劃之債權人亦有拘束力。為顧及此少數債權人之利益，使法院有審核其決議之案件是否公允而予認可之權，用以保障此等少數債權人之權益。

---

⑲⓪　關於和解性質之學說請參照第一篇第二章第一節貳。

⑲①　學者有主張調協之本質無強制性，故不能認調協為強制契約者（參照李肇偉著第二〇一頁）。主張調協為強制契約者：錢國成著第一五八頁、劉清波著第二三八頁、陳國樑著新論第二三九頁。

貳、調協之成立及生效

一、調協計劃之提出 (Vergleichsvorschlag)

依本法第一百二十九條規定：破產人在破產財團分配未認可前，得提出調協計劃，可知：

㈠調協計劃之提出人

得提出調協計劃者，以破產人為限，雖在立法例上，二十世紀初期有許法院受命法官、破產管理人、總債權人代理人或代表總債權額四分之一已確定債權人提出者⑲。惟調協之能否誠意履行，端在破產人，由第三人或債權人代提出之調協計劃，恆不易由破產人接受或誠意履行，徒費手續。故本法定為以破產人為限，始得提出調協計劃，破產管理人、監查人或法院均不得為之。茲所謂破產人法律並未限於自然人，似應包括自然人、法人、遺產等有破產能力者在內⑲。惟調協之目的在於以代替分配終結破產程序與破產外之強制和解在預防債務人之破產，使債務人得繼續其事業或營業，不致企業解體為目的者不同，故於法人或遺產破產之場合，如其提出之調協計劃在使法人或遺產繼續其現狀及財產關係，則應認非法之所許⑲。法人破產時，如欲提出調協計劃，應由依章程之規定得代表法人之

---

⑲ 參照李傳唐著第一八一頁。破產法修正草案第一百五十七條第一項規定，破產管理人亦得提出調協方案（現行法所定調查計劃，修正草案改稱為調協方案）。

⑲ 最高法院六十二年二月二十日第一次民庭庭長會議記錄曾決議：「法人宣告破產後，其法人人格即歸消滅，惟其團體依然存在，應認為民事訴訟法第四十條第三項之非法人團體，仍得適用破產法有關調協之規定，並於調協認可後，履行調協所定之義務」。關於此決議之評釋及遺產破產時之調協，請參照陳世榮著：破產法人及破產遺產之調協及調協計劃（載於法令月刊，第二十九卷第五期）。錢國成著第一五八頁則認「遺產破產時，應解為不得提出調協計劃」。

⑲ 同說：參照陳世榮著前揭論文。劉清波著二三九頁。日本破產法第三百十一條規定：「法人受破產宣告而有強制和議之可決（按即相當本法之調協）時，在社團法人依章

機關如董事、清算人等提出，如法人之代表人有數人，而有共同代表權者，須由代表人一致提出始可（參照日本破產法第二百九十一條）。如係遺產破

程之變更有關規定，在財團法人因主管官署之認可，得繼續其法人」。依此規定，在日本法人可有「繼續現狀及財產關係之調協計劃」之提出，本法對此未設有規定，清算法人僅在清算目的必要範圍視為法人格之繼續存在（參照民法第四十條第二項），故不宜與日本法例作相同之解釋。

實務上採相同見解，參照最高法院六十年度臺上字第三六三五號判決曰：「臺灣揚子木材廠股份有限公司，早於民國四十六年十二月二十六日經第一審法院依四十六年破字第十一號裁定宣告破產，依當時有效之公司法第二百六十三條（現行法第三百十五條）第六款規定，該公司已經解散，依同法第二百六十七條（現行法第二十四條）規定意旨，無須清算程序，則依同法第三十一條（現行法第二十五條）之反面解釋，該公司因受破產之宣告而消滅，無視為未解散而存續之可能，其後第一審法院於民國四十八年九月十一日認可調協計劃，雖有終結破產程序之效力。但不能使因解散而消滅之公司復活」。

司法行政部五十年函民字第三一四九號復財政部函：「查公司解散後，其權義主體已歸消滅，僅在清算範圍以內視為尚未解散，保有有限之權利能力。來函所引判例謂破產人於認可調協之裁定確定後，得恢復財產管理及處分權，似祇適用於自然人之場合，法人則因解散而組織不復存在，事實上已無從恢復其權利能力，自難再恢復其管理及處分權。以外國法制言，日本破產法第三百十一條規定：『法人受破產宣告而有強制和議（按即指調協計劃之認可）之可決時，社團法人依從關於章程變更之規定（依日本民法第三十八條第二項須經主管官署認可），財團法人受主管官署認可，得繼續法人』。可知日本法人受破產宣告後，縱經調協確定，非經法定程序獲得主管官署之認可，不能恢復其地位。我國法律就此部分並無明文規定，惟就法人權利能力性質言，法人一經解散，既除清算事項外，其權利能力已告消滅而無從再生，則法人於破產而解散後，雖經調協確定，亦不能有恢復財產管理權之能力，此實與自然人有別」。

破產法修正草案第一百五十七條第二項規定：「破產人為法人者，提出前項（即調協）方案時，應經董事或其他有代表權人全體之同意」。同草案第一百六十六條規定：「破產人為法人而調協方案維持其存續者，法院於認可前，應定期間命破產人依變更章程之規定為社團法人存續之決議，或聲請主管機關為財團法人存續之許可（第一項）。破產人逾前項期間，未為社團法人存續之決議或聲請主管機關為財團法人存續之許可，或經聲請未獲許可者，法院應為不認可（第二項）」。可知草案已明文規定法人亦可提出調協方案。

產欲提出調協計劃，則應由全體繼承人一致提出（參照日本破產法第二百九十二條，德國破產法第二百三十條）。破產人為未成年者，由其法定代理人代為提出。

㈡調協計劃提出之時間

破產人須於何時始得提出調協計劃，在德、日法例規定為須在「一般債權調查期日終了後，最後分配認可前」為之 ⑲⑤。本法則規定為「破產人於破產財團分配未認可前，得提出調協計劃」（第一百二十九條）。故破產人在受破產宣告後，即得提出調協計劃。法條雖曰「破產財團分配未認可前」，但此所謂分配，宜解為最後分配 ⑲⑥。蓋依本法第一百三十九條第一項規定：「在第一次債權人會議後，破產財團之財產可分配時，破產管理人應即分配於債權人」，即所謂中間分配 (Abschlagsverteilung)，如謂中間分配經認可，即不得再提出調協計劃，則調協之功能將受極大之限制，殊非立法之本旨也。至破產財團之最後分配，業經法院認可，分配業已確定，破產程序已近終結，提出調協計劃已難發揮實益，自應不許提出。

㈢調協計劃之提出方式及內容

調協計劃應向何人提出，在立法例上有規定應向法院提出者（日本破產法第二百九十四條）。本法則規定：調協計劃應送交破產管理人審查，由破產管理人提出債權人會議（第一百三十二條）⑲⑦。破產人提出調協計劃後，在經債權人會議可決前，得隨時撤回之。破產人經合法通知後，無正當理由而不出席為調協而召開之債權人會議時，得視為撤回調協計劃之提出，而終結調協程序。調協計劃經撤回後，在最後分配未認可前，仍得再

---

⑲⑤　參照⑱⑧。

⑲⑥　反對說：李傳唐著第一八〇頁以下，陳國樑著新論第二四一頁。

⑲⑦　破產法修正草案第一百五十七條第一項規定，調協方案係向法院提出，並由法院審查。於有草案第一百六十一條或第一百六十二條之情形，以裁定駁回調協方案之提出。其未裁定駁回者，依同草案第一百六十四條規定，法院應於債權申報期間屆滿後，召開債權人會議並公告。其期日距公告之日不得少於十五日，超過三十日。其規定與現行法不同。

行提出同一或不同條件之調協計劃。其不撤回調協計劃而僅變更其條件者，亦應准許。惟其變更條件，應於債權人會議期日前為之，俾債權人於開會前有所準備。

　　調協計劃應載明下列事項，一、清償之成數、二、清償之期限、三、有可供擔保者，其擔保（第一百三十條）。所謂清償成數及清償期限，即破產人對於破產債權人之清償方法⓳。通常調協都以債權折成某一成數償還為多，故有謂之折成調協 (Quotenvergleich) 者。但未必限於折成償還。其依分期或延期清償之方法清償者，即所謂支付猶豫調協 (Stundungsvegleich)，亦為法之所許。在德國尚有一種所謂「清算調協」(Liquidationsvergleich) 者，此項調協係「由受託者 (Treuhänder) 按其可得變償之財產，使債權人債權之一部獲得滿足，同時免除殘餘部分之債務」⓲。此種清算調協使破產人委付其全部破產財團之財產而免除其債務，並由受託者受讓破產財團之財產變價而為清算，雖或可避免分配手段，但其後債權人債權之滿足係基於債權人與受託者間之法律關係，不受破產法院之監督，似與原來調協制度之法意不符。宜解為此類「清算調協」在我國法制上，不應准許⓴。又關於清償之方法如何法律雖未設有特別規定，但必須合於公平之原則。此所謂公平係指實質的公平，並不以形式上之一律為必要。例如僅由一部分債權人免除其債務，或對於未申報之債權人及不知之債權人予以除外之情形，為不公平，但對於債權額少之債權人為立即清償，對債權額多之債權人提供擔保，或對先清償之債權降低其清償比率，即難謂為不公允。清償方法如果實質上不公允，縱經債權人會議可決，法院仍

⓳　德・破產法第一百七十四條規定：「強制和解計劃中，應表明對於債權人之清償方法並對債權人有無提供擔保及其種類」。日・破產法第二百九十四條規定：「強制和議之提供（即調協計劃）應由提供者將其清償方法；如提供擔保者，其擔保；及其他強制和議之條件，向法院聲請之」。

⓲　參照齋藤著獨破產法第三二一頁。

⓴　在日本反對承認「清算調協」者，兼子著第二三二頁，中田著第二四二頁。另參照山木戶第二六六頁註一。

得不予認可（第一百三十五條）⑳。又破產人為實踐其調協之條件，可提供擔保增加其信用。此項擔保，不論為人的擔保（保證）或物的擔保均可。

㈣調協計劃提出之限制

破產人雖在破產財團分配未認可前，隨時得提出調協計劃，惟如破產人未具一定之品位 (Vergleichswürdig)，即難保破產人有遵守調協條件之誠意，如為調協，亦徒枉費時間，故各國法例對於調協計劃之提出均設有限制⑳。本法第一百三十一條規定破產人有下列情事之一者，不得提出調協計劃：

1.所在不明者，即破產人所在之處所現不明瞭之情形，於此情形即無從通知破產人出席債權人會議，命其到場調協，自不得提出調協計劃。

2.詐欺破產尚在訴訟進行中者，即其因有詐欺破產之罪嫌，經依法偵查中，或已經起訴（包括公訴及自訴）。已依刑事訴訟程序審判中，尚未終結者。

3.因詐欺和解或詐欺破產受有罪之判決。學者對本款規定均認為不論破產人之受有罪判決是否確定，所處何刑，是否受緩刑宣告均有適用，蓋可推定其欠缺誠實信用，無履行調協計劃之可能⑳。惟詐欺破產罪如在審判中尚未確定，本有第二款之適用，無待第三款之規定。將來修改破產法

---

⑳ 德破產法第一百八十一條規定：「調協對於無優先權之總破產債權人須付與平等之權利。除受不利益之債權人有明示之同意之情形外，不得為不平等之訂定。破產人或第三人與個別之債權人訂定予該債權人以優先之權利或其他之合意者，該合意為無效」。

⑳ 德・破產法第一百七十五條規定：「強制和解在下列情形，不得准許之。一、破產人在逃亡或拒絕為明告宣誓之中 (solange die Ableistung des Offenbarungseides verweigert)，二、破產人因破產詐欺尚在審判中或再審程序繫屬中，三、破產人因詐欺破產，受有罪判決且其判決已確定者」。日・破產法第二百九十五條規定：「強制和議之提供者所在不明，或因詐欺破產之公訴繫屬中，不得為強制和議。其因詐欺破產而受有罪判決確定者亦同」。

⑳ 參照錢國成著第一五九頁、劉清波著第二四〇頁、李傳唐著第一八四頁、陳國樑著新論第二四二頁。

時宜將第二款規定為：「因詐欺和解或詐欺破產尚在訴訟進行中者」，第三款修正為：「因詐欺和解或詐欺破產，受有罪之確定判決者」。如此，則破產人雖曾因詐欺和解或詐欺破產罪嫌涉訟，如經判決無罪確定，似即無再懷疑其誠信及履行可能之必要。

　　破產人有上述三款情事之一者，不得提出調協計劃，俾免破產人藉此拖延而損害破產債權人之利益。又本法第三條所列各款之人以及非法人團體之代表人或管理人，即準破產人如有上述三款情事之一者，解釋上亦應認為不得提出調協計劃。

二、調協計劃之審查[204]

　　調協計劃應送交破產管理人審查，由破產管理人提出於債權人會議（第一百三十二條）。破產管理人對於調協計劃之審查範圍，應限於調協計劃之提出是否合法之問題。其經審查合法者，破產管理人應聲請法院召集債權人會議（第一百十六條），並將調協計劃提出於債權人會議。其經審查結果認為不合法者，例如非由破產人提出，或提出時已經認可破產財團之分配，或有第一百三十一條所定原因，除其不合法之情形可以補正者，例如未依第一百三十條規定提出完整之調協計劃，可限期命補正外，破產管理人應拒絕接受。破產人對於破產管理人之拒絕接受，如有異議，本法雖未明文規定得向法院異議，惟破產管理人之行為既應受法院之監督，自應解為得聲請法院核定[205]。

三、債權人會議之決議

㈠債權人會議期日之指定及公告

　　破產管理人審查破產人提出之調協計劃，如認為合法時，應即向法院聲請召集債權人會議（第一百十六條），俾破產人與債權人磋商調協計劃並予表決。法院因破產管理人之聲請，應迅速指定債權人會議期日（學者謂

[204]　破產法修正草案之調協方案之審查，請參照本節註[197]。

[205]　參照錢國成著第一五九頁、陳國樑著新論第二四三頁、李肇偉著第二〇五頁。

此期日為調協期日 Vergleichstermin），並將其應議事項即可決調協計劃公告之（第一百十八條）。關於債權人會議期日，應自公告日若干日內為之，本法未設規定●，德、日破產法規定為自公告日起一個月內為之（德‧破產法第一百七十九條第一項，日‧破產法第二百九十九條第一項）。解釋上，法院應儘速召集之。如在破產人提出調協計劃前，法院已指定有債權人會議期日尚未召開時，破產管理人亦可聲請法院將可決調協計劃議案列入議程，並於開會時提示之（第一百十九條）。

債權人會議期日經指定並公告後，如有重大事由，得予變更，但應另行公告。會議期日如有必要，並得延展之（第五條、民事訴訟法第一百五十九條）。

㈡債權人會議之進行

為可決調協計劃而召集之債權人會議，應由何人出席，本法未設規定。日本法例規定為已確定之破產債權人、破產人，及為調協而為保證之人，與破產人共同負擔債務之人，或為破產債權人提供擔保之人，及破產管理人與監查人（日‧破產法第二百九十九條第二項）。為使調協能夠順利達成，在解釋上宜採與日本法例相同之解釋。債權人會議時，債權人固得委任他人出席，但破產人因係調協之要約人，在會議進行中尚需磋商讓步，或應債權人、破產管理人之詢問，為表示對調協之誠意不宜委任他人出席；惟第一百三十七條並類推適用第二十四條之規定，破產人如有正當理由時，自得委任代理人出席債權人會議（參照日‧破產法第三百零一條第一項但書）。但破產人如無正當理由不於債權人會議期日出席會議，亦未委任代理人時，足見其並無成立調協之意願，為防止破產人利用調協之聲請拖延破產程序之終結，應解為撤回調協計劃（參照日‧破產法第三百零一條第三項），而續行破產程序。

債權人會議時，首由破產人說明其調協計劃及財產與債務之情形，次由破產管理人及監查人分別報告破產人之財產業務狀況，並陳述其對破產人所提出調協計劃之意見。再由破產債權人與破產人，就調協計劃之內容，

● 關於債權人會議期日，請參照本節註⑲有關修正草案之規定。

自由磋商，此時主席應斡旋其間，並力謀雙方之妥協（第一百三十七條、第二十五條第二項）。

(三)債權人會議之表決

債權人會議為調協之可決時，應有出席債權人過半數之同意，而其所代表之債權額，並應占無擔保總債權額三分之二以上，以昭慎重（第一百三十七條、第二十七條）。茲所謂總債權額，當以申報之債權總額為準（參照司法院院字第一九九三號解釋），其有別除權之債權額不應計入。至有優先權之債權，僅於破產程序中就破產財團之財產有優先受償之權利，並非如有別除權之債權人，不依破產程序行使其權利（第一百零八條），故應算入❷⓿❼。

調協計劃經債權人會議可決時，主席應即呈報法院，由法院為認可與否之裁定（第一百三十七條、第二十九條）。其經債權人會議否決者，調協程序即告終結，應即繼續原來之破產程序（參照日‧破產法第二百六十八條）。本法關於可決之決議係採雙重多數制，即出席人數之過半數 (einfache Kopfmehrheit) 與債權額之多數 (qualifizierte Summenmehrheit)，如缺其一即屬否決。德日法制，於雙重多數中，有一多數通過時，得因破產人之請求，再指定一新期日再行表決，惟以一次為限（德‧破產法第一百八十二條、日‧破產法第三百零七條）。本法未採此制，不無缺憾。

四、法院之認可

調協雖經債權人會議可決而成立，然尚須經法院為認可之裁定後，始能發生效力，已如上述。故債權人會議主席於債權人會議可決後，應即呈報法院。法院為認可與否之裁定時，應依職權調查調協之成立是否合法，債權人會議可決之調協條件是否公允。破產管理人、監查人、債權人及破產人或以職責之所在，或以利害攸關，故均得就關於調協之應否認可向法院陳述意見，或就調協之決議提出異議（第一百三十三條）。惟調協既係由破產人提出要約，由債權人會議予以可決，故對於可決之調協決議，破產

---

❷⓿❼　日本破產法第二百九十三條規定：「一般之先取特權及其他一般優先權之債權人，於強制和議不視為破產債權人」。此項立法，似值吾人仿效。

人應解為不得提出異議。法院對於此項異議為裁定前，應通知破產管理人、監查人、債權人及破產人為必要之訊問。債權人會議之主席亦應到場陳述意見（第一百三十四條）。

法院之裁定可分下列五點說明之：

㈠調協之成立有違法情形，或債權人會議可決之調協條件有欠公允者，應為不認可調協之裁定。例如債權人會議之召集、表決有違法之情形，或調協之內容未依總和解債權人平等之原則而有欠公允之情形。德國破產法規定，如調協之條件未予債權人債權額五分之一以上之清償，而其原因出於破產人之不正行為，尤其是出於破產人以延滯破產程序開始為目的之行為者，應不認可。其出於破產人之怠忽行為者，得不認可（德·破產法第一百八十七條）。為防止經濟犯罪，保障債權人之利益，此種規定，實有採擇之價值。又關於調協之決議，其人數及債權額之計算，德國破產法對於破產人之配偶為債權人或繼受其權利者不予計入，亦值吾人將來修訂本法時之參考 ❷❶❾ 。

㈡調協之成立為合法，且債權人會議可決之條件又屬公允者，法院應為認可之裁定（第一百三十五條）。

㈢對於調協決議之異議，如認其異議為無理由者，應以裁定駁回之。如認其異議為有理由，而應增加破產人之負擔時，其經破產人之同意者，應將所增加負擔列入認可調協之裁定書內。如破產人不同意者，則應為不認可調協之裁定（第一百三十七條、第三十三條）。

㈣法院所為認可或不認可調協之裁定，均應公告，但不必送達（第一百三十七條、第二十九條第二項）。對於異議之裁定除應公告外，宜另送達異議人。對於不認可調協之裁定，任何人均不得抗告（第一百三十七條、第三十四條），此時調協程序終結，仍舊繼續原破產程序。對於認可調協之裁定，則僅得由曾就調協決議提出異議之人或被拒絕參加調協之債權人提起抗告，但不得再抗告，且抗告中仍有執行效力（第一百三十七條、第三十四條）。至於對異議駁回之裁定，原異議人得依一般法則抗告。其抗告期

---

❷❶❾　參照德·破產法第一百八十三條。(vgl. Mentzel. §183 Anm. 1)

間，均自裁定公告之翌日起算。

　　㈤調協程序之瑕疵，因認可裁定之確定視為業已補正，惟調協性質上仍為契約之一種，故法院如就真正成立合意以外之內容為認可時，該認可仍不發生確定力 ⑳。

參、調協之效力

一、調協效力發生之時期

　　調協經法院裁定認可後，其效力應於何時發生，本法未設明文。日本破產法第三百二十一條規定：「強制和議（即調協）因認可裁定之確定而生其效力」。以認可調協裁定確定時，為其效力發生之時。學者有採與日本法例相同之解釋者⑳。惟法律規定認可調協之裁定雖經抗告，仍有執行之效力（第一百三十七條、第三十四條第二項），即可據調協之條件實施，自無待裁定之確定⑳。

二、破產程序之終結

　　調協固以終結破產程序為目的，但調協經法院之認可而發生效力後，是否當然發生終結破產程序之效果，德日法例以調協之認可雖使破產人與破產債權人間之關係，依調協之條件而予決定，不必再經破產清算程序，然對於向來破產財團之管理，因有事後處理之必要，故破產程序必待事務處理終了後，始由法院為破產程序終結之裁定 (Aufhebungsbeschluss)⑳。

---

⑳　Mentzel: §189 Anm. 3.

⑳　參照劉清波著第二四三頁、陳國樑著新論第二四七頁。破產法修正草案第二百六十七條第一項規定：「調協方案於法院認可之裁定確定時發生效力」。第二項：「前項情形，破產程序在法院裁定續行以前當然停止」。採裁定確定生效說。

⑳　同說李傳唐著第一八九頁。

⑳　德・破產法第一百九十條，日・破產法第三百三十四條。齋藤著獨破產法第三四四頁，山木戶著第二七四頁。

本法對此未以明文規定。惟實務上認為：認可調協之裁定確定時，破產程序即為終結⑫，無待另為裁定。從而破產管理人、監查人及債權人會議之任務均告終了。破產管理人此時應了結現務、清償財團債權及有別除權之債權，關於財團債權或別除權有爭議者，應將其金額提存（參照日・破產法第三百二十三條、德・破產法第一百九十一條）。並向法院提出計算報告（民法第五百四十條）。

三、實體法上之效力

㈠對於破產債權人之效力

1.調協經法院認可後，對於一切破產債權人均有效力⑭（第一百三十六條）。所謂一切債權人，不問其是否曾出席債權人會議，或曾出席有未行使表決權，或對可決之調協計劃是否同意，有無參加破產程序之一切債權

---

⑫ 最高法院二十八年滬上字第四〇號判例：「認可調協之裁定確定時，破產程序即為終結。破產管理人對於破產財團之權限當然消滅。破產人因破產之宣告所喪失之財產管理權亦即回復。雖調協有時得撤銷之，亦不過撤銷後續行破產程序時，破產人仍喪失其管理及處分權，破產管理人仍回復其資格，不得因調協日後或得撤銷，即為反對之論斷」（編按：本則判例無裁判全文可資參考，依據一〇八年七月四日施行之法院組織法第五十七條之一第一項規定，應停止適用）。同院四十年臺上字第七八八號判例：「認可調協之裁定確定時，破產程序即為終結，破產管理人對於破產財團之權限當然消滅，破產人因破產之宣告所喪失之財產管理權亦即回復」。學者有批評此項判例並謂「破產程序即為終結」亦祇能解為「破產程序即為中止」者（參照李肇偉著第二〇七頁以下）。惟德日法則關於法院裁定終結破產程序，亦未定有以破產人已履行調協條件為前提（參照日・破產法第三百二十四條、德・破產法第一百九十條）。破產法修正草案第一百七十三條第一項增訂：「調協方案履行完畢時，法院應依監督調協方案履行之人或破產人之聲請，以裁定終結破產程序」。與現行實務上意見不同。

⑭ 破產法修正草案第一百六十九條規定：「調協經法院認可後，對於已申報之破產債權人均有效力」，與現行法規定為「對於一切債權人均有效力」不同。惟草案第一百二十一條第二項規定：「債權人未申報債權者，不論其債權有無執行名義，均不得對破產財團行使權利」，故予配合修正（參照修正理由）。

人均屬之。但有別除權之債權人，因非破產債權人，自不受調協之影響。至有優先權之債權人，因仍為破產債權，且調協程序又無準用本法第三十七條之規定，應解為應受調協之拘束❷ᵢₛ。但調協條件中，對於有優先權之債權成數及期限，應另作協議。優先權人自願放棄優先權願與一般債權人受同樣條件之拘束者，自非法所不許。

　　2.破產債權因受調協條件之履行，其債權因讓步而未受償之部分，除破產人因犯詐欺破產罪而受刑之宣告者外，其請求權視為消滅（第一百四十九條）。

　　3.破產債權人對於破產人之保證人及其他共同債務人所有之權利，不因調協而受影響（第一百三十七條、第三十八條）。此項規定就保證言，係民法第七百四十一條之例外規定。蓋人之擔保目的係以確保並填補主債務人無力清償或不能為完全之清償，債務人清償能力之欠缺正為保證發揮功能之時，其不應受調協之影響，實為理所當然。故破產人之保證人及其他共同債務人不得引用第一百四十九條之規定主張免責（最高法院五十一年臺上字第二二四三號判例參照）。惟保證人或其他共同債務人對於債權人履行破產人之債務後，其所得行使代位或求償權，仍應受調協條件之限制，

---

❷ᵢₛ　同說：錢國成著第一六二頁。反對說：劉清波著第二四四頁，李傳唐著第一九一頁。陳國樑著新論第二四九頁。德・破產法第一百九十三條規定為對無優先權之全體破產債權人 (alle nickt bevorrechtigten Konkursgläubiger) 生效。日・破產法第二百九十三條規定：「一般之先取特權或一般之優先權人，於強制和議（調協），不視為破產債權人」。亦採反對說。本法既無明文規定優先權不受已認可調協之拘束，似難採與德日法例相同之見解。蓋有別除權之債權人非破產債權人，不依破產程序行使其權利（第一百零八條）。故於調協程序雖無準用第三十七條之規定，其權利仍不受調協之影響。然有優先權之債權人並非別除權人而仍屬破產債權人，僅於破產程序中就破產財團之財產有優先受償之權，於調協程序既無準用第三十七條之規定，自難解為其他破產債權人部分均因調協認可而終結破產，而留有優先權之破產債權人仍繼續其破產程序以取償。惟就立法改革言，似宜採德日法例，於第一百三十七條中列入第三十七條之準用，另設如日・破產法第三百二十三條規定以資配合。

蓋該代位權或求償權，亦屬破產債權。至其不足額則仍由保證人或共同債務人負擔（民法第二百八十二條，Mentzel §193 Anm. 10）。又破產人依調協所定之條件向債權人為清償因而消滅共同之債務者，其對共同債務人之求償權，則應以實際上所清償之額數為限度 (Mentzel §193 Anm. 11)。上開本法第三十八條規定之準用，並非強制規定，當事人得以合意排除或為特別之約定。惟對於破產之法人或非法人之團體成立調協時，就法人或非法人團體之債務應負無限責任之股東、社員或合夥人，除調協條件有特別規定者外，應解為僅於調協所訂條件範圍內負責。否則既仍就原有債務負責，即失去調協讓步之意義。

4.調協條件之履行：破產人應依調協之條件履行其債務，惟破產人不履行調協之條件，本法未如德日法例規定得以調協成立之債權表 (Tabelleneintrag) 為執行名義，對破產人、調協保證人，與破產人共同負擔債務之人，或為破產人提供擔保之人強制執行（德‧破產法第一百九十四條，日‧破產法第三百二十八條第一項）。解釋上不得認調協或認可調協之裁定有執行名義❷⓰。原破產債權已有執行名義，因破產宣告而不能開始或中止其強制執行者，則因調協認可後，破產程序業已終結，破產人如不履行調協條件，自可在調協條件所認範圍內，續行強制執行。至原未取得執行名義之破產債權人，除得請求撤銷調協或撤銷調協之讓步外，如欲強制執行，尚須起訴取得判決或其他執行名義後❷⓱，始得聲請強制執行。惟就比較法制言，德日法例實有參採之價值。

5.債權人可決調協，既已放棄依破產程序之清算，除因調協之撤銷外，不得基於原有債權再為破產宣告之聲請。此就誠信原則言，乃為當然之解釋。

❷⓰ 依破產法修正草案第一百七十四條準用第五十一條前段規定：「認可和解之裁定確定後，債務人未依和解條件履行者，監督履行和解之人或債權人得以認可之和解為執行名義，聲請對債務人及和解之保證人，提供擔保之人為強制執行」，而有執行名義。

❷⓱ 最高法院六十年臺上字第二一〇五號判決：「經法院認可之調協對於一切破產債權人均有效力。被上訴人依載明債權清冊之債權額，按調協計劃請求清償，自屬正當」。並參照劉清波著第二四五頁、陳國樑著新論第二五〇頁。

　　6.破產人對於債權人允許調協所未規定之額外利益者，其允許不生效力（第一百三十七條、第三十九條）。此所謂不生效力，實係無效之意。

㈡對於破產人之效力

　　破產人於調協認可之裁定確定時，破產程序因已終結，破產管理人對於破產財團之權限當然消滅，破產人因受破產宣告所喪失之財產管理權及處分權因而回復❷❶❽。惟如調協條件對破產人之財產管理及處分權有加限制，自應從其限制。此項限制除就破產人各個財產有信託 (Treuhandvergleich)，禁止處分等公示方法之情形外，不得對抗善意第三人，破產人違反該限制者，構成撤銷調協或撤銷調協讓步之原因。

　　至破產人公私法上權利之限制，則須經法院裁定許可復權後，始得解除其因破產宣告所受之限制。日本法例係規定於調協認可之裁定確定時，即得請求復權，如撤銷調解之裁定確定，其復權向將來失其效力（日‧破產法第三百六十六條之二十一）。本法第一百五十條第二項規定：破產人於調協履行後，向法院為復權之聲請。

㈢對於調協條件上之擔保人等之效力

　　破產人所供履行調協之擔保，如為人的擔保，則該擔保人即應照調協條件而負保證責任。如係物的擔保，不動產應為全體破產債權人（或債權人會議所選出之代表人或調協所指定之人）辦理抵押權設定登記，如為動產應移轉占有。惟非有執行名義，仍不得逕對之強制執行。此項擔保，於以後調協或調協之讓步經撤銷時，是否受有影響，本法未設規定，日本破

---

❷❶❽　參照❷❶❸所引最高法院二十八年滬上字第四〇號（編按：本則判例無裁判全文可資參考，依據一〇八年七月四日施行之法院組織法第五十七條之一第一項規定，應停止適用）、四十年臺上字第七八八號判例。司法行政部五十年函民字第三一四九號函意旨（參照❶❾❹）謂此所謂回復財產管理權及處分權限於自然人，不包括法人。其立論依據無非謂法人無從依協調而恢復其權利能力，惟權利能力之恢復與財產管理權及處分權之回復似無必然關係。蓋協調之目的，在不經分配手段終結破產程序，其在調協條件之履行以清算法人之財務關係範圍內，法人之人格仍不消滅（參照民法第四十條第二項），自得管理及處分法人財產，否則調協條件實難實現。故其見解吾人不敢贊同。

產法第三百三十一條第一項規定：「讓步之撤銷對於破產債權人因調協所取得之權利不受影響」。解釋上亦應作相同解釋。蓋調協或調協讓步之撤銷之結果，不應使債權人變更不利益之結果故也。至破產終結後，破產人對調協效力所及之債權人提供之擔保，則因調協之撤銷而喪失其效力（參照日・破產法第三百四十一條）。

㈣**其他**

調協為終結破產程序之一種方法，其效力僅有向將來發生消滅破產之效力。破產程序中破產管理人就破產財團所為之行為，係基於法定權限之行為，故無論其為訴訟上或訴訟外之行為，對破產人仍繼續有效。惟破產管理人行使未完成之撤銷權（第七十八條），則因破產終結而消滅，故其撤銷之訴應解為亦因而終結。蓋撤銷權行使之目的係在增加破產財團之權利，破產財團既因破產終結而不復存在，自無使其繼續有效之必要。至破產管理人起訴或被訴或承受停止之訴訟程序，破產程序因調協而終結者，當然由破產人按當時訴訟之程度續行其訴訟程序。

肆、調協之失效及破產程序之再實施[219]

調協之失效可分為調協之撤銷與調協讓步之撤銷二種。前者乃撤銷調協契約全體，使全體債權人回復因調協所讓步全部之權利。且調協一經撤銷，即應再實施破產程序。至於後者，為撤銷各個破產債權人依調協對破產人所為之讓步，效力僅及於各該撤銷讓步之破產債權人。茲分敘之：

一、調協之撤銷 (Aufhebung des Zwangsvergleichs)

調協撤銷之原因有二：

㈠自法院認可調協之日起一年內，如破產債權人證明破產人有虛報債務、隱匿財產，或對於破產債權人中一人或數人允許額外利益之情事者。

---

[219] 破產法修正草案已規定，認可之調協方案應由破產管理人監督其履行（草案第一百七十條），在一定情形下，法院應依聲請或依職權裁定續行破產程序（草案第一百七十一條），故現行法關於撤銷調協及調協讓步之撤銷規定已被修正。

於此情形破產人顯有欠缺誠信之情形，故規定破產債權人得聲請法院撤銷調協（第一百三十七條、第五十一條）。

　　㈡破產人不履行調協條件時，經破產債權人過半數，而其所代表之債權額占總債權額三分之二以上者之聲請者（第一百三十七條、第五十二條第一項）。惟計算破產債權人之人數時，其因調協已受全部清償之破產債權人，不得算入。關於總債權額之計算，亦應將已清償之債權額扣除之（第一百三十七條、第五十二條第二項）。

　　法院對於撤銷調協之聲請，應以裁定裁判之。對於聲請不合法或無理由，應以裁定駁回之。對此裁定得依抗告程序抗告；其聲請為合法而有理由者，應裁定撤銷調協。對此裁定不得抗告（第一百三十七條、第五十三條）。此時破產程序即開始再實施。破產人對破產財團之財產仍喪失管理及處分權，原破產管理人仍回復其資格（最高法院二十八年滬上字第四〇號判例參照，編按：本則判例無裁判全文可資參考，依據一〇八年七月四日施行之法院組織法第五十七條之一第一項規定，應停止適用）。惟破產債權人因調協而取得之權利不受影響。

二、調協讓步之撤銷 (Anfechtung des Forderungserlasses)

　　破產人不依調協之條件為清償者，其未受清償之破產債權人得撤銷調協所定之讓步（第一百三十七條、第五十六條第一項）。所謂未受清償包括完全未受清償及一部未受清償之情形在內。撤銷調協所定之讓步，得為全部或一部讓步之撤銷。此項撤銷權之行使，只須以意思表示向破產人為之即可，與調協之撤銷須向法院聲請者不同。當事人如就調協讓步之撤銷是否合法發生爭執，則須另以確認之訴加以解決。惟破產債權人就其因調協讓步之撤銷而回復之債權額，非於破產人於對於其他破產債權人完全履行調協條件後，不得行使其權利（第一百三十七條、第五十六條第二項），俾其他破產債權人之權利，不因有人撤銷調協之讓步而受影響。

三、破產程序之再實施

調協經法院裁定撤銷後，所有破產債權均回復讓步以前之狀態，破產人之財產管理及處分權仍歸喪失，破產管理人仍回復其資格。惟其後之程序應如何進行，本法未如德日法制設有破產程序再實施 (Wiederaufnahme des Konkursverfahrens) 之規定（德・破產法第一百九十八條第二項、第一百九十九條，日・破產法第三百三十五條）。實為立法上之缺失，有待將來之增訂。實務上亦以破產程序之再實施，進行分配，以終結破產程序。試分敍如次：

㈠再實施程序之性質

調協撤銷後所再施行之破產程序，係因調協之撤銷所再開之破產程序，故為原破產程序之續行。但原破產程序，因調協而曾一度終結破產程序，回復破產人對破產財團之管理及處分權，在此期間破產人與第三人間所生之債權債務及其他財產關係，對此等新關係自亦有使其參與原破產程序一併處理之必要（因撤銷調協後破產程序之再實施，並非另有破產原因，再為破產之宣告，此與後述新破產不同），否則將無人願與破產人為交易，調協之條件之履行將受影響。故破產程序之再實施，有原破產程序之繼續及類似新破產程序參入之雙重性質。

㈡程序關係

破產程序之再實施為因撤銷調協原破產程序之復活續行，並非另有破產宣告。故破產法院仍為原宣告破產之法院，原破產管理人、監查人之資格因而回復。如有關於破產財團財產之訴訟由破產人在訴訟中者，應停止訴訟程序，由破產管理人承受之。惟破產程序之再實施與原破產程序之續行尚未完全相同，尤其是調協認可後撤銷前所生債權之申報等，非有如破產宣告時之公告程序不可，故在德日破產法均有關於破產宣告準用之規定（日・破產法第三百三十四條、第三百三十六條，德・破產法第一百九十八條第二項）。即法院於撤銷調協時，應公告其主文及裁定之年月日，申報債權之期間（其在原破產程序已申報者，不必再行申報），破產管理人之姓

名、住址及處理破產事務之地址。並就破產人或破產財團有關之登記，即通知該登記所，囑託為破產之登記。本法對此雖未規定，亦宜作同樣之處理。

㈢實體關係

1.破產財團

破產財團由調協撤銷之裁定時，屬破產人可扣押之財團構成之。關於撤銷權與抵銷權之關係，以調協撤銷之裁定，視為破產之宣告，以撤銷調解之聲請視為破產之聲請或停止支付（參照日・破產法第三百三十六條）。

2.破產債權

原破產程序所申報之債權，其申報仍繼續有效。基於調協已受部分之履行者，自應由其原申報債權額中扣除。關於原已申報之破產債權人外，在調協撤銷前對破產人擁有債權之新債權人（包括原破產宣告後因與破產人之自由財產交易而生之債權人），屬於破產程序再實施之破產債權人，應於債權申報期間內申報，否則不得依破產程序再實施程序受償。

㈣分配之基準

在破產程序再實施中，因有新舊破產債權人之存在，其分配之基準，各國立法不一[220]，似宜準用第四十條之規定辦理。即債權人依調協條件已受清償者，關於其在調協前原有債權之未清償部分，仍加入破產程序再實施程序，但於破產財團，應加算其已受償部分，以定其應受分配額。且此債權人應俟其他債權人所受之分配與自己已受清償之程度成同一比例後，始得再受分配。

四、新破產

新破產乃破產人於原破產程序因調協而終結後，基於新破產原因而宣告之破產。此與前述破產程序之再實施不同。其為宣告破產法院未必即為原破產法院，且將其破產管理人亦應另為選任。本法關於新破產亦未設規定，茲參酌外國法例說明如下，或可作將來立法之參考。

1.新破產之聲請，須以原破產人有破產原因存在為必要。惟原破產債

---

[220] 關於各國法例請參照第二篇第二章第一節第八款肆。

權人因受調協之拘束，自不能再據其原債權聲請破產❷❷❶（日·破產法第三百四十二條）。

2.調協撤銷之聲請與新破產之聲請相競合時，法院准許其一之聲請時，應駁回另一之聲請（日·破產法第三百四十三條）。蓋債權人之範圍及破產財團之範圍，在破產程序之再實施與新破產程序均相同，無同時行二程序之必要。

3.調協條件履行完畢前，破產人又受到新破產之宣告時，原破產債權人之地位及應受分配之比率，應準用本法第四十條之規定辦理（參照日·破產法第二百四十四條）。

第十二節　復　權

壹、總　說

復權者，謂回復破產人因受破產宣告，依破產法以外其他公私法律之規定所喪失之公私法上權利之程序也。本來復權 (réhabilitation) 係在採懲戒主義下所必要之制度❷❷❷，蓋如前述（參照第一篇第三章第三）採懲罰主義者認破產為犯罪，宣告破產為懲罰方法，因之對破產人之身分，設有種種限制。故破產終結後，在一定條件下，自有復權以回復其身分上所為限制之必要。本法係採非懲戒主義，對於債務人未設任何身分上效果限制之規定。而依本法第七十五條所喪失之管理權及處分權，則因破產之終結當然回復，無須另有復權之許可，惟在其他特別法，因基於特別理由，對於破產人之身分設有某種限制，自有許可復權之必要。故本法第一百五十條所稱復權，係指解除其他法令對於破產人所加公私權之限制而言❷❷❸。

---

❷❷❶　參照山木戶著第二八五頁、中田著第二五六頁。日本大審院昭和七年二月十日判決（民集十一卷第一〇二頁）理由中，曾有反對趣旨之論述。

❷❷❷　參照加藤著第四七七頁、兼子著第二七八頁。

❷❷❸　參照最高法院二十六年滬上字第四〇號判例。破產法修正草案，關於破產人之復權規

貳、復權之聲請

一、聲請權人

復權須基於破產人之聲請始得為之。此所謂破產人專指自然人之破產人而言。蓋本法採非懲罰主義。法人人格因破產而消滅，遺產破產，被繼承人之權利能力因死亡而消滅，即無回復本法以外之公私法上權利之可言。

二、復權之要件

破產人為復權之聲請時，須合於下列情形之一：

㈠破產人依清償或其他方法，解免其全部債務時

破產人既依清償而消滅債務（民法第三百零九條），或依其他方法，例如免除、混同、抵銷、消滅時效而解免其全部債務，則破產宣告時，基於特別理由所加諸於破產人限制之理由，即已失其存在之依據，自得准許破產人聲請復權。

㈡履行調協之內容

破產人雖不能依清償或其他方法解免全部債務，但其既已在破產程序中與破產債權人成立調協，該調協內容又經法院認為公允而予認可，則破產人依調協之內容履行完畢，若無因詐欺破產罪或詐欺和解罪而受刑之宣告之情形，則破產債權在調協中所為讓步，其請求權已消滅（第一百四十九條），自應准破產人聲請復權。

㈢破產終結已滿三年

破產人雖不能依清償或其他方法解免債務，復未能與破產債權人成立調協，但本法既不採懲罰主義，自無任其公私法上之權利長年受限制之理由。故在外國法制上，有規定經過一定時間（例如十年），使破產人當然復權者，例如日・破產法第三百六十六條之二十一，法・破產法第六百零五

定，設有當然復權（草案第一百九十八條）及聲請法院裁定復權（草案第一百九十九條）兩種。

條第二項之規定是。本法不採當然復權主義而規定破產人雖不能解免全部債務，而無因詐欺破產罪或詐欺和解罪受刑之宣告（不以執行為必要）之情形者，得於破產終結三年後，聲請復權（第一百五十條第二項）。

三、管轄法院及程式

聲請復權應由破產人以書狀或言詞向原來宣告破產之法院為之。其以言詞聲請者，應準用民事訴訟法第一百二十二條，由書記官作成筆錄。

參、法院對於復權聲請之裁定

法院受理破產人復權之聲請後，首應審查其聲請是否合法，如有不合法之情形而可以補正者，應限期命其補正，如係無管轄權者，應準用民事訴訟法第二十八條規定，以裁定移送有管轄權之法院。如聲請人之聲請不合法而不能補正，或經命補正而逾期不為補正，或其聲請經審查為無理由時，法院均應以裁定駁回復權之聲請。對此裁定，聲請人得為抗告。法院如認其聲請為合法且有理由時，則應以裁定許可其復權，此項許可復權之裁定，除送達予聲請人外，應公告之❷❷❹。破產債權人對此裁定得抗告。

肆、復權之撤銷

破產人經法院裁定許可和解後，其因破產之宣告而受之公私法上權利之限制，即因而解除。惟如發現破產人有本法第一百五十四條所規定應受處罰之行為者，足見破產人有不誠實之情形。故破產人於獲許可復權之裁定後，因詐欺破產罪受刑之宣告確定時，刑事法院應將其事實通知破產法院，由破產法院撤銷復權之裁定（第一百五十一條）。此項裁定應由破產法院依職權為之。又破產法院於受理破產人復權之聲請未發現破產人曾因觸

---

❷❷❹ 關於許可復權之裁定是否應予公告，本法未設有規定，惟破產之宣告，既須公告，則復權似亦有公告之必要。日・破產法第三百七十二條則以明文規定，應公告許可裁定之主文，足供參考。同說：李肇偉著第二四三頁、劉清波著第二六六頁、李傳唐著第二一四頁、陳國樑著新論第二六九頁。

犯本法第一百五十四條或第一百五十五條之規定而受刑之宣告，而誤為許
可復權後，始發現有該情事時，法律雖未規定應撤銷復權之裁定，但原許
可復權之裁定既屬違法，自可由破產債權人聲請再審（第五條、民事訴訟
法第五百零七條、第四百九十六條第一項第一款）。惟實際上破產債權人調
查破產人有無觸犯詐欺和解或詐欺破產罪而受刑之宣告相當困難，解釋上不
如準用第一百五十一條規定，由破產法院依職權自行撤銷復權裁定便捷❷❷❺。

---

❷❷❺　對此破產法修正草案修訂為：⑴於當然復權之情形規定為：「前項復權於免責之裁定經
　　裁定撤銷，或調協經裁定續行破產程序，或破產人依第二百二十五條或第二百二十六條
　　之規定受刑之宣告確定者，自各該裁判確定時起失其效力（草案第一百九十八條第一
　　項）。破產人於當然復權失其效力時起三年後，始得聲請復權（第二項）」。⑵於裁定復
　　權之情形規定為：「破產人於法院許可復權前或其後，如因第二百二十五條或第二百二
　　十六條之規定受刑之宣告確定者，法院應依職權撤銷復權之裁定（草案第二百條第一
　　項）。依前項規定撤銷復權者，得於撤銷之裁定確定三年後，始得聲請復權（第二項）」。

第四章 罰 則

第一節 總 說

　　破產制度為社會經濟制度之一種，於社會經濟關係甚鉅。且破產原係一種不得已之非常制度，債務人與破產人應本於誠實信用之原則利用此一制度。故如債務人破產人（包括準債務人準破產人），不履行其破產法上應盡之義務，甚至以破產制度為其掩護，以遂其私，不但破壞破產制度之推行，且足以危害整個社會經濟。故本法仿各國法例，特設罰則一章，以杜其弊。惟近來經濟犯罪，日益嚴重，其以破產手段達成經濟犯罪目的者甚多，就現行破產法所定處罰規定，學者有認為尚不足以達成威嚇之目的，因倡將此罰則修訂並移置規定於刑法法典中者❶，頗值注意。就現行罰則規定觀之，吾人認為至少有一點有待將來修訂者。即近來倒風甚熾，一倒動輒數百萬元甚至千萬元以上，而債權人獲得償還者，甚少超過二成。追究刑事責任，又每苦於無證據，以致難以繩之以法。如能科以債務人（或準債務人）一遇有破產原因，應迅即聲請破產宣告之義務，債權人受償成數必能提高。故如規定債務人（或準債務人）因怠於聲請破產宣告，致債權人受償成數未達一定比率（例如百分之四十）時，即科以相當之刑責，並使其非清償到一定比率即不得免除責任及復權時，相信對於債權人之保護，將更周密。

　　本罰則所定者，均係犯罪之特別構成要件，關於一般犯罪構成要件，則適用刑法總則之規定（刑法第十一條），至其犯罪行為之追訴，則適用刑事訴訟法之規定，並由刑事法院管轄。破產法院如發現此項犯罪時，應移

---

❶ 林山田著破產與破產犯罪（刊載於六十八年五月二日聯合報第三版）。

送該管檢察官依法訴追，不得自行辦理（參照司法院二十五年院字第一四八七號解釋㈢）。

茲就本罰則所定各類型犯罪之特別構成要件，分述如下：

第二節　義務違反罪

壹、財產報告及移交義務違反罪（第一百五十二條）

一、本罪之犯罪主體為破產人或準破產人（第三條）。

二、本罪之犯罪型態係消極不作為犯。為對於法定作為義務之違反之處罰。構成本罪作為義務違反之行為有三：

㈠拒絕提出第八十七條所規定之說明書或清冊：破產管理人為接管破產財團，俾作分配之準備，自須了解破產人之財產狀況及破產人之欠人、人欠情形，故本法規定破產人經破產管理人之請求，應即提出財產狀況說明書及其債權人債務人清冊，其財產狀況說明書應開列破產人一切財產之性質及所在地。破產人或準破產人一經破產管理人之要求，即發生此項提出之義務，如破產人或準破產人無正當理由不提出，即構成此項義務之違反而成立犯罪。

㈡故意於財產狀況說明書內，不開列其財產之全部：即破產人或準破產人，雖已依第八十七條第一項規定提出財產狀況說明書，但故意不開列其財產之全部，只須有故意不開列其財產全部之情形，即構成犯罪。

㈢拒絕將第八十八條所規定之財產或簿冊、文件移交破產管理人：破產人依第八十八條規定，應將與其財產有關之一切簿冊、文件及其所管有之一切財產（除不得扣押之財產外）移交破產管理人，俾破產管理人能完全掌握破產財團。破產人或準破產人之此項移交義務，不待破產管理人之請求，與第八十七條義務之違反情形不同，於受破產宣告後，即已發生。破產人或準破產人應即為移交之行為，如不移交即構成犯罪。所謂不移交，不以全部不移交為限，即一部不移交亦應包括在內。

　　以上破產人或準破產人之消極不作為即構成犯罪，如其不作為係為達其他犯罪之目的者，例如不提出財產狀況說明書或不移交財產有關之簿冊文件，係為詐害債權人以達其隱匿財產之目的者，自應適用刑法第五十五條規定，從一重處斷。

　　三、違反上述義務者，法院得處一年以下有期徒刑。

貳、說明義務違反罪（第一百五十三條）

　　本罪之犯罪主體為依本法第七十四條、第八十九條、第一百二十二條之規定有說明或答覆義務之人，不以破產人或準破產人為限，依第七十四條規定破產人之親屬或其他關係人有應法院查詢破產人之財產及業務狀況而為說明或答覆之義務。

　　本罪之犯罪型態有二種：

　　㈠無故不為說明或答覆，此為消極不作為犯，只須義務人無正當理由不為說明或答覆，即構成本罪。

　　㈡為虛偽之陳述，即義務人雖為說明或答覆，明知其說明或答覆之內容並非真實，而故為該非真實內容之陳述。虛偽之陳述，不以其陳述之內容全部為虛偽者為必要。其就被詢問事項故為增減匿飾之陳述者，均可認其為虛偽之陳述。

　　違反上述義務者，處一年以下有期徒刑，拘役或五百元以下罰金。

第三節　詐欺破產罪

　　「破產人在破產宣告前一年內，或在破產程序中以損害債權人為目的，而有下列行為之一者，為詐欺破產罪，處五年以下有期徒刑。

　　一、隱匿或毀棄其財產或為其他不利於債權人之處分者。

　　二、捏造債務或承認不真實之債務者。

　　三、毀棄或捏造帳簿或會計文件之全部或一部，致其財產不真確者」（第一百五十四條）。準此可知：

㈠本罪之犯罪主體為破產人或準破產人（第三條）。法人之代表人有數人而共同為詐欺破產行為者，應屬共同正犯（刑法第二十八條）。

㈡本罪之成立，須破產人或準破產人在主觀上，以損害債權人為其目的，換言之，損害債權人為目的，係構成本罪之主觀要件。所謂債權人，係指一般債權人而言，如僅以對某特定債權人為損害之目的者，尚難以本罪相繩。至其損害債權人之目的無論為自己或為他人，則無不同（參照日·破產法第三百七十四條）。

㈢本罪之構成，除行為人在主觀上須有損害債權人之目的外，在客觀上尚須有上述所列三款情形之一之行為始可。德國破產法第二百三十九條第三款規定：法律上應制作商業帳簿而未制作者，亦可構成詐欺破產罪。本法對此未設規定，不無遺憾。蓋依商業會計法第七十六條第一款規定，違反同法第二十三條規定不設置帳簿者，僅科六萬元以上三十萬元以下罰鍰，實不足以收懲戒之效。

㈣本罪限於破產宣告前一年內，或在破產程序中為之者，始為成立。調協經撤銷者即再實施破產程序，應解為亦有本條之適用❷。破產人雖有第一百五十四條所定三款行為之一，但其行為後一年內未受破產宣告，固不為罪，即在聲請破產宣告之前後為同條所定三款行為之一，而未受破產宣告前，仍不備處罰條件❸。此與德國破產法第二百三十九條規定為債務人已停止支付，或於破產程序開始後，有詐欺行為即構成詐欺破產罪(betrüglichen Bankerotts) 者不同。日本破產法第三百七十四條亦未設有時間之限制。此種法制對於債權人言保護固較周全，但若於行為期間漫無限制，不但認定上有困難，對於債務人亦屬過苛。惟本法定為一年似嫌過短，宜酌延長為三年或較合理。

㈤本罪之處罰為五年以下有期徒刑，較刑法第三百三十九條所定詐欺罪為重（參照刑法第三十五條第二項；編按：刑法第三百三十九條之處罰，已修正同為五年以下有期徒刑）。

---

❷　同說：陳國樑著新論第二七二頁。此種情形宜以明文加以規定，俾免適用上發生疑義。

❸　參照最高法院二十六年渝上字第一一七五號判例。

第四節　詐欺和解罪

　　債務人聲請和解經許可後，以詐害債權人為目的，而有本法第一百五十四條所列各款行為之一者，為詐欺和解罪，處五年以下有期徒刑（第一百五十五條）。準此可知：

　　㈠本罪之犯罪主體為債務人或準債務人（第三條）。

　　㈡構成本罪之主觀要件，與詐欺破產罪同，即以損害債權人為目的。

　　㈢構成本罪之客觀要件為：行為人須有本法第一百五十四條所列三款情形之一之行為。

　　㈣本罪限於債務人聲請和解經許可後，以損害債權人為目的，而有第一百五十四條所列三款行為之一者為限。惟本法關於和解制度，設有法院和解與商業會和解。在法院和解，法院許可和解應以裁定為之（第九條），適用上固無問題，但在商業會和解，並無許可與否之裁定，適用上即生疑問，如不廢除商業會和解制度，宜以明文加以規定，在未修改法律前，似宜解為商業會未拒絕和解之請求，於派員檢查債務人之財產及簿冊，監督債務人業務之管理時，即為許可和解之時（參照第四十九條、第十條、第四十二條）。

　　㈤本罪處罰為五年以下有期徒刑。債務人聲請許可和解後，因犯本罪而被起訴，並進而為法院宣告破產時（第二十條），基於基本事實之同一，仍應屬同一案件，檢察官不得再依第一百五十四條重行起訴（刑事訴訟法第三百零三條第二款）。此時法院得依刑法第三十五條第三項之規定，認詐欺破產罪之情節較重，變更起訴法條（刑事訴訟法第三百條），改依本法第一百五十四條之詐欺破產罪處斷。

第五節　過怠破產罪

　　「破產人在破產宣告前一年內，有下列行為之一者，處一年以下有期徒刑：

一、浪費、賭博，或其他投機行為，致財產顯然減少或負過重之債務者。

二、以拖延受破產之宣告為目的，以不利益之條件，負擔債務或購入貨物或處分之者。

三、明知已有破產原因之事實，非基於本人之義務，而以特別利於債權人中之一人或數人為目的，提供擔保或消滅債權者」（第一百五十六條）。析言之：

㈠本罪之犯罪主體為破產人或準破產人（第三條）。

㈡本罪處罰之行為有三類型，但不以有損害債權人為目的之故意為要件。故與詐欺破產罪不同，分述如次：

1.破產人有浪費、賭博或其他投機行為，且須破產人之財產因而顯然減少，或因而負擔過重之債務。故為結果犯。從而縱有浪費等行為，而尚不致發生財產減少或負擔過重之結果者，仍難繩以本罪。

2.破產人以拖延受破產之目的，以不利益條件負擔債務或購入貨物或處分之情形。是其為特定目的之犯罪。如其行為合於第七十八條之要件者，破產管理人應聲請法院撤銷之，更不影響犯罪之成立。

3.破產人明知已有破產原因之事實，非基於本人之義務，而以特別利於債權人中之一人或數人為目的，提供擔保或消滅債務。本款情形須以破產人有明知已有破產原因事實為必要，明知有破產原因，又非基於本人之義務，而對數債權人予以額外利益，顯欠誠實，故應予處罰。破產人之此等行為如合於第七十九條之規定者，破產管理人更得撤銷其行為。

㈢本罪處罰之行為，以破產人受破產宣告前一年內所為者為限。德國破產法第二百四十條單純破產罪 (einfachen Bankeratts) 尚規定依法律之規定應作成商業帳簿而未制作，或雖制作但予隱匿或毀棄或因其不齊全致不能得知其財產狀況者（第三款），或違反商法之規定，未按時制作資產負債表（第四款）亦在處罰之列，且不以破產宣告前一年內之行為為限，日本破產法第三百七十五條除有與德國法則相似之規定外，復規定將法院書記官依法作成截略之帳簿變更或隱匿毀棄者，亦予處罰（第五款），均可供我國將來修訂破產法時之參考。

㈣本罪處罰為一年以下有期徒刑，較之日本法例規定可處五年以下有期徒刑，似嫌過輕。

第六節　和解及破產賄賂罪

壹、受賄罪

本法所定受賄罪有二種型態，申言之：

㈠和解之監督輔助人、破產管理人或監察人，對其職務上之行為，要求期約或收賄賂或其他不正利益者（第一百五十七條）。

1.本罪犯罪主體為和解程序中之監督輔助人、破產程序中之破產管理人或監查人。監督輔助人及破產管理人係由法院選任，依破產法從事於公務之人員，依刑法第十條第二項規定，原應屬刑法上之公務員而應適用瀆職罪章之規定，惟本法對此等人員之受賄設有特別規定，自應優先適用本法之規定處罰。

2.本罪之目的物，須為賄賂，或其他不正利益。凡以財產價值之物品，而為不正餽遺者，皆為賄賂。不以金錢為限。所云「不正利益」，其範圍甚廣，凡可供人需要，滿足欲望者，不問其為有形無形之利益，例如設定債權，免除債務，款待盛筵，介紹職位等，凡用為不正之報酬者，皆屬之 ❹。

3.須有要求、期約或收受賄賂或其他不正利益之行為。所謂「要求」即指監督輔助人、破產管理人、監查人提出某種希望，促使對方應允之謂。一有要求，即成本罪，不以他方承諾或意思表示為必要。「期約」者，雙方就其期望而為約定交付賄賂或不正利益之謂。至由何方先行表示合意，則可不問。「收受」者，他方有所交付，從而受領利益，事實上取得處分權之謂。要求，期約與收受之行為，雖可分為三階段，然非必逐段遞進，如係逐段進行，則進至較高階段時，應即依吸收關係就所進行之高階段行為論罪，若雖有進行而未至之階段，則應就所已進行之作為論罪，不得指為高階段作為之未遂。

---

❹　參照最高法院二十一年上字第三六九號判例（編按：本則判例無裁判全文可資參考，依據一〇八年七月四日施行之法院組織法第五十七條之一第一項規定，應停止適用）。

4.須對於職務上之作為而要求、期約或收受賄賂或不正利益，所謂「職務上行為」，係指監督輔助人、破產管理人、監查人在其職權範圍內所應執行之事務之行為而言。

5.本罪之處罰為三年以下有期徒刑，得併科三千元以下罰金。

㈡債權人或其代理人，關於債權人會議決議之表決，要求期約或收受賄賂或其他不正利益者（第一百五十八條）。

1.本罪之犯罪主體為破產債權人或其代理人。

2.本罪之目的物與前條同，為賄賂或其他不正利益。

3.須有要求、期約或收受賄賂或其他不正利益之行為。

4.須就關於債權人會議決議之表決，要求、期約或收受賄賂或不正利益，蓋破產債權人為組成債權人會議之成員，以決議行使其職權，如表決時受賄，即難保其嚴正公平行使職權，故予處罰。

5.本罪之處罰為三年以下有期徒刑，得併科三千元以下罰金。

本法對於因受賄罪所受賄賂，得否沒收或追徵價額未設明文。日本破產法第三百八十條第二項則以明文加以規定，其法例較本法為優，有待將來之訂正。

貳、行賄罪

行求期約或交付前二條所規定之賄賂或不正利益者，處三年以下有期徒刑，得併科三千元以下罰金（第一百五十九條）。

㈠本罪之主體為第一百五十七條、第一百五十八條所定處罰主體以外之人。

㈡本罪之目的物為賄賂或不正利益。

㈢須有行求、期約或交付賄賂或不正利益之行為。所謂「行求」者，係指行賄人指定賄賂，以備交付之謂。惟不必提供實在之財物，即直接或間接以言語或文字許以一定之報酬者亦是。「行求」不以對方承諾其要約為必要。如為承諾其要約，則已進為「期約」。關於「期約」及「交付」之意義同前，請參照。不再贅論。

附錄一

中華民國破產法草案初稿說明書

按破產法為現代國家重要法典之一，我國舊時法律向無破產法名詞，雖遜清末葉，曾有破產法律之施行，而不久即行廢止，民國成立後，曾有破產法草案之編訂，而始終未見施行，以是之故，每遇破產事實發生時，苦無正式法律可資適用，近歲以來，社會狀況日臻繁複，且因外受世界經濟潮流之震盪，內感農村經濟衰落之危機，工商業倒閉之事件，固屬數見不鮮，即個人方面因金融上之週轉不靈而無法償還其債務者，亦比比皆是，凡此債權債務之糾紛，宜有一定清理之程序，是以破產法規之制定，實有不容復緩之勢，本會遵奉院令，從事起草，先從搜集資料入手，而次之以商定要點，又次之擬定條文，前後開會三十餘次，乃克完成初稿，全案計分四章十節都一百六十條，茲就本草案之要點，分總說明及分章說明兩項臚陳於次。

甲、總說明

一、各國習慣，對於不能清償之債務人所沿用之清理方法，厥為破產，故其法律中，亦祇有破產之規定。但自一八八六年比利時公佈關於和解之法律後，其他國家亦輾轉仿效，而從事於司法清算法預先和解法預防破產法等之制定；然大都於破產法外，別成為獨立之法規。按和解制度，程序較簡，費用較微，債務人既有繼續其業務之可能，而債權人債務人間，關於和解條件，亦較多自由商洽之餘地。此種制度，對於破產程序中各種嚴格之規定，洵有補偏救弊之長，亦與我國和平讓步息事寧人之習尚隱相吻合，與其於破產法外，別為制定，不如逕列於破產法中，故本案特於破產章前，設和解一章。

二、關於編制之方法，各國破產法規定分為實體法程序法兩部者，如德日破產法是。有不為實體程序之分，而按和解及破產程序進行，以為編列之次第者，如英法破產法是。按實體程序之區分，在學理方面，固甚為允當，然必於法規中，而為兩部，則適用之際，轉多困難。本案第二第三兩章，關於和解及破產之規定，皆以程序進行之先後為次第，至於第一章總則及第四章罰則，則規定和解與破產皆可適用之條文，庶幾綱舉目張，便於適用。

三、我國和解及破產法之事實，固非創見，惟關於和解及破產之法規，尚在施行之始，故程序方面，固應力求簡要，以適國情，即條文之內容，亦宜以明白顯豁為主，俾一般人民，易於瞭解。且我國幅員遼闊，民事習俗，隨地而殊，欲以固定劃一之法條，範疇繁複錯綜之事實，於理於勢，亦非可通。各國破產法有多至數百條者，此種龐大繁密之法規，似非我國所應仿效。故本案對於和解及破產應有之法則，固務使其概括無遺，惟繁冗苛細之條文，則力求避免。

四、關於破產法適用之範圍，各國法典有採商人破產主義，以破產法為商法之一部者，有採一般破產主義，以破產為獨立之法典者，又有採折衷主義，雖以破產法為獨立法典，而於適用之程序，則因商人非商人以為區別者。按民商法典合一制度，因為近世立法上共同之趨勢，且我國中央政治會議，亦已於民國十八年決議採用，民法五編，即依此而制定者。破產法之適用範圍，自應本此精神，採用一般主義，不因商人非商人而有所歧異。

五、我國社會習慣，崇尚和平，對於債務人不能清償其債務而並非出於惡意者，類能寬恕矜憐不為已甚，與歐洲各國視破產為犯罪者不同。而在債務人方面，無論其為商人或非商人，每至經濟窘迫之時，輒能多方設法以圖了結，即至無法了結之時，亦必請人排解，請求債權人為相當讓步，而以對簿公庭為可羞；與歐西各國之債務人視破產為當事者，亦頗異趣。且各地商人自動請求當地商會請求和解者，原為事所恆有，此種優良習慣，允宜保存，本案於此，特加注意。故於有破產之聲請前，既許債務人向法院為和解之聲請，或向商會為和解之請求，即因破產程序開始後，亦許其提出調協之計劃。

六、本案對於和解及破產之各種程序，一以簡單敏捷為規定之標準。惟以我國疆域之廣闊，交通之梗塞，遇有和解或破產事件發生時，對於各債權人文書之送達，及各債權人關於其債權之申報及參加債權人會議之旅程等，輾轉往來，有需時日，此種情況，尤以公司之和解或破產為甚，故本案中關於各種之期日及期間，皆酌量從寬，以顧事實。

七、本案起草時，對於光緒三十二年公佈之破產律，民國四年前北京修訂法律館擬定之破產法草案，司法行政部之最近起草之破產法草案及商人債務清理條例草案，曾加參考，並量為採用，至東西各國關於和解及破產之規定，亦曾盡量蒐集，以資借鏡。

茲特開列如下：

△英法破產法（一九一四年頒佈）（一九二六年修正）

△加拿大破產法（一九一九年頒佈）（一九三一及一九三二年修正）

△海峽殖民地破產法（一八八六年頒佈）

△香港破產法（一八九一年頒佈）

△巴力斯坦破產法（一九三一年頒佈）

△美國破產法（一八八八年頒佈）（一九三三年修正）

△菲律濱破產法（一九〇九年頒佈）

△開羅破產法（一八三八年頒佈）

△法國破產法（一八三八年頒佈）

法國和解法（一九一九年頒佈）

△△摩洛哥商法第二卷（一九一三年頒佈）（一九二二年修正）

南斯拉夫破產法（一九二九年頒佈）

南斯拉夫司法清理法（一九二九年頒佈）

△波斯破產法

秘魯破產法（一九三二年頒佈）

阿根廷破產法（一九三三年頒佈）

△羅馬尼亞破產和解法（一九二九年頒佈）

△波蘭預防破產法令（一九二九年頒佈）

意大利商法草案（一九二九年）

△土耳其執行及破產法（一九三二年頒佈）

△德國破產法（一八七七年頒佈）

德國和議法草案（一九三三年）

△日本破產法（日本大正十一年頒佈）

△日本和議法（日本大正十一年頒佈）

（注意　各法令加△者已由本院編譯處譯成中文　加△△號者已由本會譯成中文）

乙、分章說明　按說明書所引為草案條文，與現行法條之次第稍有參差，故於所引條文下，加註即某條字樣以便查考。

第一、關於總則章者

一、關於和解及破產之原因，英美採列舉主義，大陸法採概括主義，列舉主義雖較為詳密，然人事變幻，非可預見，苟於各種事實，不能臚舉無異，轉有掛一漏萬之弊。故本案對於此點，決定採用概括主義，而以不能清償為和解或破產之原因，蓋無論債務人有任何之行為，凡至不能清償債務之時，即應依破產法之規定，開始和解或破產程序也。（第一條）

二、和解及破產事件，程序至繁而牽涉之範圍尤廣，故對於管轄之法院，允宜以明文定之，惟民事訴訟法關於此點，並未規定，而該法第六條復界當事人以自由選擇之權。本案既定破產之聲請，債權人及債務人俱得為之，而聲請和解之權，且更專屬於債務人一方，如不定管轄法院，則聲請人將得以己意左右之，而予多數關係人以不便，故本案特定和解及破產事件，專屬債務人或破產人主營業所所在地之地方法院管轄，無營業所者，由其住所地之地方法院管轄，其不能依此規定，以定管轄法院者，則由債務人或破產人財產所在地之地方法院管轄。（第二條）

三、於和解在外國成立，或破產在外國宣告時，債務人在國內之財產，是否屬於破產財團，有三種不同之立法例：㈠屬地主義，即惟有在外國之財產，僅應歸屬破產財團是也。㈡普及主義，即凡債務人所有之財產，不問其在外國或在國內，皆應歸屬破產財團是也。㈢折衷主義，即對於債務人之動產，適用普及主義，而對於其不動產，則適用屬地主義是也。普及主義，頗與一人一破產之旨趣相符，然因地理上之隔離，程序進行，每稽時日，本案既以簡單敏捷為和解及破產程序不易之前提，對於在外國成立之和解或宣告破產，自宜採用屬地主義為宜。（第四條）

四、和解及破產事件程序至繁，既如前述，惟可準用民事訴訟法之規定者甚多，故本案除對於專屬和解或破產之程序，分別釐訂於各章節外，至其他為民訴法所已有者，即不復為重複之規定，而特於總則章專列一條，以揭其義。（第六條即第五條）

第二、關於和解章者

一、和解制度，在若干國家，本視為債務人之權利，以債務人藉此制度，可以繼續其業務，管理其財產，而信用名譽，亦可保全。然果令債務人利用寬大之法律，而故意稽延其破產之實況，則於債權人轉多不利，故本案規定㈠聲請

和解須在有破產之聲請前，蓋使債務人自知有不能清償債務情形時，應立即為和解之聲請也。㈡對於駁回和解之裁定，不得抗告，蓋防止債務人利用抗告期間以圖拖延破產之宣告也。（第七條及第十條即第六條及第九條）

二、各國和解法規中，有訂明債務人對債權人以應清償之最小成數及清償期限者，但我國習慣，向無此種限制，如債權人自願接受更低之成數，或增長債務人清償之期限，亦無以法律干預之必要。故本案僅定和解條件，由債務人與債權人自由磋商，對於清償之成數及期限不為強制之規定。（第二十六條即第二十五條）

三、本案對於善意之債務人，固許其利用和解制度，以免於破產，然如債務人具有惡意者，則不許其享受和解之利益。（第十一條第二十一條第二十五條第四十七條第五十條第五十二條及第五十三條即第十條第二十條第二十四條第四十六條第四十九條第五十一條第五十二條）

四、本案對於和解之條件，雖許債務人以自由磋商之權，然於債權人之決議，是否允當，而不悖於多數債權人之利益，及債務人有無詐欺之行為，亦並為相當之注意，故關於債權人會議之決議，及和解之撤銷，均以明文規定之。（第二十八條第五十條第五十一條至第五十五條即第二十七條第四十九條第五十條至第五十四條）

五、本案雖許債務人在和解程序進行中，繼續其業務，但同時亦設為必要之防閑，故關於債務人之監督及其行為之限制，均以明文規定之。（第十五條至第十七條及第五十條即第十四條至第十六條及第四十九條）

第三、關於破產者

一、關於破產之宣告，各國法典有採聲請主義者，有職權主義者，本案採聲請主義為原則，即破產得因債權人，債務人或繼承人，遺產管理人及遺囑執行人之聲請宣告之。惟於必要時，則兼採職權主義，以為補充，例如在民事訴訟程序或民事執行程序進行中，法院查悉債務人不能清償債務時，在和解不成立或未經認可撤銷時，法院均應依職權宣告債務人破產是也。（第六十條至第六十二條第二十一條第二十五條第三十六條第五十條及第五十五條即第五十八條至第六十條第二十條第二十四條第三十五條第四十九條及第五十四條）

二、關於破產財團之立法，有固定主義與膨脹主義二種，本案採用膨脹主義，

即破產宣告後，破產終結前，破產人所取得之財產，亦歸屬為破產財團。蓋本案既規定，破產債權人依破產程序已受清償者，其債權已受清償之部分，視為消滅。則於破產程序，不能不使債權人受較多之分配也。（第八十四條及第一百五十條即第八十二條及第一百四十九條）

三、德日法例，對於破產人在破產宣告前，所為有損債權人利益之行為，特定債權人有否認權，其性質為撤銷權之一種，本案雖無否認權之名稱，而於得撤銷之行為，亦分別以明文規定之。（第八十條至第八十二條即第七十八條至第八十條）

四、在破產宣告前，對於債務人之財產有質權、抵押權，或留置權者，對於破產人之特定財產，得不依破產程序而受清償。故本案特為別除權之規定。（第一百一十一條即第一百零八條）

五、依民法之規定，二人互負債務，其給付種類相同，並均屆清償期者，始得為抵銷，此種限制規定，於破產債權過於不利，實有擴張抵銷範圍之必要，但債權人惡意取得之債權，則無許其抵銷之理，故本案分別以明文規定之。（第一百一十六條及第一百一十七條即第一百一十三條及第一百一十四條）

六、調協為破產開始後之和解，其程序原與和解大致相同，故本案除於特殊情形加以規定外，其他各點則皆準用和解之條文。（第一百四十條即第一百三十七條）

七、關於破產終結後，破產債權未受清償之部分，視為消滅與否，各國立法例規定不同，惟債務人而至破產，已處於不幸之地位，一旦程序終結，宜許其解除束縛，另覓生機，若認未受清償之債權，為尚未消滅。今得隨時為強制執行，則對於債務人似不免太酷，並與我國固有習慣，亦不相符合。且本案於破產財團之破產，係採膨脹主義，是對債權人利益之保護，已相當周至，故於債務人方面，亦應同時顧及，免其陷於絕境，因此之故，本案特規定破產債權人依調協或破產已受清償者，其債權未能受清償之部分，視為消滅。（第一百五十條即第一百四十九條）

八、各國法律對於破產人之公權及私權，每予以種種之限制，我國對於破產人公私權之限制，亦散見於各種法令之中，此種限制，既不能因破產程序之終結，而當然回復，自應許當事人以聲請回復之權。故本案有關於復權之規定。（第一百五十一條第一百五十二條即第一百五十條第一百五十一條）

第四、關於罰則章者

一、近世立法例，關於破產犯罪，多規定於破產法中，我國刑法亦無破產犯罪之條文，故特設本章，以適用於和解破產二者。

二、本案對於不能清償之善意債務人及破產人，所有各種規定，皆取寬大之旨，但對於惡意之債務人，苟不明定法條，從嚴處置，則狡黠者，或將恣行犯罪行為而無所顧忌，社會經濟，亦將受莫大之損害，故規定凡債務人犯詐欺和解罪者，破產人犯詐欺破產罪宣告前一年內，曾有特定犯罪行為，或於破產程序進行中，不履行本法所訂特定義務，或為詐欺之行為者，均應處刑。（第一百五十三條至第一百五十七條及第一百六十條即第一百五十二條至第一百五十六條及第一百五十九條）

中華民國二十四年四月三日

立法院民事委員會委員　林　彬　史尚寬　吳經熊　夏晉麟　等

附錄二

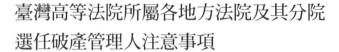

臺灣高等法院所屬各地方法院及其分院
選任破產管理人注意事項

民國七十二年五月二日臺灣高等法院訂定發布

民國七十二年五月二十日司法院准予備查

民國八十八年十二月二十七日司法院准予備查全文 9 點

民國九十三年十一月十日司法院准予備查全文 9 點

一　各地方法院及其分院選任破產管理人，依本注意事項為之。

二　法院選任會計師或律師為破產管理人時，得依其確信就會計師公會或律師公會造送之「會員志願擔任破產管理人名冊」（如附名冊格式）（略），妥適選任績優之會計師或律師充任之，亦得依上開名冊所列順序依次選任之。

三　前條之名冊分由臺灣省、臺北市、高雄市會計師公會及律師公會，按各地方法院或其分院管轄區域編造。會計師以加入省、市會計師公會，並以居住於各該法院所在地之會計師，優先排列。律師按各地方法院管轄區域設立之律師公會會員並向法院登錄之律師；每年一月編造名冊一次，提出於臺灣高等法院轉發各地方法院及其分院備供選任。前項名冊提出後，如有增減，應按退會及入會之先後順序造具名冊，逕送各該管地方法院及其分院補正，同時以副本附該名冊抄送臺灣高等法院。

四　法院為第二條之選任前，應調查其人有無受刑事或懲戒處分等情事，並徵詢該會計師、律師及債權人、債務人之意見，斟酌其學識經驗能力，始予選任。依破產法第八十五條撤換破產管理人時，亦同。

　　前項債權人或債務人不表示意見或其意見法院認為不當者，得不予斟酌。

五　凡被選任為破產管理人之會計師或律師，在執行其職務之案件未終結前，不得再選任其為另案之破產管理人，但管轄區域內無其他適當之人選者，不在此限。

六　每案選任人數由法院斟酌案情決定之，選任後基於事實上之需要，得增加人數。

七　經選任後，如無故拒絕受任為管理人者，以棄權論，除另行選任其他會計師或律師充任外，得於三年內不再選任該會計師或律師為其他破產案件管理人。

八　選任破產管理人時，對於破產管理人之報酬，得徵詢被選任人、債權人、債務人之意見，先作原則性之商議，以供日後法院核定之參考。

九　本注意事項自公布之日施行。

附錄三

最高法院判決及裁定要旨

①四十一年臺上字第一五一五號判決：「破產法第九十二條第十款所謂權利之拋棄，係僅指私法上之權利拋棄而言，尤與民事訴訟法第七十條第一項但書所列各訴訟行為之特別代理權不相牽涉」。

②五十年臺上字第五九二號判決：「破產人因破產之宣告，對於應屬於破產財團之財產喪失其管理權及處分權，破產法第七十五條定有明文，故其就此財產無訴訟實施權，若以其人為被告而提起此項之財產訴訟。即於當事人之適格有所欠缺」。

③五十年臺上字第二三三八號判決：「按債務人在破產宣告六個月內所為對於現有債務提供擔保或對於未到之債務為清償之行為，破產管理人得依破產法第七十九條規定，以其意思表示逕自撤銷之，惟因債務人此項行為而受利益之人如有異議時，自可訴請法院確認其撤銷權不存在。至債務人在破產宣告前所為之無償或有償行為有害於債權人之權利，依民法之規定得撤銷者，破產管理人應聲請法院撤銷之，與破產法第七十九條所定之撤銷權，破產管理人應得以意思表示逕自撤銷者有別」。

④五十一年臺上字第一九八五號判決：「破產管理人依破產法第七十八條規定，行使撤銷權，係以債務人在破產宣告前所為之無償或有償行為，有損於債權人之權利，依民法之規定得撤銷者為範圍，若在破產宣告後，則破產人對於應屬破產財團之財產已喪失其管理及處分權，其所為之無償或有償行為，自始無效，即不在上開法條所謂應聲請法院撤銷之列」。

⑤六十八年臺抗字第四四九號裁定：「按破產宣告係基於債務人之聲請者，縱令債權人查有詐欺破產情事，債權人仍不得對於破產宣告之裁定聲明抗告，僅得依其他訴訟程序另求救濟（參照司法院院字第九五八號解釋）。本件破產宣告，係由債務人聲請而經第一審法院裁定准為破產之宣告，依首開說明，再抗告人即不得對之提起抗告」。

附錄四
司法行政部釋令

① 44.1.15 臺四四令民字第二九三號令:「一、觀於破產法第六十四條至第六十六條各規定,破產案件之處理,乃一整個程序,初無裁定程序或執行程序之分,故不論聲請破產之裁定,或裁定後之程序,總以一人承辦為宜。該高院以為:對於破產宣告或駁回宣告破產之聲請裁定,應由民庭推事為之,而准許後之一切程序,則應由執行推事處理一節,尚有未妥,應予改正」。

② 53.3.14 臺五三令民字第一二七七號令:「查法院為破產宣告時,就破產人或破產財團有關之登記,應即通知該登記所,囑託為破產之登記,破產法第六十六條定有明文。故破產人為法人時,應為法人破產之登記。據悉:臺中地方法院宣告南投縣國姓鄉之豐國糖業股份有限公司破產時,未依首揭規定囑託經濟部為破產之登記,顯屬未合,希轉飭補正」。

③ 57.3.25 臺五七令民字第一九八三號令:「一、查破產法第六十四條及第六十五條規定,法院宣告破產時,應選任破產管理人並公告其姓名住址等項,足見法院裁定宣告破產時,應同時選任破產管理人,並公告有關事項。而各法院現行辦法頗不一致,有由民事庭推事自為進行者,亦有由民事庭推事裁定破產後移送民事執行處進行者,更有破產宣告當時不指定破產管理人移由民事執行處指定,其結果往往延誤時間,且同一破產事件前後經兩人以上推事承辦亦非適宜。二、破產程序究由民事庭推事進行,抑由民事執行處推事進行,依司法院院字第一四八七號解釋,係法院事務分配問題,各法院自可依其情形就其所屬推事指定之。但自宣告破產裁定起以迄程序終結止,由同一推事始終其事,較能與前開法條規定之程序相配合,不宜由民事庭推定破產後移由民事執行處推事進行」。

④ 58.7.4 臺五八函民決字第四九七七號函:「大函所謂:『行政罰通稱罰鍰,然亦有屬於行政罰性質而稱罰金者。又如所得稅法所稱短估金、滯納金、滯報金、怠報金及關稅之滯納費等,均屬違反規定之制裁具有行政罰性質,而名稱不一,足徵行政罰之範圍,不宜拘泥於罰鍰之名稱,而應以其真意為依歸,

是故破產法第一百零三條規定不得列為破產債權之罰鍰，似應作廣義解釋，泛指一切具有行政罰性質之制裁，均為除斥債權，方屬持平』等由，深佩見解縝密，符合立法本旨，惟如將來修正有關法規時，予以明文規定，當更便於適用」。

中文參考書

1. 余覺先生著破產法實用（民國三十六年三月再版）大東書局

2. 李傳唐先生著破產法論（民國四十七年一月初版）正中書局（簡稱李傳唐著）

3. 錢國成先生著破產法要義（民國六十年三月修訂版）著作人發行（簡稱錢國成著）

4. 李肇偉先生著破產法（民國六十年十二月初版）著作人發行（簡稱李肇偉著）

5. 劉清波先生著破產法新銓（民國六十三年八月二版）東華書局（簡稱劉清波著）

6. 陳國樑先生著破產法新論（民國六十七年三月初版）大同書局（簡稱陳國樑著）

7. 柴啟宸先生著破產法新論（民國七十一年八月增訂六版）宏律出版社（簡稱柴啟宸著）

8. 陳榮宗先生著破產法（民國七十一年十一月初版）三民書局（簡稱陳榮宗著）

9. 耿雲卿先生著破產法釋義（民國七十三年十一月初版）五南圖書出版公司（簡稱耿雲卿著）

10. 陳國樑先生著破產法研究（民國六十年一月初版）著作人發行（簡稱陳國樑著研究）

11. 拙著程序法研究㈠（民國七十五年三月）著作人發行（簡稱拙著研究㈠）

日文參考書

1. 加藤正治著破產法要義（昭和十二年增訂六版）有斐閣（簡稱加藤著）

2. 恆田文治著改正破產法（昭和二十七年）東洋書館（簡稱恆田著）

3. 兼子一著破產法（昭和三十四年二月五版）青林書院（簡稱兼子著）

4. 齋藤秀夫・櫻田勝義著ケースブツク破產法（昭和四十三年十月版）有信堂（簡稱齋藤・櫻田編）

5. 雨宮真也著強制執行法、破產法（昭和四十八年五月再版）鳳舍（簡稱雨宮著）

6. 中田淳一著破產法、和議法（昭和四十八年初版）有斐閣（簡稱中田著）

7. 菊井維大著民事訴訟法、破產法（昭和四十八年九月初版）勁草書房（簡稱菊井著）

8. 山木戶克己著破產法（一九七五年四月初版）青林書院新社（簡稱山木戶著）

9. 小野木常著破產法概論（一九七九年六月初版）酒井書房（簡稱小野木著）

10. 林屋禮二・上田徹一郎・福永有利著破產法（昭和五十五年四月改訂版）青林書院（簡稱林屋等著）

11. 兼子一著強制執行法、破產法（昭和五十七年一月）弘文堂（簡稱兼子著（弘文））

12. 齋藤秀夫著破產法（一九八二年三月）青林書院新社（簡稱齋藤著）

13. 宮脇幸彥・竹下守夫編破產・和議法の基礎（昭和五十七年六月初版）青林書院新社（簡稱宮脇等編）

14.山田治男著破產法（昭和五十七年九月）八千代出版（簡稱山田著）

15.大野文雄・矢野正則共編實務破產法（昭和五十七年十月）青林書院（簡稱大野等編）

16.石原辰次郎著破產法・和議法實務總攬（一九八三年三月版）酒井書房（簡稱石原著）

17.染野義信著破產法講義（一九八三年九月）勁草書房（簡稱染野著）

18.道下徹・高橋欣一編判例實務大系 6（破產訴訟法）（昭和六十年七月）青林書院（簡稱道下編）

19.石川明著破產法（一九八七年四月）日本評論社（簡稱石川著）

20.齋藤常三郎編獨逸民事訴訟法（IV）破產法・和議法（昭和三十四年復刊版）有斐閣

21.大野文雄著判例實例破產法の法律實務（一九七五年四月七版）

22.鈴木忠一・三ケ月章監修新民事訴訟法講座 13（倒產手續）（一九八一年十月）日本評論社（簡稱鈴木編）

23.高木新三郎著米國倒產法概說（昭和五十九年二月初版）商事法務研究會

其他外文參考書

1. U. S. C. A. 11 *Bankruptcy* 1979. West Publishing Co.

2. A. Bohle-Stamschrader: *Vergleichsordnung* 9 Aulf. 1977.

3. Othmar Jauernig: *Zwangsvollstreckungs und Konkursrecht* 15 Aulf. 1980.

4. A. Bohle-Stamschrader: *Konkursordnung* 12 Aulf. 1981.

▶ 民法概要

劉宗榮　著

　　本書配合我國民法關於行為能力、保證、所有權、用益物權、擔保物權、占有、結婚、離婚、夫妻財產制、父母子女、監護、限定繼承及拋棄繼承等的修正，內容大幅更新，且具有下列特色：

1. 配合最新民法的修正而撰寫，內容完備，資料最新。
2. 闡釋重要理論，吸納重要裁判，理論與實務兼備。
3. 附有多幅法律關係圖，增進理解，便利記憶。
4. 各章附有習題，自修、考試兩相宜。

▶ 民法物權

謝哲勝　著

　　民法物權編配合大法官釋字第 349 號解釋，在 2007 年至 2010 年三次大幅修正，包括修正物權法定主義並增訂登記對抗條文，以大幅擴張物權自治的空間後，這些修正的物權法法理基礎為何，修正後的條文如何解釋適用，都有待學說和實務進一步闡述。本書除對於物權編的規定為全面性論述外，也特別引述修正後條文已出現的實務見解，閱讀本書將可掌握修正後條文的解釋適用和物權法的發展趨勢。

▶ 民事訴訟法

陳榮宗；林慶苗　著

　　本書不同於坊間其他同類型書籍，其特色為學說理論討論頗多，是以往出版之民事訴訟法書籍所無，並對實務上重要之最高法院判例引用詳加介紹；論述方式則採半論文體裁，可供研究理論與實務辦案之用。本書就訴訟主體之討論問題範圍較一般民事訴訟法書籍多而廣，而在訴訟客體部分則對於訴訟標的理論及權利保護利益有深入討論；訴訟審理一編所占內容最多，尤其訴訟行為、言詞辯論、證據等章節在學理上及判例實務方面內容均十分豐富。

▶ 商事法
吳博文　著

　　本書內容涵蓋最新修法資料、實務見解及學者意見，以及商事法中重要法律概念之名詞釋義，如公司法之「黃金表決權」、「複數表決權」、「累積投票制」、「深石原則」或報載所稱之「肥貓條款」、「大同條款」、「SOGO 條款」等，方便讀者暸解商事法特有之名詞。

▶ 證券交易法導論
廖大穎　著

　　本書係配合最新修正證券交易法條文的修訂版，前後共分三篇，即證券市場的緒論、本論及財經犯罪三大部門所構成。前者的緒論與本論部分，就證券發行市場、流通（交易）市場的規制、證券法制與企業秩序、證券交易機關之構造及相關證券投資人保護法等主軸，依照現行法典所規範的內容撰寫而成；至於後者財經犯罪部分，乃證券交易法制實務上最具爭議的問題之一，本書特別邀請交通大學林志潔教授執筆，針對現行證券交易法上的各種犯罪類型，乃至於刑事政策與犯罪所得的議題，作刑法系統性的專業解析，期待這是一本淺顯而易懂、引領入門的參考書籍。

▶ 公司法實例研習
曾淑瑜　著

　　公司法乃是兼具理論與實務之一部法律，除法律人外，不論是會計師、公司負責人，或者是企業從業人員，若能事先釐清相關問題，靈活運用，在商場上就如同手持利器，開天闢地，無往不利。本書不採傳統教科書模式，而以實例導引出各章、節重點。除仍保留系統化之特色外，亦增加思考問題之空間。本書共設計了一百二十三個問題，每一個問題之後還有二個練習題，可以讓對國家考試實例題頭痛之學子於課後練習。本書亦將題目列舉於目錄上，讓實務從業者在遇到相關問題時，可迅速從目錄中找到爭議問題之所在，翻閱解答。

▶ 票據法

鄭玉波　著

票據包含匯票、本票、支票，為日常生活中最常使用之有價證券。本書以票據法為論述對象，就各種法例與概念，採表格圖例說明之；自初版發行以來，由於文從字順、理路清晰、內容嚴謹、體系井然，一直膾炙人口，洛陽紙貴，歷久而不衰，影響我國學界及實務界至為廣大深遠，乃名副其實的經典大作。為保本書常新實用，乃依最新法條重新修訂並予以編制排版；除儘量保存原著面貌，並力求格式統一，所引法規有修正者均加以改訂，原著偶有誤植者亦訂補之，全書印刷因之煥然一新。

國家圖書館出版品預行編目資料

破產法論／陳計男著.一一修訂四版二刷.一一臺北
市: 三民，2022
面；　公分

ISBN 978-957-14-7049-8　（平裝）
1. 破產法

587.81　　　　　　　　　　　　　　　　109019337

破產法論

作　　　者	陳計男
發 行 人	劉振強
出 版 者	三民書局股份有限公司
地　　　址	臺北市復興北路 386 號 (復北門市)
	臺北市重慶南路一段 61 號 (重南門市)
電　　　話	(02)25006600
網　　　址	三民網路書店 https://www.sanmin.com.tw
出版日期	初版一刷 1980 年 2 月
	修訂四版一刷 2021 年 1 月
	修訂四版二刷 2022 年 10 月
書籍編號	S583030
I S B N	978-957-14-7049-8

三民書局